G000016625

Merveilleux légumes
La cuisine du jardin

PATRICIA WELLS

Merveilleux légumes
La cuisine du jardin

Traduction en langue française : Sylvie Girard-Lagorce

J-C LATTÈS

Titre original :

VEGETABLE HARVEST
Publié par William Morrow, un département de HarperCollins
Publishers

© Patricia Wells, 2007.
© Éditions Jean-Claude Lattès, 2007, pour la traduction française.
ISBN : 978-2-253-13146-5 – 1re publication LGF

Pour Jean-Paul Boyer et toute son équipe (René en particulier), avec toute ma reconnaissance pour leurs récoltes de légumes d'hier, d'aujourd'hui et de demain.
Merci à vous de m'aider à rendre mon petit paradis encore plus beau.

Sommaire

Remerciements   11
Introduction   13

Les amuse-bouches, les hors-d'œuvre et les entrées   17
Les salades   31
Les soupes et les potages   51

Les poissons, les coquillages et les fruits de mer   77
Les volailles et les viandes   111

Les pâtes, le riz, les légumes secs et les céréales 141
Les légumes   161
Les pommes de terre   215

Les œufs, les fromages et leurs amis   229
Les pains   247
Les desserts   261
Les sauces et les condiments ·   285

Table   309

Remerciements

Ce livre n'aurait pas pu exister sans les paysans et les cultivateurs qui travaillent si durement pour produire ces légumes magnifiques dont ma cuisine peut profiter chaque jour. Lorsque je regarde le calendrier et que je constate à quel point chaque semaine (à certaines saisons, presque chaque jour) apporte sa nouvelle découverte, l'année est remplie de joies et de bonheurs, depuis la première asperge en février jusqu'aux premières truffes noires de novembre.

À Paris, je dois remercier Joël Thiebault pour les suberbes cageots de légumes livrés à ma porte chaque vendredi ou choisis à son étal du marché de l'avenue du Président-Wilson le mercredi et le samedi. En Provence, ce sont aux petits producteurs des marchés fermiers du mardi et du samedi à Vaison-la-Romaine que vont mes remerciements, sans oublier Josiane et Corinne Méliani des Gourmandines.

Je voudrais aussi remercier tous nos amis qui se sont toujours montrés prêts à goûter mes nouvelles recettes, notamment Rita et Yale Kramer, Susan Herrmann-Loomis, Steven Rothfeld, Andrew Axilrod et Alyson de Groot, Johanne Killeen et George Germon, Devon Fredericks et Eli Zabar, Ina et Jeffrey Garten, ainsi que Dorie et Michael Greenspan. Merci aussi à vous, Juan Sanchez, pour m'avoir fait découvrir tous ces vins qui enrichissent mon expérience de tous les jours.

Merci également aux amis et restaurateurs qui m'ont dévoilé le secret de leurs recettes, dont Guy et Tina Julien, à La Beaugravière, Flora et Raoul Reichrath au Grand Pré, Marlies et Johannes Sailers aux Abeilles, et tous les autres cuisiniers dont l'inspiration est à l'origine de tant d'autres recettes de ce livre.

Merci à Heather Mallory pour ses recherches minutieuses sur les légumes, à Marie-Agnès Lo Casico pour m'avoir aidée à réunir des anecdotes historiques et des expressions imagées, à Janyne Kizer pour avoir testé les recherches. Merci à Amanda Urban, mon amie et agent littéraire, toujours disponible dans la seconde, quel que soit l'endroit où elle se trouve. Merci à

Elisabeth Hopkins, pour sa relecture attentive du manuscrit. Merci à Lucy Baker, chez mon éditeur William Morrow, pour avoir veillé au moindre détail, et bien sûr à mon éditrice et amie Harriet Bell, pour avoir fait de ce livre une aventure si plaisante et agréable. Merci à tous et à toutes.

Et j'y ajoute des remerciements particuliers à l'adresse de tous mes élèves, dont les idées m'ont souvent été précieuses pour mettre au point ou inventer de nouvelles recettes.

Introduction

C'était une magnifique journée d'août inondée de soleil et j'étais en train de mettre la touche finale à mon dernier ouvrage, *Ma Cuisine en Provence*. J'avais passé la matinée à tester plusieurs recettes de légumes et j'avais disposé les plats, une fois terminés, sur la table à l'ombre du grand chêne, lorsque soudain, une étincelle jaillit dans mon esprit. Ces plats réunis sous mes yeux donnaient une image si belle et si naturelle, et j'avais pris un tel plaisir à les cuisiner, que je savais d'ores et déjà que les légumes seraient le thème central de mon prochain livre.

Chaque nouveau livre change d'une certaine façon son auteur, mais *Merveilleux légumes* a modifié de fond en comble la manière dont j'approche aussi bien le marché, le menu que la saison de l'année, ainsi que le rôle des légumes dans l'alimentation. Plutôt que d'imaginer un repas autour d'un poisson, d'une viande ou d'une volaille, je me suis aperçue que je mettais en fait les légumes au premier plan.

Comme ceux-ci devenaient le thème premier, je me suis demandé combien de sortes différentes pouvaient s'inscrire dans mon menu quotidien. Et les associations les plus classiques se mirent alors à évoluer pour donner aux légumes un rôle majeur. C'est ainsi que le bœuf aux carottes se transforma en carottes au bœuf, c'est ainsi que j'inventai une nouvelle recette de couscous à l'agneau, un généreux mélange de couscous, de pois chiches et de courgettes, sans oublier bien sûr quelques bonnes bouchées de gigot. Au lieu d'imaginer un plat de poisson ou de viande avec une garniture de légumes, je décidai de tripler la proportion des légumes dans chaque menu.

En cuisine, on répète souvent la même chose. On fait cuire les asperges toujours de la même façon, on prépare les courgettes et les aubergines toujours de la même façon. Pour sortir de la routine, j'ai essayé d'imaginer toutes les recettes possibles pour servir à table un légume en particulier et d'inclure par exemple non pas une seule recette de courgettes dans un menu (ou d'aubergines, ou encore de haricots verts), mais trois préparations différentes. On a tendance à faire cuire à la vapeur, à braiser, à rôtir, à blanchir les légumes toujours de la même façon. À nouveau, la routine est devenue pour moi un défi à relever, en recherchant la manière à la fois la plus savoureuse et la plus diététique pour cuisiner chaque légume en particulier. Je me suis aperçue qu'il y avait toujours une recette bien meilleure à tous points de vue.

Les élèves de mon cours de cuisine, aussi bien à Paris qu'en Provence, ont répondu avec enthousiasme à ce projet, très heureux de rentrer chez eux en ayant découvert à quel point les petits pois cuits à la vapeur avec des fines herbes peuvent être exquis, ou que la queue de l'artichaut est la partie la plus tendre et la plus délicieuse de ce magnifique légume.

Sur les marchés, en prenant des photos, j'ai découvert que je me sentais de plus en plus liée intimement avec chacun des légumes que je voyais. À mes yeux, ce n'étaient pas simplement des aliments, mais des petits miracles de la vie. J'admirais ainsi les veinures d'un magnifique chou d'hiver pommé, je remarquais la couleur de la terre qui restait collée aux carottes juste cueillies, je soupirais de plaisir en voyant le kaléidoscope de couleurs des plants de tomates de mon jardin, je souriais même en regardant de près les mariages classiques de légumes dans l'assiette. La cuisine française est riche d'exemples de ce type, comme la mâche bien verte et le pourpre des betteraves, ou encore le blanc d'albâtre du chou-fleur et le rouge vif des radis. Existe-t-il quelque chose de plus beau que les premières asperges de la saison, vertes ou blanches, avec cette touche de violet à la pointe, que des fèves fraîches dans leurs gousses gonflées ou que des morilles aux mystérieux alvéoles?

À chaque saison, les légumes nous donnent un signe d'espoir. Leurs couleurs, leur arôme à la cuisson et les saveurs profondes qu'ils dégagent sont des plaisirs simples, d'une pureté intense.

Dans ce livre, j'ai choisi de faire figurer des informations nutritionnelles pour chaque recette. Non pas pour nous rendre esclaves d'un décompte précis de calories, lipides, protéines et glucides. Mais pour nous faire découvrir ce que nous mangeons. L'aliment n'est pas seulement un plaisir, c'est aussi le combustible de notre organisme. Il est donc important d'absorber le meilleur combustible possible. Puisque l'on fait la cuisine et que l'on mange pour vivre, je pense qu'il faut apporter la plus grande attention aux quantités que l'on absorbe et à l'équilibre nutritionnel. Je veux que chaque bouchée que je mange compte réellement, de sorte qu'il n'y ait plus aucune place possible pour les calories inutiles ou les aliments qui apportent plus de calories que nécessaire. Comme l'arôme et le goût comptent par-dessus tout, j'estime qu'il faut faire en sorte que les aliments soient aussi riches en saveurs et en nutriments que possible.

En cuisine aujourd'hui, le gain de temps et l'aspect pratique sont des données fondamentales. Pour moi, faire son marché tous les jours n'est pas seulement un besoin, mais un vrai bonheur. Mais comme tout le monde, il y a des jours où je n'ai pas beaucoup de temps pour penser à ce que je vais préparer pour dîner, et j'apprécie alors certaines commodités. Les légumes prélavés en sachets, les petits pois surgelés, les pois chiches ou les cœurs d'artichauts en boîte sont de toute évidence une vraie bénédiction.

Dans cet ouvrage, j'ai adopté une approche très personnelle pour définir l'univers des légumes. À mes yeux, cet univers englobe des ingrédients comme les fruits secs et les graines, de même que certains fruits considérés comme légumes, les tomates et les avocats par exemple. En fait, j'ai décidé d'y inclure tout ce qui pousse dans mon jardin en Provence, ce qui, je le reconnais, est une conception très personnelle.

La caractéristique essentielle d'un légume est qu'il offre en général beaucoup de lui-même sans qu'il soit besoin d'effectuer un travail énorme pour y parvenir. Par exemple, certaines des recettes que je trouve les plus merveilleuses sont celles qui sont les plus simples, comme le chou étuvé à la crème, la purée de chou-fleur ou le bouillon de tomates à l'estragon. Ce sont des plats qui, comme on dit couramment, se mangent tout seuls : ils sont faciles à préparer, se dégustent facilement et n'ont pas besoin d'autre chose que ce qu'il y a dans l'assiette.

En fin de compte, ce livre s'accompagne d'un simple vœu : que votre table soit approvisionnée à jamais de beaux légumes frais et savoureux !

LES AMUSE-BOUCHES, LES HORS-D'ŒUVRE ET LES ENTRÉES

Graines de potiron grillées

J'avoue un penchant immodéré pour ces graines salées et grillées, car elles offrent tout ce que j'attends d'un amuse-bouche : du croquant, du salé et une délicieuse saveur que l'on ne peut pas identifier immédiatement. Vers cinq heures de l'après-midi, il n'est pas rare que l'on me trouve dans mon bureau avec, à portée de main, un petit bol de ces irrésistibles petites friandises. J'aime aussi les incorporer dans une pâte à pain (voir, p. 248, Cake au potiron et ses graines grillées) et je ne manque jamais d'en mettre un petit sachet au fond de mon sac au cas où j'aurais un petit creux.

Pour 250 g
Matériel : une tôle à pâtisserie.

- 250 g de graines de potiron décortiquées
- 1 cuillerée à café de gomasio (graines de sésame pilées avec du sel) ou ½ cuillerée à café de sel de mer fin
- 2 cuillerées à soupe de sauce de soja japonaise, tamari ou autre

1. Préchauffez le four à 220 °C.
2. Mélangez dans un grand bol les graines de potiron avec le sel au sésame et la sauce de soja en les remuant pour bien les enrober. Étalez les graines ainsi assaisonnées sur une tôle à pâtisserie en formant une seule couche. Enfournez et faites griller pendant environ 12 minutes en remuant la plaque de temps en temps, jusqu'à ce que les graines changent de couleur et deviennent dorées ; elles doivent commencer à éclater et à se fendiller. Sortez-les du four. Vous pouvez les conserver dans un récipient hermétique pendant une quinzaine de jours.

**19 calories par cuillerée à soupe ❋ 1 g de lipides ❋
1 g de protéines ❋ 2 g de glucides**

Variante : mélangez 250 g de graines de tournesol, 2 cuille-rées à soupe de graines de lin et 2 cuillerées à soupe de graines de sésame avec la même quantité de sel parfumé au sésame et de sauce de soja. Faites-les griller de la même façon.

Astuce : les pinces et les pincettes sont extrêmement utiles en cuisine. J'en ai toujours plusieurs modèles de différentes tailles à portée de main, suspendues au-dessus de ma cuisi-nière. Je m'en sers en particulier pour sortir du four des objets parfois difficiles à atteindre comme la plaque du four.

Saumon fumé, sauce moutarde à l'aneth

Une gorgée de vin blanc, une fine tranche de saumon fumé de qualité et une petite touche de cette sauce, légère, exquise et vive : voilà votre appétit mis en train pour la suite du repas.

Pour 10 personnes
Matériel : 10 assiettes de service bien froides.

- 1 cuillerée à soupe de jus de citron fraîchement pressé
- 3 cuillerées à soupe de moutarde blanche de Dijon
- ½ cuillerée à café de sel de mer fin
- 12,5 cl d'huile d'olive vierge extra
- 2 cuillerées à soupe de crème fraîche
- 3 cuillerées à soupe d'aneth frais ciselé ou de feuilles de fenouil finement hachées
- 20 fines tranches de saumon fumé (1 kilo environ)

1. Mélangez dans un bol le jus de citron, la moutarde et le sel. Versez l'huile en filet en fouettant sans arrêt. Incorporez la crème fraîche en remuant jusqu'à consistance homogène. Ajoutez l'aneth ou le fenouil. Goûtez et rectifiez l'assaison-nement.

2. Disposez les tranches de saumon (comptez-en deux par personne) sur des assiettes de service froides et nappez-les avec une cuillerée à soupe de sauce. Servez aussitôt.

60 calories par portion ❧ **10 g de lipides** ❧
16 g de protéines ❧ **traces de glucides**

Suggestion de vin

Le goût prononcé du saumon fumé offre une sorte de défi pour trouver le bon accord. Cherchez un vin blanc avec un caractère marqué, à la fois sec et puissant : un pinot gris alsacien (de la maison Zind-Humbrecht par exemple), un champagne millésimé (Blanc de Blancs de J. Lassalle) ou un chablis grand cru très minéral (du domaine François Raveneau).

Sorbet au chèvre frais et aux herbes aromatiques

Ce sorbet insolite trouve de nombreux emplois. J'aime bien le servir dans des petites coupelles en apéritif-surprise, par une belle soirée d'été, ou bien je l'incorpore au dernier moment dans une soupe de légumes froide que je sers en entrée. On peut en faire bien d'autres choses encore, en fonction de votre humeur et de votre goût, en variant notamment le choix des fines herbes.

Pour 8 personnes
Matériel : un robot ménager ou un mixeur ; une sorbetière.

- 250 g de fromage de chèvre frais
- 25 cl de babeurre bien mélangé
- 4 cuillerées à soupe de fines herbes mélangées (ciboulette, estragon, persil et menthe par exemple)

- 12,5 cl de crème fleurette
- ½ cuillerée à café de sel de mer fin

Réunissez dans le bol mélangeur d'un robot le fromage frais, le babeurre, les herbes, la crème fleurette et le sel. Actionnez l'appareil jusqu'à ce que le mélange soit homogène et les herbes bien réparties. Versez le tout dans une sorbetière et faites prendre en suivant le mode d'emploi de l'appareil.

**170 calories par portion ❉ 13 g de lipides ❉
10 de protéines ❉ 3 g de glucides**

Conseil : veillez à ce que tous les ingrédients soient bien froids avant de les mélanger.

Biscuits de polenta au poivre de Cayenne

Ces irrésistibles petites bouchées croustillantes sont épicées juste ce qu'il faut pour vous ouvrir l'appétit avant de vous mettre à table pour déguster un agréable dîner.

Pour 75 biscuits
Matériel : un robot ménager ; 2 tôles à pâtisserie antiadhésives ; 1 verre ou un emporte-pièce rond de 4,5 cm environ ; film alimentaire.

- 140 g de farine blanche ordinaire
- 140 g de farine à polenta instantanée
- ¾ de cuillerée à café de sel de mer fin
- ½ cuillerée à café de bicarbonate de soude
- ¼ de cuillerée à café de poivre de Cayenne
- 50 g de parmesan fraîchement râpé
- 45 g de beurre froid coupé en petites parcelles
- 20 cl de babeurre bien mélangé

1. Préchauffez le four à 190 °C.
2. Réunissez dans le bol mélangeur d'un robot la farine et la polenta, le sel, le bicarbonate de soude, le poivre de Cayenne et le parmesan. Mélangez intimement. Incorporez le beurre et actionnez rapidement l'appareil pour obtenir une pâte grossièrement sablée. Ajoutez le babeurre et actionnez à nouveau l'appareil jusqu'à ce que la pâte forme une boule homogène. Transférez-la sur un plan de travail légèrement fariné et pétrissez-la pendant quelques secondes. Enveloppez-la dans du film alimentaire et laissez reposer à température ambiante pendant 15 minutes.
3. Partagez la pâte en 4 portions. Posez l'une d'entre elles sur le plan de travail légèrement fariné ; couvrez le reste avec du film alimentaire. Abaissez la pâte sur 4 mm d'épaisseur environ. Prenez un emporte-pièce ou un verre de 4,5 cm et découpez des ronds de pâte ; rangez-les au fur et à mesure sur une tôle à pâtisserie à revêtement antiadhésif. Répétez la même opération avec le reste de pâte. Placez les tôles à pâtisserie ainsi garnies dans le four et faites cuire pendant 12 à 15 minutes jusqu'à ce que les biscuits soient dorés et croustillants. Laissez-les refroidir, puis rangez-les dans une boîte hermétique. Vous pouvez les conserver ainsi pendant 15 jours environ.

**27 calories par biscuit ❋ 1 g de lipides ❋
1 g de protéines ❋ 4 g de glucides**

S'embarquer sans biscuits : entreprendre quelque chose sans aucune précaution.

Chorizo au thym et au vinaigre de xérès

De la couleur, du piquant, une touche de vinaigre, une pincée de thym : tout ce qu'il faut pour mettre en appétit avant de se mettre à table. Encore un peu de champagne ?

Pour 48 bouchées
Matériel : une grande poêle ; des pincettes.

- 12 tranches (240 g environ) de chorizo sec (chacune de 5 cm de diamètre sur 8 mm d'épaisseur)
- 1 cuillerée à soupe de vinaigre de xérès de qualité supérieure
- 1 cuillerée à café de feuilles de thym frais ou séché

Faites chauffer une grande poêle sur feu modéré. Ajoutez les rondelles de chorizo et faites-les dorer sur une face pendant 30 secondes. Retournez-les et faites-les dorer de l'autre côté pendant encore 30 secondes. Arrosez de vinaigre. Retirez du feu et découpez chaque rondelle de chorizo en quatre portions. Mettez-les sur une assiette de service. Parsemez de thym et servez aussitôt, en proposant aux convives de petites piques en bois et des serviettes en papier.

22 calories par portion ❋ 2 g de lipides ❋ 1 g de protéines ❋ traces de glucides

---

Un menu de mars :

Chorizo au thym et au vinaigre de xérès
Poireaux à la vinaigrette
Couscous d'agneau aux courgettes et aux pois chiches (p. 129)
Flan de potimarron, sauce citron (p. 280)

Gaspacho à la fraise

Que l'on soit cuisinier ou convive, il faut parfois faire preuve d'un peu d'audace et se lancer dans l'inconnu. Pour ma part, instinctivement, je n'aime pas beaucoup mélanger les fruits et les légumes dans la même assiette ou le même verre. Mais à force de voir ce genre d'association, j'ai été curieuse de découvrir le résultat. Et je me suis lancée. Faites comme moi, vous allez adorer !

Pour 8 personnes
Matériel : un robot ménager ou un mixeur.

- 500 g de tomates fraîches, lavées, épépinées et coupées en quartiers (non pelées)
- 500 g de fraises fraîches, lavées et équeutées
- 1 cuillerée à café de vinaigre balsamique

Réunissez les tomates et les fraises dans le bol mélangeur d'un robot et actionnez l'appareil ou passez-les au mixeur. Ajoutez le vinaigre et mixez à nouveau. Goûtez et rectifiez l'assaisonnement. Mettez au frais à l'avance avant de servir. Proposez ce gaspacho dans des petits verres en guise d'apéritif.

27 calories par personne ⁂ traces de lipides ⁂
1 g de protéines ⁂ 6 g de glucides

Histoire : la tomate est originaire du Pérou et ce sont les Aztèques qui l'ont cultivée les premiers ; elle fut importée en Europe au XVIIᵉ siècle où elle fut d'abord considérée comme un aphrodisiaque ; dans le nord de la France, en revanche, on croyait que c'était une plante vénéneuse.

Caviar d'aubergine au cumin

En été, je prépare ce caviar d'aubergine au moins une fois par semaine pour en avoir toujours sous la main comme amuse-gueule à tartiner sur des petits croûtons, avec un verre de vin. J'aime bien que ce caviar, comme on l'appelle, ne soit pas trop lisse : il ne faut pas oublier que l'on mange de l'aubergine. Donc, ne le mixez pas trop finement.

Pour 3 tasses
Matériel : une lèchefrite ; une petite poêle ; un robot ménager ou un mixeur.

- 4 petites aubergines bien fermes, lavées et essuyées
- 2 cuillerées à café de graines de cumin
- 2 belles gousses d'ail pelées, coupées en deux et dégermées
- 1 cuillerée à soupe de tahin (pâte de sésame)
- 1 cuillerée à soupe de jus de citron fraîchement pressé
- ½ cuillerée à café de sel fin

1. Préchauffez le four à 230 °C.
2. Piquez les aubergines de part en part avec une fourchette à rôti. Déposez-les directement sur la grille du four et enfournez à mi-hauteur. (Cette technique permet à l'air de circuler autour des aubergines, pour qu'elles rôtissent régulièrement au lieu de cuire à l'étuvée.) Placez une lèchefrite sur une autre grille, sous les aubergines, pour recueillir le jus qui s'en écoule. Laissez les aubergines rôtir pendant environ 25 minutes jusqu'à ce qu'elles soient bien ramollies. Il est inutile de les retourner.
3. Sortez les aubergines du four. Posez-les sur le plan de travail ; avec un couteau bien aiguisé, coupez le pédoncule de chacune d'elles et jetez-le. Coupez ensuite les aubergines en deux dans le sens de la longueur. Avec une petite cuiller, récupérez la pulpe et jetez ensuite la peau.
4. Faites griller le cumin : versez les graines dans une petite poêle et faites chauffer sur feu modéré. Secouez la poêle régulièrement pendant 2 minutes jusqu'à ce que les

graines dégagent leur arôme et soient bien grillées. Faites attention, car elles brûlent facilement. Versez-les dans une assiette et laissez refroidir complètement, puis réduisez-les en poudre fine dans un moulin à épices.

5. Réunissez dans le bol mélangeur d'un robot l'ail, le tahin, le jus de citron et le sel; mixez jusqu'à consistance homogène. Ajoutez la pulpe des aubergines et mixez rapidement pour mélanger tous les ingrédients. Versez le tout dans un petit saladier et mélangez à nouveau avec deux fourchettes. Incorporez le cumin, rectifiez l'assaisonnement. Conservez dans un récipient hermétique dans le réfrigérateur 2 jours au maximum. Mélangez au moment de servir, soit bien frais, soit à température ambiante.

11 calories par cuillerée à soupe ❋ traces de lipides ❋ traces de protéines ❋ 2 g de glucides

Tartare de betterave aux câpres, moutarde et échalotes

Une année, au début du mois de septembre, j'étais en train de parcourir la Bourgogne avec mon ami Steven Rothfeld, à la recherche de belles photos à faire, de bonnes adresses et de nouvelles recettes. Nous avons dégusté ce délicieux hors-d'œuvre dans un petit restaurant familial dans la région de Mâcon. J'aime bien répartir le tartare sur des feuilles d'endive et le servir ainsi en amuse-gueule à l'apéritif.

Pour 30 bouchées
Matériel : un robot ménager ou un mixeur.

- 2 échalotes parées, pelées et émincées
- 125 g de cornichons
- 70 g de câpres au vinaigre, bien égouttées
- 6 cuillerées à soupe de persil plat ciselé
- 500 g de betteraves cuites, parées et pelées

- 1 cuillerée à café de sauce Worcestershire
- 3 ou 4 cuillerées à soupe de moutarde forte
- 1 belle gousse d'ail pelée, coupée en deux, dégermée et hachée
- 1 gros jaune d'œuf
- Tabasco
- 30 belles feuilles d'endive

Réunissez dans le bol d'un robot les échalotes, les cornichons, les câpres et le persil ; mixez pour hacher grossièrement les ingrédients. Ajoutez les betteraves, la sauce anglaise, la moutarde, l'ail, le jaune d'œuf et quelques gouttes de Tabasco. Mixez à nouveau, pas trop finement. Goûtez et rectifiez l'assaisonnement. Servez aussitôt en hors-d'œuvre ou en amuse-gueule sur des feuilles d'endive.

**19 calories par portion ❅ traces de lipides ❅
1 g de protéines ❅ 4 g de glucides**

Variante : mélangez 250 g de graines de tournesol, 2 cuillerées à soupe de graines de lin et 2 cuillerées à soupe de graines de sésame avec la même quantité de sel parfumé au sésame et de sauce de soja. Faites-les griller de la même façon.

Tartinade de pois chiches au basilic

Le vendredi, dernier jour de ma classe de cuisine en Provence, est consacré à l'improvisation. Nous réunissons tous les restes de fromage de la semaine et nous en faisons des soufflés, des farces pour les fleurs de courgettes ou bien nous les mélangeons avec des fines herbes. Un vendredi du mois de juillet, j'ai demandé à deux élèves d'imaginer différents mélanges pour les fleurs de courges que nous venions de cueillir. Ils ont suggéré de mélanger des pois chiches avec de la purée de basilic. Ma première réaction fut de penser que le résultat risquait de ne pas être très appétissant, un peu fade et grisâtre. Puis je changeai d'idée et leur dit de se lancer. Ce qu'ils firent. Et le résultat, pour leur plus grand plaisir, se révéla d'une belle couleur dorée, avec des petites touches vertes. De plus, le mélange était vif et bien relevé, débordant de saveurs estivales.

Pour 2 tasses et demie
Matériel : un robot ménager.

- 500 g environ de pois chiches en boîte, égouttés (liquide réservé) et rincés
- 4 cuillerées à soupe environ de sauce basilic légère (p. 292)

Mélangez les pois chiches et la purée de basilic dans un robot ménager. Mixez jusqu'à consistance bien lisse en ajoutant si nécessaire un peu du liquide de la boîte de pois chiches. Proposez cette tartinade pour y plonger des crackers ou des légumes crus, ou bien utilisez-la comme farce pour des fleurs de courges ou de courgettes. Elle se conserve dans un récipient hermétique dans le réfrigérateur pendant 48 heures.

**49 calories par cuillerée à soupe ❊ 2 g de lipides ❊
1 g de protéines ❊ 7 g de glucides**

Histoire : les Grecs et les Romains croyaient que le basilic ne pouvait pousser que si l'on criait des invectives en semant les graines. Ils pensaient également que si l'on laissait une feuille de basilic sous un pot, elle se transformait en scorpion.

Purée d'artichauts et de haricots blancs

Cette délicieuse purée se prépare en un clin d'œil : n'hésitez pas à mélanger les ingrédients au tout dernier moment, et à la garnir de menthe ou de persil.

Pour 2 tasses et quart
Matériel : un robot ménager.

- 5 cœurs d'artichauts en boîte, bien égouttés
- 500 g de haricots blancs en boîte, égouttés et rincés
- le zeste râpé d'un citron, de préférence non traité
- 1 cuillerée à soupe de jus de citron fraîchement pressé
- 4 cuillerées à soupe de persil plat finement ciselé
- 4 cuillerées à soupe de menthe fraîche finement ciselée

Réunissez dans le bol mélangeur d'un robot les artichauts, les haricots, le zeste et le jus de citron. Réduisez le tout en purée fine. Ajoutez la moitié du persil et de la menthe, mixez à nouveau. Cette purée se conserve dans un récipient hermétique dans le réfrigérateur pendant 48 heures. Au moment de servir dans un grand bol, incorporez le reste de persil et de menthe.

44 calories par cuillerée à soupe ❋ traces de lipides ❋ 3 g de protéines ❋ 9 g de glucides

---

Folklore : pour connaître le sort de votre petite fille quand elle sera grande, placez trois petits artichauts sauvages près de son berceau, avec une petite étiquette pour chacun : célibataire, mariée, bonne sœur. Le premier qui s'ouvrira donnera la bonne réponse.

LES SALADES

La salade de cresson
du *Bistrot Paul Bert*

C'est par une soirée plutôt fraîche de décembre que je suis allée dîner avec mon mari pour la première fois au *Bistrot Paul Bert*, dans le 11e arrondissement. Un bistrot à l'ancienne, plein d'animation et bourré à craquer, où l'expression coude à coude prend sa réelle dimension. Nous étions si serrés les uns contre les autres que Walter, coincé contre un poteau, n'avait pas d'autre solution, pour couper sa viande, que de passer son bras autour du poteau. Mais tout cela fut oublié tellement ce que nous avons mangé était délicieux. J'avais commandé cette salade, une variante de la classique frisée aux lardons, où la chicorée est servie garnie de lardons avec un œuf poché sur le dessus. L'idée de remplacer la frisée par du cresson m'a tout de suite charmée, tout comme celle d'associer les lardons avec une sauce à la crème qui en prend le goût de fumé. Depuis, cette salade est inscrite régulièrement parmi mes entrées préférées.

Pour 4 personnes
Matériel : une grande poêle ; 4 ramequins ; une grande sauteuse profonde avec un couvercle.

- 125 g de petits lardons fumés, sans la couenne
- 25 cl de sauce crème au citron et à la ciboulette (p. 291)
- 500 g environ de cresson trié, lavé, équeuté et essoré
- 1 cuillerée à soupe de vinaigre d'alcool
- 4 œufs extra-frais
- 4 cuillerées à soupe de ciboulette finement ciselée
- poivre noir au moulin

1. Faites rissoler les lardons dans une grande poêle, à sec, sur feu modéré, pendant 5 minutes jusqu'à ce qu'ils soient croustillants et dorés. Retirez-les avec une écumoire et déposez-les sur plusieurs épaisseurs de papier de cuisine pour absorber la matière grasse. Épongez également le dessus avec du papier absorbant pour bien les sécher.

2. Mélangez dans un grand saladier les lardons et la sauce crème au citron et à la ciboulette. Ajoutez le cresson et mélangez intimement pour bien enrober les feuilles. Répartissez cette salade assaisonnée sur quatre assiettes de service.

3. Versez de l'eau dans une sauteuse sur 5 cm de hauteur et faites-la bouillir. Baissez le feu pour maintenir des frémissements réguliers et ajoutez le vinaigre. Cassez les œufs un par un dans les ramequins et faites-les glisser délicatement dans l'eau frémissante en penchant le bord du ramequin juste au-dessus de l'eau. Lorsque les quatre œufs sont dans l'eau, couvrez et laissez pocher jusqu'à ce que les blancs soient bien pris et les jaunes encore coulants, couverts par une fine pellicule de blanc (3 minutes environ) ; si vous désirez que les jaunes eux aussi soient bien pris, prolongez la cuisson jusqu'à 5 minutes. Avec une écumoire, prélevez délicatement les œufs dans l'eau, égouttez-les et posez-les sur la salade. Ajoutez la ciboulette et poivrez largement au moulin. Servez aussitôt.

**342 calories par personne ⚹ 28 g de lipides ⚹
19 g de protéines ⚹ 5 g de glucides**

Le truc en plus : cette recette est très simple mais elle demande un minimum d'organisation ; assurez-vous d'abord que les œufs sont de toute première fraîcheur (les œufs un peu moins frais ont tendance à se répandre dans l'eau) ; faites-les pocher au tout dernier moment pour les servir bien chauds ; l'ajout de vinaigre dans l'eau permet au blanc de se coaguler plus rapidement et de former des œufs pochés plus réguliers.

Folklore : la salade est réputée aphrodisiaque ; plantez en abondance, dans votre jardin, des laitues et toutes sortes de verdures comme symboles de fertilité.

Salade de laitue et radis, accompagnée de canapés aux radis

En France, on aime vraiment les radis ! Tout au long de l'année, sur tous les marchés, on trouve des bottes de radis croquants, avec des feuilles bien vertes. Mes élèves ont vite fait de le remarquer lorsque nous faisons le marché ensemble et ils n'hésitent pas à m'en réclamer plutôt deux fois qu'une. Cette salade est l'une de leurs préférées. On peut la préparer toute l'année, mais elle est particulièrement délicieuse au début du printemps.

Pour 4 personnes

- 1 laitue pommée
- 1 botte de radis (30 environ), parés et lavés, avec les feuilles les plus fraîches réservées
- 2 cuillerées à soupe de beurre doux, à température ambiante
- le zeste finement râpé d'un citron, de préférence non traité
- 4 fines tranches de pain de seigle
- gros sel de mer
- 4 cuillerées à soupe de sauce crème au citron et à la ciboulette (p. 291)
- fleur de sel
- poivre noir au moulin

1. Épluchez la laitue et jetez les grosses feuilles de l'extérieur. Lavez et essorez les feuilles, puis déchirez-les en petites bouchées, avec le cœur coupé en quatre. Mettez le tout dans un saladier et réservez.
2. Émincez les radis en fines rondelles. Mettez de côté le quart d'entre elles. Recoupez les rondelles en languettes et ciselez les feuilles. Épongez ces languettes et les feuilles dans du papier de cuisine pour absorber l'excès d'humidité.
3. Malaxez le beurre avec le zeste de citron dans une assiette avec une fourchette. Ajoutez les languettes de radis et les

feuilles ciselées, puis mélangez intimement. Salez et poivrez. Tartinez ce mélange sur les tranches de pain de seigle et ajoutez une pincée de gros sel.

4. Ajoutez les rondelles de radis restantes dans le saladier avec la laitue. Ajoutez la sauce crème au citron et à la ciboulette, juste pour enrober légèrement les feuilles. Salez, puis répartissez cette salade sur quatre assiettes et ajoutez en garniture une tartine de radis.

**179 calories par personne ❧ 9 g de lipides ❧
9 g de protéines ❧ 21 g de glucides**

La salade de concombre au chèvre frais du *Cinq-Mars*

Le *Cinq-Mars* est un adorable bistrot parisien de la Rive gauche, dans le quartier du musée d'Orsay. C'est là que j'ai goûté pour la première fois cette salade, par une froide journée de février. Elle a jeté comme un rayon de soleil dans ma journée, avec la promesse que les beaux jours étaient pour bientôt.

Pour 4 personnes
Matériel : une cuiller à pamplemousse ; une mandoline ou un couteau bien aiguisé.

- 2 concombres de 500 g chacun environ, lavés, essuyés et parés
- 3 ciboules ou cives, parées et pelées
- quelques cuillerées à soupe de sauce crème au citron et à la ciboulette (p. 291)
- 2 crottins de Chavignol frais, coupés en deux dans l'épaisseur

1. À l'aide d'une fourchette, entamez la peau des concombres sur toute la longueur pour que les rondelles soient plus décoratives une fois découpées. Coupez ensuite chaque

concombre en deux dans la longueur et, avec une cuiller à pamplemousse, retirez les graines et jetez-les. Retaillez chaque demi-concombre en fines rondelles et mettez-les dans un saladier.

2. Avec une mandoline ou un couteau bien aiguisé, émincez très finement les ciboules, puis défaites-les en anneaux et ajoutez-les dans le saladier. Versez juste assez de sauce pour enrober délicatement les tranches de concombre avec les ciboules.

3. Répartissez la salade sur des assiettes individuelles. Posez sur le dessus un demi-fromage de chèvre et servez aussitôt.

150 calories par personne ❧ **10 g de lipides** ❧ **7 g de protéines** ❧ **10 g de glucides**

Suggestion de vin

Je ne peux pas imaginer déguster cette délicate salade au chèvre sans quelques gorgées de vin blanc, le sancerre naturellement, l'un des meilleurs sauvignons du monde.

Bon à savoir : la cuiller à pamplemousse sert à bien d'autres choses que de déguster un simple pamplemousse. J'ai trouvé d'innombrables emplois pour cette cuiller à bord dentelé : aussi bien pour éliminer le foin d'un cœur d'artichaut que pour gratter les graines d'un concombre coupé en deux.

Il me rend chèvre : il me rend fou !

La salade de tomates de Frédéric Anton

Il faut une certaine audace à un chef pour qu'il baptise une salade tout simplement La Tomate et propose à ses clients une assiette garnie de rondelles de tomates, rehaussées d'une touche surprenante de vanille, avec un zeste de citron, du poivre au moulin et de la fleur de sel. C'est pourtant ce que fait Frédéric Anton, dont la magie opère dans l'élégant restaurant du *Pré Catelan* à Paris où il officie avec talent.

Pour 4 personnes
Matériel : 2 petits bocaux avec couvercle ; 4 assiettes plates bien froides.

- 2 belles gousses de vanille luisantes
- 2 citrons verts, de préférence non traités
- 4 cuillerées à soupe d'huile d'olive vierge extra
- sel de mer fin
- 1 kilo de grosses tomates mûres et bien rouges
- fleur de sel
- poivre noir au moulin

1. La veille du jour où vous servez la salade, préparez l'assaisonnement. Aplatissez les gousses de vanille et coupez-les en deux dans la longueur. Avec une petite cuiller, grattez les petites graines noires de l'intérieur et mettez-les dans un petit bocal. (Gardez les gousses elles-mêmes pour un autre usage.) Râpez le zeste des deux citrons et mettez-le dans le second petit bocal, fermez et réservez. Pressez le jus des citrons et ajoutez-le dans le bocal des graines de vanille, ainsi que l'huile et une pincée de sel. Fermez, secouez pour mélanger et réservez dans le réfrigérateur.
2. Le jour où vous servez la salade, lavez et essuyez les tomates, ébouillantez-les, pelez-les et retirez les graines. Coupez-les en rondelles régulières de 1 cm d'épaisseur. Répartissez la sauce à la vanille sur quatre assiettes de service bien froides. Disposez les rondelles de tomates par-dessus, côte à côte.

Arrosez avec le reste de sauce, parsemez de zeste de citron et ajoutez une pincée de fleur de sel, poivrez et servez.

**170 calories par personne ✻ 14 g de lipides ✻
2 g de protéines ✻ 11 g de glucides**

Salade de petits oignons nouveaux, concombre et basilic

Les salades d'été sont une vraie bénédiction ! Rapides à préparer, légères, rafraîchissantes. Tout ce dont on a besoin dans la chaleur de l'été. J'ai un penchant particulier pour le trio que je vous propose ici : le léger piquant de l'oignon de printemps, la fraîcheur du concombre et la saveur aromatique de la sauce au basilic.

Pour 4 personnes
Matériel : une mandoline ou un couteau bien aiguisé.

- 3 oignons nouveaux (ou 6 ciboules), parés et pelés
- 1 concombre (500 g environ), lavé et essuyé (non pelé)
- 1 petit bouquet de basilic frais
- 2 cuillerées à soupe environ de sauce basilic au citron (p. 290)
- fleur de sel

Avec une mandoline ou un couteau bien aiguisé, émincez très finement les oignons nouveaux, puis défaites-les en anneaux et mettez-les dans un saladier. Émincez également très finement le concombre et ajoutez les rondelles dans le saladier. Si les feuilles de basilic sont petites, laissez-les entières, sinon, déchirez-les en petits morceaux, ajoutez-les également dans le saladier. Ajoutez la sauce et salez à la fleur de sel. Mélangez délicatement et répartissez sur des assiettes de service.

**71 calories par personne ✻ 4 g de lipides ✻
2 g de protéines ✻ 9 g de glucides**

Salade de ciboules, tomates cerises, avocat et basilic

La première fois que j'ai préparé cette salade, nos yeux se sont écarquillés ! Les couleurs à elles seules donnaient envie de plonger dans le saladier. Le rouge, le vert et le blanc forment un trio toujours victorieux. L'avocat est un ingrédient largement méconnu ; il peut faire bien davantage que de servir à faire un guacamole, comme le prouve cette salade.

Pour 4 personnes
Matériel : une mandoline ou un couteau bien aiguisé.

- 3 oignons nouveaux (ou 6 ciboules), parés et pelés
- 1 avocat mûr
- plusieurs cuillerées à soupe de sauce basilic au citron (p. 290)
- 30 tomates cerises coupées en deux
- 20 feuilles de basilic
- fleur de sel

Avec une mandoline ou un couteau bien aiguisé, émincez très finement les oignons ou les ciboules et défaites-les en anneaux. Mettez-les dans un saladier. Coupez l'avocat en deux, retirez le noyau et pelez-le. Détaillez chaque moitié en fines lamelles et ajoutez-les dans le saladier. Ajoutez juste assez de sauce pour enrober délicatement les ingrédients. Ajoutez les demi-tomates cerises et mélangez encore une fois. Répartissez la salade sur des assiettes de service, ajoutez les feuilles de basilic, déchirées en petits morceaux si elles sont grandes (sinon, laissez-les entières), et terminez par une pincée de fleur de sel.

**163 calories par personne ❧ 12 g de lipides ❧
3 g de protéines ❧ 15 g de glucides**

Faire quelque chose aux petits oignons : en y accordant toute son attention.

Salade de jeunes pousses d'épinards, radis et menthe

Les jeunes feuilles d'épinards font partie de mes verdures préférées : j'adore leur couleur vert vif et leur délicate saveur croquante. Cette salade est rapide à préparer, décorative et absolument délicieuse. Elle sort vraiment de l'ordinaire, même si elle réunit des ingrédients apparemment ordinaires.

Pour 4 personnes

- 1 botte de radis (une trentaine environ), lavés et parés
- 200 g de jeunes feuilles d'épinards, lavées et essorées
- 4 cuillerées à soupe de menthe fraîche ciselée
- 2 cuillerées à soupe de sauce crème au citron et à la ciboulette (p. 291)
- fleur de sel

Détaillez les radis en fines rondelles transversales. Mettez-les dans un saladier avec les feuilles d'épinards et la menthe. Au moment de servir, ajoutez la sauce et mélangez intimement. Salez à la fleur de sel et répartissez la salade sur des assiettes de service.

32 calories par personne ❧ 1 g de lipides ❧ 4 g de protéines ❧ 4 g de glucides

Histoire : Louis XIV aimait manger de la salade et des radis au début du repas pour s'ouvrir l'appétit.

Salade de chou,
carottes et céleri râpés

Cette salade fait partie de mes préférées pour le repas de midi, mais elle est aussi parfaite pour un buffet.

Pour 4 personnes
Matériel : une râpe à légumes tronconique ou un robot ménager équipé d'une lame à râper ; un bocal avec un couvercle.

- ¼ de chou blanc, sans le trognon
- 3 carottes, parées et pelées
- 4 branches de céleri, très finement émincées
- 4 cuillerées à soupe de sauce crème au citron et à la ciboulette (p. 291)
- sel de mer fin

Râpez le chou et les carottes en utilisant la râpe du côté des gros trous ou la lame à râper du robot ménager. Mélangez ces deux ingrédients dans un saladier et ajoutez le céleri émincé. Versez la sauce dessus et mélangez intimement jusqu'à ce que les légumes soient bien assaisonnés. Goûtez et rectifiez l'assaisonnement. Servez aussitôt. (La salade perd de sa saveur si vous la laissez reposer trop longtemps à l'avance.)

**62 calories par personne ❧ 2 g de lipides ❧
6 g de protéines ❧ 10 g de glucides**

Folklore : en plaçant quelques graines de céleri sous votre oreiller, vous passerez une longue nuit de bon sommeil, sans aucun risque d'insomnie.

Aller planter ses choux : se retirer à la campagne ; quitter volontairement ses fonctions.

Méli-mélo d'herbes
et de légumes

C'était par une splendide journée et j'étais avec une amie
à la terrasse d'un restaurant végétarien, *La Chassagnette* en
Camargue. On nous avait servi cette salade sur une grande
tranche de pain au levain et c'était absolument délicieux. Je me
suis inspirée de ce modèle pour en proposer toutes sortes de
variantes, en changeant les légumes, en remplaçant le pain par
une tranche de saumon fumé ou même sans rien d'autre que le
mélange de légumes et d'herbes.

Pour 8 personnes
Matériel : une mandoline ou un couteau bien aiguisé.

- 4 petites courgettes à peau fine, lavées et parées
- 1 carotte grattée et parée (non pelée)
- 4 oignons nouveaux (ou 8 ciboules) parés et pelés
- 4 petits artichauts poivrade parés (ou 4 cœurs d'artichauts
  en boîte, bien égouttés)
- 2 petit bulbes de fenouil parés (vert de fenouil réservé)
- quelques fleurs de bourrache (facultatif)
- 4 cuillerées à soupe de persil plat ciselé
- 4 cuillerées à soupe de coriandre ciselée
- quelques feuilles et fleurs de capucine
- 2 cuillerées à soupe d'huile d'olive vierge extra
- sel au zeste de citron (p. 302)

À l'aide d'une mandoline ou d'un couteau bien aiguisé,
détaillez tous les légumes en fines languettes. Si les légumes
sont de grosse taille, recoupez les languettes en deux ou trois
morceaux. Réunissez tous les légumes dans un saladier, ajoutez le vert de fenouil, le persil et la coriandre, les fleurs et les
feuilles. Arrosez d'huile d'olive et mélangez intimement, salez
et servez.

**83 calories par personne ❧ 4 g de lipides ❧
3 g de protéines ❧ 12 g de glucides**

Histoire : l'artichaut a longtemps été considéré comme
un aphrodisiaque ; par conséquent, au XVIe siècle, les reli-
gieuses, en France, avaient l'interdiction de goûter aux
plaisirs de ce délicieux légume. Les marchands des rues
à Paris le vendaient en criant : Artichauts ! Artichauts !
C'est pour monsieur et pour madame, pour réchauffer
le corps et l'âme, et pour avoir le cul chaud !

Salade de fenouil au fromage de brebis

Là, c'est vraiment l'occasion d'utiliser votre meilleure huile
d'olive vierge extra ! Il y a quelque chose, dans cette salade de
printemps, qui réclame absolument une huile d'olive de toute
première qualité, par exemple une variété du sud de la France,
avec un parfum d'artichaut. Si vos fenouils présentent des som-
mités vertes, mettez-les de côté pour les ajouter en même temps
que le persil.

Pour 6 personnes
Matériel : une mandoline ou un couteau bien aiguisé.

- 3 cuillerées à soupe de jus de citron fraîchement pressé
- 4 petits bulbes de fenouil, parés (avec le vert réservé)
- 4 ou 5 cuillerées à soupe de feuilles de persil plat
- 2 cuillerées à soupe environ d'huile d'olive vierge extra
- sel de mer fin
- un morceau de fromage de brebis à pâte dure de 100 g en
  un seul morceau (ossau iraty, par exemple), détaillé en fins
  copeaux avec un couteau économe

1. Remplissez un récipient de 1,5 litre de contenance avec 1 litre d'eau froide et ajoutez le jus de citron. Avec une mandoline ou un couteau bien aiguisé, détaillez les fenouils en fines lamelles dans le sens de la hauteur et plongez-les au fur et à mesure dans l'eau citronnée. Couvrez et réservez dans le réfrigérateur. Vous pouvez faire cette opération 4 heures à l'avance. Le fenouil va devenir très croquant, tandis que le jus de citron l'empêche de noircir.

2. Remplissez un autre récipient de 50 cl de contenance avec 25 cl d'eau froide, ajoutez le vert de fenouil et le persil. Couvrez et réservez dans le réfrigérateur. Cette opération peut également se faire 4 heures à l'avance.

3. Au moment de servir, égouttez les lamelles de fenouil et mettez-les dans un saladier, ajoutez un peu d'huile d'olive et mélangez intimement, puis répartissez-les sur des assiettes de service. Égouttez le vert de fenouil et les feuilles de persil, puis mélangez-les dans un bol avec un peu d'huile d'olive. Ajoutez-les ensuite en garniture sur les lamelles de fenouil. Salez, puis disposez les copeaux de fromage de brebis par-dessus et servez aussitôt. Si vous ne trouvez pas de fromage de brebis à pâte dure, prenez du parmesan.

136 calories par personne ❧ 10 g de lipides ❧ 6 g de protéines ❧ 6 g de glucides

Salade de betterave : le rouge et l'or

Un samedi matin, à Paris, au mois de février, Joël Thiebault (qui fournit en légumes plusieurs grands chefs de la capitale) me donna un gros sac plein de légumes de saison. Il y avait des petits poireaux, toutes sortes de pommes de terre (des violettes, des jaunes et une variété tachetée de rouge), ainsi que de superbes betteraves. La betterave fraîche, non cuite, est plutôt rare en France. La variété orange est encore plus rare. Mais ce soir-là, j'ai pu préparer une salade à la fois haute en couleur et en saveurs.

Pour 6 personnes
Matériel : une râpe tronconique.

- 4 cuillerées à soupe de jus de citron fraîchement pressé
- 2 cuillerées à soupe de moutarde blanche
- 4 cuillerées à soupe d'huile d'olive vierge extra
- sel de mer fin
- 2 betteraves orange crues (200 g environ)
- 2 betteraves rouges crues (200 g environ)

1. Mélangez dans un petit saladier le jus de citron, la moutarde et l'huile d'olive, fouettez pour bien émulsionner. Goûtez et rectifiez l'assaisonnement. Partagez cette sauce en deux en en versant la moitié dans un autre petit saladier.
2. Pelez les betteraves. Râpez les rouges directement dans le premier saladier, en utilisant le côté gros trous de la râpe. Faites de même avec les autres betteraves dans le second saladier. Mélangez chaque variété intimement avec la sauce et rectifiez l'assaisonnement. Servez aussitôt ou mettez au frais à couvert pour servir le lendemain. Pour servir, placez une portion de chaque couleur côte à côte sur les assiettes.
   Si vous ne trouvez pas de betteraves orange, prenez des carottes.

**162 calories par personne ❋ 14 g de lipides ❋
2 g de protéines ❋ 9 g de glucides**

Salade tricolore

L'histoire rapporte qu'un restaurateur parisien, à l'époque du Second Empire, créa une salade réunissant trois couleurs, le vert, le rouge et le blanc, en l'honneur du roi Victor Emmanuel II et du drapeau italien. La salade d'origine associait de la mâche, des betteraves et du céleri, mais j'ai remis cette salade au goût du jour en utilisant des salades plus en rapport avec l'Italie que la mâche : de la roquette et de la trévise, en ajoutant aussi un peu d'endives blanches. La sauce crème au citron et à la ciboulette est l'assaisonnement idéal de cette salade.

Pour 4 personnes

- 100 g de roquette (ou de cresson, de mâche ou de mesclun), lavée et essorée
- 2 têtes de trévise rouge, parées, lavées et finement émincées
- 2 endives blanches, parées et finement émincées
- 4 cuillerées à soupe de sauce crème au citron et à la ciboulette (p. 291)
- fleur de sel
- poivre noir au moulin

Réunissez dans un saladier la roquette, la trévise et les endives, mélangez délicatement. Arrosez avec la sauce et remuez pour bien enrober les feuilles d'assaisonnement. Salez et poivrez. Servez aussitôt.

❋ **71 calories par personne** ❋ **3 g de lipides** ❋
8 g de protéines ❋ **11 g de glucides**

Tradition : jadis en France, dans les jardins des couvents, il était interdit de planter de la roquette, car les salades méditerranéennes étaient considérées comme aphrodisiaques.

Folklore : si vous mangez de la salade avant de boire de l'alcool, vous ne serez pas ivre.

La salade aux légumes d'hiver
de *L'Angle du Faubourg*

C'est l'une des premières fois où j'ai eu l'occasion de déjeuner dans cet excellent restaurant parisien, à l'enseigne de *L'Angle du Faubourg*, que j'ai goûté cette rafraîchissante salade d'hiver. Depuis, elle est inscrite parmi mes préférées. À midi, elle peut faire le repas à elle seule ; le soir, c'est une délicieuse entrée.

Pour 8 personnes
Matériel : une mandoline ou un couteau bien aiguisé ; une marmite à pâtes de 5 litres de contenance équipée d'une passoire ; un cuit-vapeur.

- 2 carottes pelées
- 1 gros bulbe de fenouil (200 g environ), paré
- gros sel de mer
- 12 cl de sauce crème au citron et à la ciboulette (p. 291)
- 2 betteraves rouges crues (200 g environ), lavées et parées
- 1 botte de radis, lavés et parés
- 4 oignons nouveaux (ou 8 ciboules), parés et pelés
- fleur de sel
- un morceau de fromage de brebis à pâte dure de 200 g environ (ossau iraty, par exemple)
- 4 cuillerées à soupe de ciboulette ciselée

1. Avec une mandoline ou un couteau bien aiguisé, émincez les carottes et le fenouil en fines lamelles dans le sens de la longueur.
2. Versez de l'eau glacée dans un grand saladier.
3. Versez 3 litres d'eau dans une marmite à pâtes de 5 litres de contenance équipée d'une passoire. Faites bouillir sur feu vif, ajoutez 3 cuillerées à soupe de gros sel, versez les carottes et laissez-les cuire à gros bouillons pendant 1 minute. Égouttez-les aussitôt, laissez l'eau s'écouler de la passoire et plongez celle-ci avec les carottes dans l'eau glacée pour les refroidir aussi vite que possible. (Les carottes vont refroidir en l'espace d'une minute. Si vous les laissez

plus longtemps, elles risquent de se ramollir et de perdre leur saveur.) Égouttez-les. Répétez la même opération avec le fenouil. Assaisonnez les carottes et le fenouil séparément dans deux petits saladiers avec un peu de sauce. Réservez.

4. Faites cuire les betteraves à la vapeur. Versez 1 litre d'eau dans la partie basse d'un cuit-vapeur, posez les betteraves sur la grille et placez celle-ci au-dessus de l'eau portée à ébullition, couvrez et laissez cuire pendant 20 minutes pour des jeunes betteraves pas trop grosses, jusqu'à 1 heure si elles sont plus grosses ; il faut pouvoir les percer facilement avec la pointe d'un couteau. (Rajoutez éventuellement de l'eau dans le bas du cuit-vapeur si elle s'évapore trop rapidement.) Égouttez et laissez-les refroidir légèrement avant de les peler : la peau s'enlève pratiquement toute seule, mais prenez un petit couteau pour éliminer les parties de peau qui restent adhérentes. Coupez la queue et détaillez les betteraves en fines lamelles avec une mandoline ou un couteau bien aiguisé. Assaisonnez-les avec un peu de sauce et réservez.

5. Émincez également les radis en fines rondelles avec la mandoline ou au couteau. Assaisonnez-les eux aussi séparément et réservez.

6. Émincez les oignons ou les ciboules en fines lamelles et défaites-les en anneaux. Assaisonnez-les dans un petit bol et ajoutez une pincée de fleur de sel.

7. Retirez la croûte du fromage. Détaillez-le en fines lamelles avec la mandoline ou un couteau bien aiguisé.

8. Répartissez les fines lamelles de fromage sur les assiettes de service en les faisant se chevaucher légèrement. Disposez par-dessus les carottes, le fenouil, les betteraves et les radis côte à côte, puis placez au milieu un petit tas d'oignon émincé. Parsemez de ciboulette et ajoutez une pincée de fleur de sel. Servez sans attendre.

**⁂ 169 calories par personne ⁂ 11 g de lipides ⁂
13 g de protéines ⁂ 11 g de glucides**

Note : tous les légumes peuvent être préparés et cuits 8 heures à l'avance ; conservez-les séparément dans des boîtes hermétiques dans le réfrigérateur. Assaisonnez-les au dernier moment.

Habillé comme un oignon : avec des vêtements superposés comme les pelures d'un oignon.

Histoire : la carotte est née en Europe ; Charlemagne faisait pousser des carottes dans ses jardins, mais ce légume, alors de couleur jaunâtre, n'était guère apprécié ; c'est au XVIIe siècle que les Hollandais réussirent à cultiver des carottes orange, qui devinrent plus populaires.

LES SOUPES
ET LES POTAGES

Soupe d'artichaut au parmesan

Depuis le jour où j'ai goûté cette somptueuse soupe veloutée chez Guy Savoy à Paris, elle figure parmi mes préférées. Je la prépare tout au long de l'année, quelle que soit la saison, parfois même pour moi toute seule, tellement elle est nourrissante et délicieuse. J'utilise des fonds d'artichauts frais ou surgelés ou encore des cœurs d'artichauts en boîte de bonne qualité, qui ont la même saveur que des artichauts frais, mais qui demandent moins de travail pour les préparer.

Pour 12 personnes
Matériel : une grande marmite avec un couvercle ; un moulin à légumes avec une grille moyenne ; 12 bols à soupe individuels chauds.

- 1 cuillerée à soupe d'huile d'olive vierge extra
- sel de mer fin
- 2 échalotes pelées et émincées
- 1 kilo de fonds d'artichauts frais ou surgelés
- 2 litres de bouillon de volaille maison (p. 287)
- 50 g de parmesan en un seul morceau

1. Faites chauffer l'huile dans une grande marmite à fond épais, ajoutez les échalotes et une pincée de sel. Mélangez et laissez cuire à couvert sur feu doux pendant 3 à 4 minutes jusqu'à ce que les échalotes soient translucides ; évitez de les laisser roussir. Ajoutez les artichauts et mélangez. Faites cuire à couvert sur feu très doux pendant encore 2 minutes jusqu'à ce que les artichauts s'imprègnent d'huile et deviennent tendres. Versez le bouillon et réglez le feu de manière à obtenir des frémissements réguliers. Couvrez et laissez mijoter pendant 30 minutes. Goûtez et rectifiez l'assaisonnement.
2. Placez un moulin à légumes équipé d'une grille moyenne au-dessus d'une grande terrine et passez la soupe dedans pour la réduire en purée. (Jetez les parties fibreuses qui restent dans le moulin à légumes.) Remettez la soupe dans

la marmite : elle doit présenter une appétissante couleur vert doré et la consistance d'une purée fluide. Si elle est trop liquide, faites-la réduire sur feu modéré. (Vous pouvez préparer la soupe plusieurs heures à l'avance jusqu'à cette étape et la réchauffer au moment de servir.)

3. Avec un couteau économe, détaillez le parmesan en longs copeaux assez épais dans un bol. (Lorsque le morceau de fromage devient trop fin pour être prélevé en copeaux, râpez-le et ajoutez ce fromage râpé dans le bol.) Réservez.

4. Répartissez la soupe bien chaude dans des bols de service. Garnissez avec les copeaux de parmesan, qui doivent se tenir à la surface de la soupe, à demi fondus, mais encore intacts. Servez aussitôt.

**107 calories par personne ❦ 4 g de lipides ❦
11 g de protéines ❦ 6 g de glucides**

Crème de tomate froide

Chaque été, Johannes Sailer, chef du restaurant *Les Abeilles*, à Sablet, en Provence, imagine un menu entièrement consacré à la tomate. Une fois, c'est avec cette étonnante soupe qu'il a commencé son repas : éclatante de couleur, pleine de fraîcheur, riche de la saveur des tomates du jardin. Cette crème de tomate assaisonnée d'huile d'olive et relevée de vinaigre vous donne l'impression de boire littéralement une salade de tomates !

Pour 12 personnes
Matériel : un robot ménager ou un mixeur ; 12 bols à soupe individuels bien froids.

- 750 g de tomates mûres, coupées en quartiers et épépinées (non pelées)
- 12 cl de purée de tomates
- 1 cuillerée à soupe de sel de céleri
- 1 cuillerée à café de piment d'Espelette en poudre
- 2 cuillerées à soupe de vinaigre de xérès

- 3 cuillerées à soupe d'huile d'olive vierge extra
- 20 feuilles de basilic frais

Réunissez tous les ingrédients dans le bol mélangeur d'un robot en ajoutant 40 cl d'eau et réduisez le tout en purée, ou passez-les au mixeur, jusqu'à consistance bien lisse. Goûtez et rectifiez l'assaisonnement. Vous pouvez servir cette soupe aussitôt, mais elle gagne en saveur si vous la mettez pendant 3 à 24 heures à reposer dans le réfrigérateur. Au moment de servir, mixez à nouveau la soupe et servez-la bien froide dans des bols, eux aussi froids.

**42 calories par personne ❋ 3 g de lipides ❋
1 g de protéines ❋ 5 g de glucides**

Un déjeuner de juillet sur la terrasse

Tartinade de pois chiches au basilic (p. 28)
Crème de tomate froide
Polenta poêlée (p. 155) avec des poivrons rouges et tomates au piment d'Espelette (p. 197)
Fruits d'été au four à la verveine odorante (p. 282)

Bouillon de tomate à l'estragon

Cette soupe délicate évoque pour moi une délicieuse soirée du début de l'automne, lorsque les tomates sont parvenues à leur apogée de saveur. Je me vois dans une longue robe blanche, entourée d'amis, dans une atmosphère festive pleine d'harmonie, et cette entrée constitue le premier plat d'un festin multicolore. C'est d'ailleurs aussi une recette idéale pour toute occasion : elle ne demande que cinq minutes de préparation.

Pour 12 personnes
Matériel : une grande casserole ; 12 bols à soupe individuels bien chauds.

- 1 kilo de tomates du jardin bien mûres de différentes couleurs
- 1,5 litre de bouillon de volaille maison (p. 287)
- 1 cuillerée à café de sel de mer fin
- 3 cuillerées à soupe d'estragon frais finement émincé

1. Ébouillantez et pelez les tomates, retirez le cœur et les pépins, puis coupez-les en petits morceaux.
2. Mettez les tomates dans une grande casserole, ajoutez le sel et versez le bouillon. Faites chauffer et laissez frémir pendant 5 minutes. Répartissez dans des bols chauds et garnissez d'estragon frais. Servez avec du pain croustillant.

**25 calories par personne ❋ 1 g de lipides ❋
1 g de protéines ❋ 4 g de glucides**

Crème froide de concombre
à l'aneth et à la menthe

Préparée en un tour de main, idéale en toute occasion, appréciée de tous, cette soupe d'été à la fraîche saveur est d'une légèreté parfaite. Je la prépare tôt le matin pour la servir bien frappée en entrée à midi quand il fait chaud. Comme le yaourt constitue un ingrédient de base de cette soupe, cherchez le meilleur que vous puissiez trouver. Si possible, choisissez du yaourt au lait de brebis, dont le goût est plus riche que celui d'un yaourt au lait de vache ou de chèvre.

Pour 8 personnes
Matériel : un robot ménager ou un mixeur ; 8 bols à soupe individuels bien froids.

- 1 concombre de 500 g environ
- 1 cuillerée à café de sel de mer fin

- 50 cl de yaourt allégé
- 1 belle gousse d'ail pelée, dégermée et émincée
- 5 cuillerées à soupe d'aneth frais ciselé
- 5 cuillerées à soupe de menthe fraîche ciselée

1. Parez et pelez le concombre. Coupez-le en tronçons. Réunissez dans le bol mélangeur d'un robot le concombre, le sel, le yaourt et l'ail, 2 cuillerées à soupe d'aneth et autant de menthe. Réduisez le tout en purée lisse. Goûtez et rectifiez l'assaisonnement. Versez le tout dans un saladier, couvrez hermétiquement d'un film étirable et mettez le tout dans le réfrigérateur pendant au moins 1 heure (jusqu'à 24 heures à l'avance).
2. Au moment de servir, mixez à nouveau la crème de concombre avec un mixeur plongeant pour la rendre bien lisse (ou passez-la à nouveau dans le robot) et versez-la dans les bols à soupe froids. Garnissez avec le reste d'aneth et de menthe avant de servir.

47 calories par personne ❧ traces de lipides ❧ 4 g de protéines ❧ 7 g de glucides

Folklore : le concombre est un symbole de fertilité, mais on lui attribue aussi des vertus apaisantes ; si vous souffrez d'une fièvre, dormez sur un lit de concombres et votre fièvre disparaîtra…

Soupe de maïs à la coriandre et au paprika espagnol

Comment deux ingrédients aussi simples parviennent-ils à créer ensemble une soupe aussi riche en couleur, en saveur et en texture ? Il suffit de faire cuire dans du lait des grains de maïs frais, égrenés sur l'épi et cuits (avec les épis) jusqu'à consistance bien tendre : difficile de faire mieux. Cette soupe est aussi bonne chaude que froide, nature ou agrémentée d'une touche de piment. Pour ma part, j'aime bien la relever de coriandre fraîche et de paprika espagnol au goût légèrement fumé.

Pour 6 personnes
Matériel : une grande casserole ; un mixeur ou un robot ménager.

- 3 épis de maïs frais sans les feuilles
- 1,5 litre de lait écrémé
- 2 cuillerées à café de sel de mer fin
- 4 cuillerées à soupe de coriandre fraîche ciselée
- 1 cuillerée à café environ de paprika fumé, espagnol ou autre

1. Avec un couteau bien aiguisé, détachez les grains des épis de maïs et mettez-les dans une casserole, assez grande pour contenir également les épis dénudés sur une seule couche ; ajoutez les épis, versez le lait et ajoutez le sel. Couvrez et portez à la limite de l'ébullition sur feu doux, puis laissez frémir pendant 45 minutes. (Veillez à ce que le lait ne déborde pas.)
2. Sortez les épis de la casserole et jetez-les. Versez le contenu de la casserole, grains de maïs et lait, dans le bol mélangeur d'un robot et mixez le tout. Procédez en plusieurs fois. Les grains de maïs se brisent, mais la consistance de la soupe reste un peu épaisse. (Vous pouvez la préparer jusqu'à 3 jours à l'avance et la conserver au réfrigérateur dans un récipient couvert.)
3. Servez chaud ou froid dans des bols individuels. Garnissez au moment de servir avec la coriandre et le paprika.

164 calories par personne ❧ 4 g de lipides ❧
10 g de protéines ❧ 25 g de glucides

Gaspacho

Voici sans doute l'une des soupes froides les plus rapides à préparer que je connaisse. Elle remporte toujours un franc succès lorsque je la sers en famille ou pour des amis. J'aime la pointe de piquant de l'ail cru, ainsi que les petites touches de rouge que donnent les tomates et le poivron rouge. Sa consistance est assez épaisse. C'est vraiment une entrée parfaite pour un repas d'été. Je ne suis pas très amateur de garniture en tout genre. Nombreux sont ceux qui ajoutent dans le gaspacho des croûtons et des petits dés de légumes, mais pour ma part je préfère cette soupe dans sa pureté originelle, sous sa forme la plus simple. Si vous voulez l'agrémenter d'une touche épicée, ajoutez quelques gouttes de Tabasco ou quelques miettes de piment séché au dernier moment.

Pour 10 personnes
Matériel : un robot ménager ou un mixeur ; 10 bols à soupe individuels bien froids.

- 1 concombre de 500 g environ
- 750 g de tomates fraîches et mûres, coupées en quartiers et épépinées (non pelées)
- 1 poivron rouge, épépiné et coupé en morceaux
- 1 petit oignon pelé et coupé en quartiers
- 2 belles gousses d'ail pelées, coupées en deux et dégermées
- 3 cuillerées à soupe de vinaigre de xérès
- 2 cuillerées à café de sel de mer fin
- miettes de piment séché ou Tabasco pour servir (facultatif)

Parez le concombre, pelez-le et coupez-le en tronçons. Réduisez les tomates en purée au mixeur ou dans un robot. Ajoutez tous les autres ingrédients sauf le piment et réduisez à nouveau en purée. (Procédez en plusieurs fois et réunissez tous les ingrédients réduits en purée dans un saladier.) Goûtez et rectifiez l'assaisonnement. Ce gaspacho peut être servi aussitôt fait, mais il gagne en saveur si vous le préparez à l'avance (3 à 24 heures) et que vous le gardez à couvert dans le réfrigérateur. Passez-le à nouveau au mixeur avant de servir et ajoutez une touche de piment si vous le désirez, en proposant le Tabasco ou les miettes de piment à table.

**33 calories par personne ❋ traces de lipides ❋
1 g de protéines ❋ 8 g de glucides**

Faut-il ou non retirer le germe de l'ail ?

Le germe désigne cette petite pousse verte qui se développe au cœur de la gousse d'ail. Coupez la gousse en deux dans la hauteur et elle vous apparaîtra facilement. Les chefs ne sont pas tous d'accord à propos de ce germe, que certaines personnes trouvent indigeste. Pour ma part, je m'en tiens à une règle simple : lorsque j'utilise l'ail cru, je retire toujours le germe, mais si l'ail est cuit, en général je n'y touche pas.

Le potage de tomate aux asperges et à la menthe de Guy Savoy

Comme toujours, on reconnaît dans ce potage à la couleur apéritive la signature du grand chef parisien Guy Savoy, qui sait marier très justement le rouge vif des tomates et le vert pré de la petite asperge, le tout associé au parfum délicat de la menthe. Il sera d'autant plus rafraîchissant que vous le servirez très froid.

Pour 4 personnes
Matériel : un robot ménager ou un mixeur ; une marmite à pâtes de 5 litres de contenance avec sa passoire ; 4 bols à soupe individuels bien froids.

- 3 tomates mûres du jardin, pelées, épépinées et coupées en morceaux (300 g environ)
- 1 cuillerée à soupe de jus de citron fraîchement pressé
- 1 cuillerée à soupe d'huile d'olive vierge extra
- sel de mer fin
- 16 asperges vertes bien fraîches (500 g environ)
- 4 cuillerées à soupe de menthe fraîche ciselée

1. Réunissez dans le bol mélangeur d'un robot les tomates, le jus de citron et l'huile d'olive, réduisez le tout en purée. Goûtez et rectifiez l'assaisonnement. Versez dans un saladier, couvrez et réservez dans le réfrigérateur.
2. Remplissez d'eau glacée une terrine ; coupez les pointes d'asperges (conservez le reste pour un autre usage, une soupe ou une salade).
3. Versez 3 litres d'eau dans la marmite et faites bouillir sur feu vif. Ajoutez 3 cuillerées à soupe de sel et les pointes d'asperges. Faites cuire à gros bouillons à découvert pendant 3 à 4 minutes jusqu'à ce que les pointes d'asperges soient tendres mais encore un peu croquantes. Égouttez-les aussitôt et plongez-les dans la terrine d'eau glacée pour les refroidir aussi vite que possible et stopper la cuisson pour les conserver croquantes et bien vertes. (Il faut 1 à 2 minutes pour qu'elles refroidissent ; ne les laissez pas plus longtemps, sinon elles se ramollissent et perdent leur saveur.) Égouttez-les ensuite dans une passoire.
4. Pour servir, répartissez le coulis de tomates dans des bols bien froids et disposez les pointes d'asperges par-dessus, puis garnissez de menthe et servez.

**69 calories par personne ☀ 4 g de lipides ☀
2 g de protéines ☀ 9 g de lipides**

Suggestion de vin

Un vin blanc bien frappé des Baux-de-Provence, comme celui du Mas de la Dame, qui dégage tous les parfums de la Provence et un fruité opulent.

Histoire : les asperges blanches, populaires dans toute l'Europe, viennent de plantes qui sont littéralement enterrées vivantes ; elles sont en effet cultivées sous des monticules de terre ou de sable qui font écran à la lumière et les empêchent de devenir vertes. Les asperges poussent très vite ; les pointes peuvent atteindre 25 cm en l'espace de 24 heures seulement.

Gaspacho de betterave

J'ai découvert pour la première fois cette soupe d'un rouge vif éclatant grâce au chef Roland Durand, dans le nouveau restaurant flambant neuf qu'il a ouvert à Paris à l'enseigne du *Passiflore*. Elle était servie dans des bols en porcelaine blanche et le contraste de couleurs était époustouflant. Pour la saveur, imaginez celle des petites betteraves en conserve juste relevées de la touche de vinaigre nécessaire pour vous mettre en appétit.

Pour 4 personnes
Matériel : un cuit-vapeur ; un mixeur ou un robot ménager ; 4 bols à soupe individuels bien froids.

- 2 betteraves rouges crues (500 g environ), bien brossées
- 4 belles gousses d'ail pelées, coupées en deux et dégermées
- 1 oignon pelé, coupé en deux et émincé finement
- 1 cuillerée à café de moutarde forte
- 1 cuillerée à soupe de vinaigre de xérès
- sel de mer fin
- plusieurs cuillerées à café de ciboulette fraîche finement émincée

1. Faites cuire les betteraves : versez 1 litre d'eau dans la partie basse d'un cuit-vapeur ; posez les betteraves sur la grille et mettez celle-ci en place au-dessus de l'eau fré-

missante; couvrez et laissez cuire jusqu'à ce que la pointe d'un couteau les transperce facilement, 20 minutes environ si elles sont petites et jusqu'à 1 heure si elles sont plus grosses. (Ajoutez éventuellement de l'eau dans le bas du cuit-vapeur si elle s'évapore trop vite.) Égouttez-les et laissez-les refroidir légèrement, puis épluchez-les : la peau part pratiquement toute seule, mais en certains endroits, il faut un couteau pour éliminer le reste. Coupez la racine et taillez les betteraves en dés.

2. Dans le bol mélangeur d'un robot, réunissez les betteraves, l'ail, l'oignon, la moutarde, le vinaigre et 50 cl d'eau. Actionnez l'appareil ou passez le tout au mixeur jusqu'à consistance bien lisse. Procédez éventuellement en plusieurs fois. Goûtez et rectifiez l'assaisonnement. Couvrez d'un film étirable et mettez au réfrigérateur pendant au moins 2 heures (jusqu'à 24 heures à l'avance) pour permettre aux saveurs de se développer.

3. Au moment de servir, mixez à nouveau la soupe, goûtez pour rectifier éventuellement l'assaisonnement et répartissez dans des bols bien froids. Garnissez de ciboulette et servez.

40 calories par personne ❦ traces de lipides ❦ 2 g de protéines ❦ 9 g de glucides

Soupe de courge musquée au curry

Lorsque vous servirez cette soupe de courge musquée relevée d'épices, je parie que personne, parmi vos invités, ne sera capable de deviner quels en sont les ingrédients. La touche de gingembre est particulièrement bien venue, car elle donne à la saveur de la courge un prolongement inattendu qui reste longtemps en bouche. La pomme ajoute une touche de douceur et le panais donne encore plus de richesse au mélange de saveurs.

Pour 8 personnes
Matériel : une grande marmite avec couvercle ; un robot ménager ou un mixeur ; 8 bols à soupe individuels bien chauds.

- 2 cuillerées à soupe d'huile d'olive vierge extra
- 2 oignons moyens, pelés, coupés en deux et finement émincés
- sel de mer fin
- 500 g de purée de courge (voir ci-contre)
- 2 petits panais ou navets, pelés et coupés en dés
- 1 pomme à cuire, pelée, évidée et coupée en dés
- 1 litre de bouillon de volaille maison (p. 287)
- 1 cuillerée à café de poudre de curry (p. 300)
- 1 cuillerée à café de poudre de gingembre

Versez l'huile dans une grande casserole et faites chauffer, ajoutez les oignons et le sel ; laissez cuire à couvert sur feu doux pendant 3 à 4 minutes jusqu'à ce que les oignons deviennent translucides. Ajoutez la purée de courge, les navets et la pomme, versez le bouillon, couvrez à nouveau et faites cuire sur feu modéré pendant 30 minutes. Réduisez le tout en purée bien lisse à l'aide d'un mixeur ou d'un robot. Incorporez ensuite le curry et le gingembre. Goûtez et rectifiez l'assaisonnement. Répartissez cette soupe dans des bols bien chauds et servez aussitôt.

**119 calories par personne ❋ 5 g de lipides ❋
7 g de protéines ❋ 13 g de glucides**

Suggestion de vin

Avec cette soupe, j'aime bien un pinot gris ; l'un de mes préférés vient du domaine alsacien Zind-Humbrecht, dont les vins ont tendance à être veloutés, avec une touche minérale qui ajoute de la fraîcheur, mais aussi une note épicée qui s'accorde bien à cet élégant potage.

Purée de courge : préchauffez le four à 190 °C ; coupez une courge en deux et retirez les graines et les filaments du cœur ; posez les demi-courges, face coupée dessus, dans la lèchefrite et couvrez-les de papier d'aluminium ; laissez-les rôtir jusqu'à ce qu'elles soient tendres. Le temps de cuisson varie selon la taille et le degré de fraîcheur de la courge. Une courge de 1,5 kilo demande environ 1 heure de cuisson, davantage si la courge est plus grosse, ce qui vous donne 500 à 750 g de purée. Lorsque la courge est refroidie, récupérez la pulpe avec une cuiller et réduisez-la en purée, petit à petit, dans un robot ménager ou à l'aide d'un mixeur. La teneur en eau d'une courge est variable. Si la purée est trop liquide, laissez-la s'égoutter dans une passoire fine.

Soupe de pois chiches, lentilles et bettes

Dès que les mauvais jours reviennent, c'est la soupe qui revient en force, sous toutes les formes. À la maison, nous mangeons de la soupe presque tous les jours. J'aime bien en préparer en grande quantité : j'en ai toujours un reste pour le déjeuner ou je le garde au congélateur et m'en sers lorsque je n'ai pas le temps de faire la cuisine. Cette soupe appartient plutôt à la catégorie des ragoûts de légumes : riche en saveurs et relevée d'épices, elle associe plusieurs de mes ingrédients préférés, dont les pois chiches et les lentilles. Dans mon jardin en Provence, les bettes prospèrent tout l'hiver : je n'ai qu'à enfiler une parka et des bottes pour aller récolter ce qu'il me faut. Si vous ne trouvez pas de bettes, prenez des épinards.

Pour 8 personnes
Matériel : une passoire fine ; une marmite avec un couvercle ; une petite poêle ; 8 bols à soupe individuels bien chauds.

- 350 g de lentilles vertes du Puy
- 2 cuillerées à soupe d'huile d'olive vierge extra
- un bouquet garni (tiges de persil, feuilles de céleri et brins de thym enfermés dans une boule à thé)
- 1 oignon moyen, pelé, coupé en deux et finement émincé
- sel de mer fin
- 2 litres de bouillon de volaille maison (p. 287)
- 2 cuillerées à café de poudre de curry (p. 300)
- ½ cuillerée à café de poivre de Cayenne
- 1 belle botte de feuilles de bettes grossièrement hachées
- 500 g de pois chiches en boîte, rincés et égouttés
- 2 cuillerées à café de graines de cumin
- 25 cl de yaourt à la grecque

1. Versez les lentilles dans une passoire fine et passez-les sous le robinet d'eau froide pour les rincer. Réservez.
2. Faites chauffer l'huile dans une grande marmite, ajoutez le bouquet garni, l'oignon et 1 cuillerée à café de sel. Laissez cuire à couvert sur feu doux pendant 3 minutes sans laisser roussir. Lorsque les oignons sont translucides, versez le bouillon et portez à la limite de l'ébullition sur feu modéré. Ajoutez les lentilles, le curry et le poivre de Cayenne, mélangez, couvrez et laissez mijoter pendant 20 minutes jusqu'à ce que les lentilles soient cuites. (Le temps de cuisson dépend de la qualité des lentilles ; si elles sont un peu vieilles, elles sont plus longues à cuire.) Ajoutez les feuilles de bettes et les pois chiches, mélangez et poursuivez la cuisson pendant encore 5 minutes. Retirez le bouquet garni et goûtez pour rectifier l'assaisonnement.
3. Pendant la cuisson de la soupe, faites griller le cumin. Versez les graines dans une petite poêle et faites-les revenir sans matière grasse sur feu modéré en remuant la poêle de temps en temps jusqu'à ce que le cumin dégage son parfum, pendant 2 minutes environ. Surveillez bien les graines : elles doivent être uniformément grillées, mais elles peuvent brûler très vite. Versez-les dans une assiette et laissez-les refroidir.

4. Répartissez la soupe dans des bols individuels bien chauds. Proposez à table en garniture le yaourt à la grecque et les graines de cumin grillées.

**293 calories par personne ❧ 7 g de lipides ❧
18 g de protéines ❧ 43 g de glucides**

Bon à savoir : les céréales, le riz et les haricots secs sont généralement proposés dans des conditionnements clairement étiquetés, qui précisent parfois l'année de la récolte et toujours une date limite de consommation, ce qui permet de choisir les ingrédients le plus frais possible. Lorsque vous achetez des céréales, du riz ou des légumes secs, allez dans un magasin dont le débit est important et qui ne stocke pas trop longtemps ses marchandises. Le principe est simple : plus les grains et les graines sont vieux, plus le temps de cuisson est long et plus la saveur est fade. Veillez à ne pas, vous aussi, stocker chez vous ces produits trop longtemps et cuisinez-les le plus vite possible après leur achat pour profiter au mieux de leur fraîcheur.

Velouté de haricots blancs et morilles à la crème

Avec mes élèves, nous avons créé cette recette lors d'une de mes classes d'automne en Provence. C'était la dernière occasion de pouvoir encore acheter les délicieux cocos blancs que nous fournit notre épicerie locale, *Les Gourmandines*. Les morilles séchées font partie des ingrédients de base dans mon placard de cuisine et ce fut pour nous un jeu d'enfant d'imaginer ce velouté. J'aime beaucoup la présentation un peu théâtrale de ce plat : placez les morilles à la crème au fond des bols individuels, versez le velouté de haricots blancs dans un pichet et, à table, répartissez délicatement ce velouté sur les morilles.

Pour 12 personnes
Matériel : une marmite avec un couvercle ; un robot ménager ou
un mixeur ; 12 bols individuels à soupe bien chauds.

- 1 kilo de petits haricots blancs frais dans leurs gousses, écossés, ou 500 g de haricots blancs secs en grains
- 3 cuillerées à soupe d'huile d'olive vierge extra
- 2 feuilles de laurier, fraîches de préférence
- 3 gousses d'ail pelées et émincées
- un beau bouquet de thym frais
- 4 litres de bouillon de volaille maison (p. 287)
- 1 cuillerée à café de sel de mer fin
- la recette des morilles à la crème (p. 187), tenues au chaud
  dans une petite casserole

1. Si vous prenez des haricots frais : réunissez dans une marmite
   l'huile d'olive, les feuilles de laurier et l'ail, mélangez pour
   bien enrober l'ail d'huile et faites chauffer sur feu modéré
   en remuant pendant 2 minutes jusqu'à ce que l'ail dégage
   son parfum et devienne bien tendre ; ne le laissez pas roussir. Ajoutez le thym (en en réservant quelques feuilles pour
   la garniture finale) et les haricots, mélangez pour enrober
   les grains d'huile et faites cuire encore 1 minute. Versez le
   bouillon et remuez. Couvrez, portez à la limite de l'ébullition
   sur feu modéré et laissez mijoter pendant 15 minutes. Salez.
   Poursuivez la cuisson à petits frémissements jusqu'à ce que
   les haricots soient tendres, pendant encore 15 minutes environ. Remuez de temps en temps pour empêcher les haricots d'attacher au fond de la marmite (le temps de cuisson
   exact varie en fonction de la fraîcheur des haricots). Goûtez
   et rectifiez l'assaisonnement. Retirez et jetez les feuilles de
   laurier et le thym. Réduisez en purée au mixeur ou dans un
   robot ménager.
   Si vous prenez des haricots secs : rincez les haricots en les
   triant pour éliminer les petits cailloux éventuels ; mettez-
   les dans un grand saladier, couvrez-les d'eau bouillante
   et laissez-les tremper pendant 1 heure. Égouttez-les et
   jetez l'eau. Réunissez dans une marmite l'huile d'olive, les
   feuilles de laurier et l'ail, mélangez pour bien enrober l'ail

d'huile et faites chauffer sur feu modéré en remuant pendant 2 minutes jusqu'à ce que l'ail dégage son parfum et devienne bien tendre ; ne le laissez pas roussir. Ajoutez le thym (en en réservant quelques feuilles pour la garniture finale) et les haricots, mélangez pour enrober les grains d'huile et faites cuire encore 1 minute. Versez le bouillon et remuez. Couvrez, portez à la limite de l'ébullition sur feu modéré et laissez mijoter pendant 30 minutes à 1 heure. Salez. Poursuivez la cuisson à petits frémissements jusqu'à ce que les haricots soient tendres, pendant encore 30 minutes. Remuez de temps en temps pour empêcher les haricots d'attacher au fond de la marmite le temps de cuisson exact varie en fonction de la fraîcheur des haricots). Goûtez et rectifiez l'assaisonnement. Retirez et jetez les feuilles de laurier et le thym. Réduisez en purée au mixeur ou dans un robot ménager.

2. Au moment de servir, versez la soupe chaude dans un grand pichet. Répartissez les morilles à la crème dans le fond des bols de service. À table, versez la soupe bien chaude sur les morilles et garnissez de thym frais.

**304 calories par personne ❧ 16 g de lipides ❧
12 g de protéines ❧ 29 g de glucides**

Crème de poivrons orange

Cette splendide soupe remporte toujours un succès fou quand je la prépare. C'est l'une de celles que préfèrent mes élèves et nous sommes tous d'accord pour penser que les poivrons jaunes et orange sont vraiment faciles à trouver, même si l'on ne pense pas toujours à les utiliser en cuisine.

Pour 12 personnes
Matériel : une marmite avec son couvercle ; une lèchefrite tapissée de papier d'aluminium ; un robot ménager ou un mixeur ; 8 bols à soupe individuels bien chauds.

- 2 cuillerées à soupe d'huile d'olive vierge extra
- 1 oignon moyen pelé et finement émincé
- sel de mer fin
- 1 kilo de poivrons jaunes ou orange, rôtis, pelés et émincés (voir ci-dessous)
- 2 litres de bouillon de volaille maison (p. 287)
- 2 pommes de terre pelées et coupées en dés
- poivre noir au moulin
- 3 cuillerées à soupe environ d'huile de pistache, de noix ou d'olive pour garnir

1. Versez l'huile dans une marmite et ajoutez l'oignon, mélangez et salez, faites chauffer à couvert sur feu doux pendant 3 à 4 minutes jusqu'à ce que l'oignon soit ramolli et translucide. Ajoutez les poivrons émincés et poursuivez la cuisson pendant encore 4 à 5 minutes. Versez le bouillon de volaille et ajoutez les pommes de terre. Faites cuire jusqu'à ce que les pommes de terre soient tendres, environ 20 minutes.
2. Réduisez le contenu de la marmite en purée au mixeur ou dans un robot ménager (en procédant en plusieurs fois). Goûtez et rectifiez l'assaisonnement et servez dans des bols bien chauds. Ajoutez un petit filet de l'huile de votre choix sur le dessus au moment de servir.

❧ 135 calories par personne ❧ 3 g de lipides ❧ 4 g de protéines ❧ 24 g de glucides

---

Savoir faire rôtir des poivrons

Choisissez des poivrons bien charnus, avec une peau assez épaisse, ils sont plus savoureux et résistent mieux à la chaleur.

Préchauffez le gril du four. Placez les poivrons lavés et essuyés sur la lèchefrite du four tapissée de papier d'aluminium et glissez-la à au moins 7 ou 8 cm de la source de chaleur, pour qu'ils ne soient pas en contact direct avec la rampe du four ; ils doivent à la fois rôtir et cuire à l'étouffée, ce qui les rendra plus tendres et plus moelleux. Vous pouvez également faire rôtir les poivrons directement sur un gril, sur la flamme du gaz ou dans le four à chaleur très forte (240 °C).

Ne percez pas les poivrons avec une aiguille ou une brochette, sinon ils vont perdre le jus délicieux qu'ils contiennent.

Surveillez attentivement les poivrons pendant qu'ils rôtissent. Retournez-les souvent en vous servant de pincettes pour ne pas percer la peau. Celle-ci doit se fripper sans brûler. (Si la peau devient noire et calcinée avant de se décoller de la chair, c'est que la chaleur est trop intense.) Le rôtissage doit prendre environ 15 minutes.

Dès que la peau se recroqueville et se déchire sur toutes les faces, sortez les poivrons du four et mettez-les dans une terrine, puis couvrez-les avec du film étirable. Laissez-les refroidir pendant une dizaine de minutes, puis retirez les poivrons de la terrine, en veillant à ne pas perdre le jus qui a coulé. Éliminez les parties de peau noircies, coupez les poivrons en deux, puis éliminez les graines et détaillez les poivrons en languettes dans le sens de la longueur. Ne rincez pas les poivrons une fois pelés, sinon ils perdront toute leur saveur.

Crème de topinambours à l'huile de noisette

Voilà une soupe d'hiver chaleureuse, rapide et délicieuse qui vous réchauffe le cœur. C'est le chef parisien Pierre Gagnaire qui m'a appris cette méthode de cuisson des topinambours, que l'on surnomme aussi artichauts de Jérusalem : dans du lait, pour obtenir une délicate couleur blanche. L'huile de noisette répond joliment à la saveur charnue de ce légume hivernal.

Pour 8 personnes
Matériel : une grande casserole ; un robot ménager ou un mixeur ;
8 bols à soupe inviduels bien chauds.

- 1 litre de lait écrémé
- sel de mer fin
- 500 g de topinambours, bien grattés
- 2 cuillerées à soupe environ d'huile de noisette

1. Versez le lait dans une grande casserole et ajoutez 1 cuillerée à café de sel fin. Pelez les topinambours et coupez-
   les en morceaux. Plongez-les au fur et à mesure dans le
   lait. (Cette précaution les empêche de noircir, sinon ils
   s'oxydent en restant exposés à l'air.) Lorsque tous les topinambours sont dans la casserole de lait, faites chauffer sur
   feu modéré et laissez cuire doucement pendant 25 minutes
   jusqu'à ce qu'ils soient tendres. Veillez à ce que le lait ne
   déborde pas.
2. Versez le contenu de la casserole, petit à petit, dans le bol
   mélangeur d'un robot et mixez pour réduire le tout en
   purée fine. Mixez à nouveau jusqu'à consistance de soupe
   crémeuse, parfaitement lisse et homogène.
3. Versez à nouveau la soupe dans la casserole et faites
   réchauffer doucement. Goûtez et rectifiez l'assaisonnement. Répartissez dans des bols individuels bien chauds et
   ajoutez un petit filet d'huile de noisette.

124 calories par personne ❧ **5 g de lipides** ❧
5 g de protéines ❧ **16 g de glucides**

Soupe d'automne au céleri-rave, céleri, marrons et parmesan

Cette soupe réunit plusieurs des ingrédients que je préfère
en automne : la saveur forte du céleri-rave, la délicatesse du
céleri en branches et la robustesse des marrons. Avec une touche

de fromage et le parfum du romarin, cette soupe constitue une entrée hautement apéritive.

Pour 12 personnes

Matériel : une grande marmite avec son couvercle ; un robot ménager ou un mixeur ; 12 bols individuels à soupe bien chauds.

- une vingtaine de marrons rôtis (un bocal de 350 g environ)
- 750 g de céleri-rave, coupé en quartiers, pelé et taillé en dés
- 750 g de céleri en branches émincé
- 2 cuillerées à café de sel
- 1,5 litre de bouillon de volaille maison (p. 287)
- 50 g de parmesan en un seul morceau
- 1 cuillerée à soupe environ de romarin frais haché pour garnir

1. Hachez grossièrement les marrons ; réservez quatre marrons hachés pour la garniture finale.
2. Mettez le reste des marrons hachés dans une marmite, ajoutez le céleri-rave, le céleri en branches et le sel ; versez le bouillon et portez à ébullition sur feu vif. Baissez et laissez mijoter à couvert pendant une vingtaine de minutes jusqu'à ce que les ingrédients soient juste tendres.
3. Réduisez le contenu de la marmite en purée au mixeur ou dans un robot ménager. Remettez la soupe obtenue dans une casserole et tenez-la au chaud. (Vous pouvez préparer cette soupe la veille pour le lendemain et la conserver à couvert dans le réfrigérateur. Réchauffez-la au moment de servir et mixez-la encore une fois.)
4. À l'aide d'un couteau économe, prélevez de long copeaux de parmesan assez épais et mettez-les dans un bol. (Lorsque le morceau de parmesan devient trop petit, râpez le reste et ajoutez-le dans le bol.) Réservez.
5. Pour servir, répartissez la soupe chaude dans les bols individuels. Garnissez avec les marrons hachés réservés, puis posez les copeaux de parmesan par-dessus. Ils doivent surnager à la surface de la soupe en fondant à moitié, mais en restant encore intacts. Parsemez de romarin et servez aussitôt.

83 calories par personne ❄ 2 g de lipides ❄
4 g de protéines ❄ 12 g de glucides

Pistou aux légumes d'hiver

La soupe au pistou n'est pas seulement une soupe de légumes d'été, au contraire. Ce pistou aux légumes d'hiver est tout aussi coloré, servi avec un pesto au cresson et enrichi de parmesan râpé. J'aime bien ajouter des tomates, même en boîte, qui lui ajoutent une touche estivale et une couleur appétissante.

Pour 12 personnes
Matériel : une mandoline ou un couteau bien aiguisé ; une grande marmite avec son couvercle ; 12 bols à soupe individuels bien chauds.

- 2 panais pelés
- 5 carottes pelées
- 4 navets pelés
- 1,5 litre de bouillon de volaille maison (p. 287)
- 2 cuillerées à café de sel de mer fin
- 25 cl de jus de tomate ou de purée de tomates
- un bouquet garni (tiges de persil, brins de thym et feuilles de laurier enfermés dans une boule à thé)
- plusieurs croûtes de parmesan enfermées dans une boule à thé (voir ci-contre)
- 150 g de parmesan fraîchement râpé
- 18 cl de pesto au cresson pour garnir (p. 295)

1. À l'aide d'une mandoline ou d'un couteau bien aiguisé, émincez finement les panais, les carottes et les navets. Si certaines rondelles sont plus grandes que d'autres, recoupez-les pour qu'elles aient pratiquement toutes la même taille.
2. Versez le bouillon dans une marmite. Ajoutez les légumes, le sel, le jus ou la purée de tomates, le bouquet garni et les croûtes de parmesan. Laissez cuire doucement en cou-

vrant à moitié la marmite pendant 15 à 20 minutes jusqu'à ce que les légumes soient bien tendres. Goûtez et rectifiez l'assaisonnement. Retirez le bouquet garni et les croûtes de parmesan.

3. Au moment de servir, répartissez la soupe dans les bols bien chauds. Proposez en même temps un bol de parmesan râpé et un bol de pesto au cresson pour que les convives assaisonnent leur soupe à leur gré.

97 calories par personne ❉ 4 g de lipides ❉ 6 g de protéines ❉ 12 g de glucides

Bon à savoir : depuis longtemps déjà, je m'étais rendu compte que les croûtes de parmesan constituent un assaisonnement idéal pour les soupes ; je ne les jette jamais et je les conserve au contraire dans le réfrigérateur dans un sac en plastique ; il suffit d'en placer une ou deux dans une boule à thé et de placer celle-ci dans la marmite pour qu'elles diffusent leur parfum dans la soupe, ce qui permet ensuite de les retirer très facilement avant de la servir.

LES POISSONS,
LES COQUILLAGES
ET LES FRUITS DE MER

Cabillaud à la vapeur de romarin

La cuisson à la vapeur du poisson est un procédé rapide, facile et diététique. J'ai moi-même adopté cette méthode depuis des années, en utilisant un lit d'herbes aromatiques, depuis le jour où Éliane Berenger, qui me vend le poisson en Provence, m'a conseillé de le faire. On peut utiliser bien sûr toutes sortes d'aromates, mais je trouve que la robustesse des branches de romarin, ainsi que la richesse aromatique des herbes qu'elles portent constituent l'idéal en la matière. Utilisez les branches les plus vigoureuses pour la cuisson et les feuilles plus tendres et délicates pour la garniture finale. Votre cabillaud doit être de première fraîcheur, luisant et bien blanc, sans aucune trace de sécheresse.

Pour 4 personnes
Matériel : une pince à épiler ; une grande casserole avec son couvercle ; 4 grandes assiettes chaudes.

- 500 g de filet de cabillaud avec la peau
- plusieurs branches de romarin
- sel de mer fin
- poivre noir au moulin
- feuilles de romarin fraîches pour garnir
- huile d'amande ou de pistache pour garnir
- fleur de sel

1. Passez votre doigt à la surface du filet de cabillaud pour déceler les arêtes qui pourraient subsister. Retirez-les avec une pince à épiler. Partagez le filet de cabillaud en quatre portions égales. Assaisonnez-le de sel fin et de poivre au moulin.
2. Disposez les branches de romarin dans le fond d'une casserole et versez 12 cl d'eau dans celle-ci (elle doit occuper environ 1 cm dans le fond). Portez à ébullition sur feu vif. Posez les morceaux de poisson sur les branches de romarin (ils ne doivent pas être en contact avec l'eau). Couvrez et baissez le feu, laissez cuire à la vapeur sur l'eau frémissante pendant environ 6 minutes jusqu'à ce que le poisson soit cuit à cœur.

Retirez la casserole du feu et laissez le poisson reposer pendant 2 à 3 minutes. Déposez les portions sur des assiettes de service chaudes, arrosez d'un filet d'huile d'amande ou de pistache et ajoutez une pincée de fleur de sel.

**113 calories par personne ❧ 3 g de lipides ❧
20 g de protéines ❧ 0 g de glucides**

Suggestion de vin

Il y a quelques années, le sommelier de Joël Robuchon, Antoine Hernandez, m'a fait découvrir les splendides vins du Domaine Robert Denogent. J'ai eu la chance de rencontrer le viticulteur lui-même dans le petit village de Fuissé en Bourgogne, où il produit des chardonnay d'une pureté et d'un parfum incomparables. L'une des cuvées que je préfère est celle qu'il a baptisée Les Carrons, issue de vignes âgées de plus de quatre-vingts ans. Ce vin est vieilli dans des fûts de chêne, mais d'une manière si délicate que le bois n'est pas trop présent. Lorsque je cuisine du cabillaud, c'est de pureté et de simplicité que j'ai envie, et c'est pourquoi ce vin d'exception fait un mariage parfait avec ce plat.

Un conseil qui vient de loin :

En l'an 800, Charlemagne promulgua un édit dans lequel étaient citées les quatre-vingt-dix variétés de légumes et de plantes différents qu'il fallait planter dans un potager digne de ce nom, notamment des pois, de la roquette et du potiron. Cette liste comprend de nombreuses herbes aromatiques et des plantes cultivées à l'origine pour des raisons médicinales. Parmi elles figurent le romarin, la moutarde, la sauge et de nombreuses espèces de menthe, utilisés pour confectionner des baumes, des onguents et des cataplasmes.

Rémoulade de céleri-rave au crabe

Lorsque vient la saison du crabe frais, en hiver, je ne résiste pas à l'envie de déguster cette chair tendre et délicate. C'est dans un magnifique petit restaurant de poissons, *L'Écailler du Bistrot*, rue Paul-Bert, dans le 11e arrondissement, que j'ai découvert ce plat pour la première fois. Les poissons et les fruits de mer y sont toujours de première fraîcheur et le menu offre systématiquement quelque chose de nouveau qui donne envie d'y goûter. Cette salade, je me souviens de l'avoir dégustée un jour du mois de décembre : le céleri-rave au goût bien affirmé est taillé en fine julienne, assaisonné d'une sauce légère et crémeuse, puis garni de chair de crabe fraîche. C'est un plat tout en blanc, très appétissant, idéal pour éclairer une maussade journée d'hiver.

Pour 6 personnes
Matériel : une mandoline équipée d'une lame pour julienne ; une passoire fine.

- 25 cl de sauce crème au citron et à la ciboulette (page 291)
- 300 g de céleri-rave pelé et paré
- 200 g de chair de crabe fraîche

1. Versez la sauce dans un saladier. Avec la mandoline équipée d'une lame spéciale pour la taille en julienne (filaments fins), taillez le céleri-rave en laissant tomber les filaments directement dans le saladier. Mélangez intimement pour bien assaisonner le céleri.
2. Au moment de servir, placez une passoire fine sur un saladier. Versez le céleri dans la passoire et laissez s'égoutter l'excès de sauce.
3. Versez la chair de crabe dans une jatte et assaisonnez-la avec cette sauce en excès recueillie dans le saladier.
4. Répartissez le céleri-rave assaisonné sur six assiettes de service en formant un petit monticule. Ajoutez par-dessus la chair de crabe et servez aussitôt.

**127 calories par personne ❧ 8 g de lipides ❧
8 g de protéines ❧ 7 g de glucides**

Suggestion de vin

La première fois que j'ai goûté ce plat, nous avons bu un
sauvignon blanc, le fameux sancerre du Val de Loire. La
saveur bouquetée, presque herbacée de ce vin se met
parfaitement à la hauteur du céleri-rave et complète
bien la fraîcheur de la chair de crabe. Je vous conseille
par exemple le sancerre du Domaine Lucien Crochet.

Moules au chorizo
et à la coriandre

C'est à *La Chassagnette*, en Camargue, un restaurant situé
juste à la sortie d'Arles, que j'ai goûté cette spécialité de moules
pour la première fois : le garçon prononça le nom du plat au
moment où il le posait devant nous. Lorsqu'il dit moules au
chorizo, le convive qui me tenait compagnie ce jour-là comprit
moules Shapiro ! Depuis ce jour-là, chaque fois que je cuisine ce
plat à la maison, nous avons pris l'habitude de continuer à l'appeler ainsi ! J'aime beaucoup la touche finale de coriandre fraîche.

Pour 4 personnes
Matériel : une grande passoire fine ; une mousseline mouillée.

- 1 kilo de moules de bouchot
- 2 cuillerées à soupe d'huile d'olive vierge extra
- 2 oignons pelés et finement émincés
- ½ cuillerée à café de sel de mer fin
- 12 cl de vin blanc sec
- 80 g de chorizo coupé en rondelles, puis en fins bâtonnets
- poivre noir au moulin
- 8 cuillerées à soupe de coriandre fraîche ciselée

1. Brossez soigneusement les moules et rincez-les dans plusieurs bains d'eau froide. Jetez celles qui restent ouvertes lorsque vous pressez les coquilles. Retirez le byssus. (Procédez à cette opération au dernier moment, car si vous retirez le byssus trop à l'avance, la moule meurt et devient inconsommable. Chez certains marchands de poisson, les moules sont nettoyées et préparées ; le byssus a été coupé à ras mais pas entièrement éliminé ; les moules sont alors prêtes à cuire.) Réservez.

2. Réunissez dans une grande marmite l'huile, les oignons et le sel ; mélangez intimement et faites chauffer à couvert sur feu doux pendant 3 minutes environ sans laisser roussir. Versez le vin et portez à ébullition ; laissez bouillir à découvert pendant 5 minutes. Ajoutez les moules et laissez-les cuire sur feu vif pendant 5 minutes jusqu'à ce qu'elles soient toutes ouvertes. Ne les laissez pas trop cuire et jetez celles qui restent fermées. Transférez les moules dans un grand saladier et ajoutez le chorizo. Placez une passoire au-dessus d'une terrine et tapissez-la d'une mousseline mouillée, repliée en plusieurs épaisseurs. Versez lentement le liquide de cuisson dans la passoire. Versez ensuite le liquide filtré sur les moules avec le chorizo. Poivrez au moulin et ajoutez la coriandre. Proposez en même temps du pain frais et croustillant. N'oubliez pas les essuie-mains ou les rince-doigts.

**307 calories par personne ❋ 18 g de lipides ❋
20 g de protéines ❋ 10 g de glucides**

Suggestion de vin

Le jour où nous avons goûté ce plat, au mois de mai, sur une table de pique-nique bien ombragée, le menu fut un vrai festin, et j'avais choisi le vin blanc du Château Puech-Haut, un blanc très caractéristique de Gérard Bru, viticulteur dans le Languedoc. J'ai eu l'occasion de visiter le domaine il y a quelques années : les rouges comme les blancs sont désormais en bonne place dans ma cave.

Moules aux bettes
en crème safranée

Ce jour-là, nous étions assis sur la terrasse du restaurant *Les Abeilles*, dans le village de Sablet, par une chaude journée de juillet. C'était un samedi et les cigales bruissaient en fond sonore tandis que nous nous abritions du soleil sous la belle frondaison des sycomores. Le chef Johannes Sailer nous proposa cette superbe entrée, un mariage classique de moules et de safran, rehaussé par la saveur bien présente des bettes. Comme mon jardin déborde de bettes en été, cette recette est devenue chez moi un classique. J'ai remarqué avec intérêt que le safran, en compagnie des bettes, devient nettement épicé. Et il n'existe rien de plus beau qu'une sauce colorée au safran.

Pour 8 personnes
Matériel : un cuit-vapeur ; deux casseroles ; une marmite à pâtes de 5 litres équipée d'une passoire ; 8 petites soupières individuelles ou assiettes creuses.

- 1 kilo de moules de bouchot
- poivre noir au moulin
- 2 cuillerées à soupe de jus de citron fraîchement pressé
- 800 g environ de bettes, feuilles et côtes
- 35 cl de crème fleurette
- ¼ de cuillerée à café de safran en filaments

1. Brossez soigneusement les moules et lavez-les dans plusieurs bains d'eau froide. Jetez celles qui restent ouvertes lorsque vous pressez les coquilles. Retirez le byssus. (Procédez à cette opération au dernier moment, car si vous retirez le byssus trop lontemps à l'avance, la moule meurt et devient inconsommable. Chez certains marchands de poisson, les moules sont nettoyées et préparées ; le byssus a été coupé à ras, mais pas entièrement éliminé ; elles sont alors prêtes à cuire.) Réservez.
2. Versez 1 litre d'eau dans le fond d'un cuit-vapeur et faites bouillir. Placez les moules sur la grille de cuisson, poivrez

généreusement et posez la grille en place au-dessus de l'eau frémissante, couvrez et laissez cuire pendant 2 à 3 minutes jusqu'à ce que toutes les moules soient ouvertes. Ne les faites pas trop cuire et jetez celles qui restent fermées. Décoquillez les moules et mettez de côté les 8 plus belles valves complètes pour la décoration. Réservez les moules décoquillées dans une jatte.

3. Versez le jus de citron dans un grand saladier plein d'eau. Parez les bettes en retirant les fils les plus épais des côtes. Coupez les côtes dans le sens de la largeur (transversalement, comme pour des branches de céleri) en tranches régulières. Mettez-les au fur et à mesure dans l'eau citronnée. Lorsque toutes les côtes sont détaillées, égouttez-les et mettez-les dans une casserole. Ajoutez 25 cl de crème fleurette et une pincée de safran. Couvrez et portez à la limite de l'ébullition, laissez cuire pendant 5 minutes jusqu'à ce que les côtes de bettes soient tendres.

4. Taillez les feuilles de bettes en fine chiffonnade. Versez 3 litres d'eau dans une grande marmite à pâtes équipée d'une passoire et faites-la bouillir sur feu vif. Plongez les feuilles de bettes dans l'eau bouillante et faites-les blanchir à gros bouillons à découvert pendant 2 à 3 minutes. Égouttez-les et rafraîchissez-les à l'eau froide le plus vite possible. Pressez les feuilles entre vos mains pour éliminer le maximum d'eau et mettez-les dans une autre casserole. Ajoutez le reste de crème et une pincée de safran. Couvrez et portez à la limite de l'ébullition pendant 1 à 2 minutes juste pour chauffer les feuilles dans la crème.

5. Pour servir, ajoutez les moules dans la casserole où se trouvent les côtes de bettes. Faites réchauffer sur feu très doux. Répartissez les feuilles de bettes à la crème dans le fond des assiettes creuses, puis ajoutez délicatement par-dessus les moules et le mélange de côtes de bettes à la crème safranée. Décorez avec les valves de moules bien lavées. Servez aussitôt.

**155 calories par personne ❧ 9 g de lipides ❧
5 g de protéines ❧ 5 g de glucides**

Bon à savoir : ce plat est également délicieux servi froid ; j'aime bien alors le présenter dans des petites verrines.

Suggestion de vin

La première fois que j'ai dégusté ce plat, nous avons bu l'un des mes vins blancs préférés de Provence produit à Sablet par Yves Gras du Domaine Santa Duc, délicat et minéral. C'est un mélange de trois cépages, viognier, grenache blanc et bourboulenc, idéal pour sa fraîcheur et sa légère acidité par une chaude journée d'été.

Un menu de bistrot pour le printemps

La salade de concombre au chèvre frais du *Cinq-Mars* (p. 36)
Soupe d'artichaut au parmesan (p. 53)
Moules aux bettes en crème safranée
Petits pots de crème au chocolat au piment d'Espelette (p. 265)

Huîtres chaudes aux épinards, sauce épicée

Je mange des huîtres chaque fois que j'en ai l'occasion. J'adore leur saveur vive et iodée, avec tout le rituel qui les accompagne : le beurre demi-sel et les tranches de pain de seigle, la goutte de jus de citron ou le tour de moulin à poivre. Mais certains jours, je les aime également chaudes et cette recette est l'une de mes préférées : les huîtres sont relevées d'une touche de crème épicée et garnies d'épinards. Quand je les mange crues, je choisis toujours des huîtres de petite taille, car je trouve qu'elles ont une saveur plus intense. En revanche, si je les sers chaudes, je prends les plus grosses. Notamment pour ce plat magnifique, délicieusement goûteux !

Pour 12 huîtres

Matériel : un couteau à huîtres et des gants ; une petite passoire fine ; un plat de service allant au four ; une grande casserole avec un couvercle.

- 12 grosses huîtres creuses spéciales
- 300 g environ de gros sel
- 12 cl de crème fraîche
- le zeste finement râpé d'un citron, non traité de préférence
- ½ cuillerée à café de piment d'Espelette en poudre
- 1 kilo de feuilles d'épinards lavées, équeutées et égouttées
- sel fin et noix de muscade râpée

1. Ouvrez les huîtres et filtrez l'eau qu'elles renferment dans une petite passoire fine placée sur un bol. Réservez cette eau filtrée.
2. Étalez le gros sel dans le fond d'un plat allant au four (j'utilise pour ma part une poêle à omelette en cuivre). Placez les huîtres ouvertes sur cette couche de sel en les calant bien pour qu'elles ne se renversent pas. Mettez le tout au réfrigérateur. En l'espace de 15 minutes, les huîtres vont rendre une seconde eau, encore plus parfumée que la première. Versez également cette eau dans le bol en la filtrant dans la petite passoire.
3. Mettez les épinards dans une grande casserole, ajoutez quelques cuillerées à soupe d'eau, couvrez et faites cuire sur feu très vif pendant 3 à 4 minutes jusqu'à ce que les feuilles aient complètement perdu leur volume. Égouttez le liquide de cuisson, salez et muscadez.
4. Préchauffez le gril du four.
5. Mélangez dans un bol en fouettant la crème, le zeste de citron et l'eau rendue par les huîtres, ajoutez le piment d'Espelette et répartissez ce mélange sur les huîtres. Ajoutez sur chacune d'elles une bonne cuillerée d'épinards et

placez le plat sous le gril du four pendant 10 secondes environ. Servez aussitôt.

55 calories par huître ❧ 4 g de lipides ❧ 4 g de protéines ❧ 4 g de glucides

Suggestion de vin

Le compagnon idéal de ce plat est un muscadet jeune et vif : le muscadet est à mon avis un vin méconnu, sec et minéral, avec un petit arrière-goût fumé. C'est un vin qui vous met l'eau à la bouche, idéal pour vous ouvrir l'appétit ! Les qualités de ce vin (produit à partir d'un cépage assez rare, le melon de Bourgogne) sont en parfait accord avec le plat, qui associe l'onctuosité de la crème, la touche de piment et l'iode marin. Je vous recommande notamment le muscadet du Domaine Brégeon.

Les huîtres et le pain de seigle

Il y a quelques années, j'avais entrepris de comprendre pourquoi on associe toujours les huîtres et le pain de seigle. En France, traditionnellement, on déguste en effet les huîtres avec des tranches de pain de seigle tartinées de beurre. J'ai interrogé des chefs, des ostréiculteurs, des restaurateurs et des écaillers, mais aucun d'entre eux ne fut capable d'émettre la moindre suggestion à ce propos. Finalement, je me suis aperçue que j'étais en train de chercher dans la mauvaise direction. C'est alors que je posai la question au célèbre boulanger Lionel Poilâne, qui me donna aussitôt la réponse : c'est à cause des Romains. Le mot qu'ils employaient pour pain de seigle était pain pour les huîtres. Depuis lors, si je cherche l'histoire d'un mot ou d'une tradition, je vais voir d'abord du côté des Romains !

Saumon en chemise d'épinards, sauce aux olives

Le saumon fait partie des poissons que nous mangeons très régulièrement. Pour cette recette, j'enveloppe les morceaux de saumon dans des feuilles d'épinards, puis je les fais cuire à la vapeur avant de les servir avec une sauce bien relevée aux câpres, aux olives et au jus de citron. C'est rapide, élégant, léger et savoureux à la fois.

Pour 4 personnes
Matériel : une marmite à pâtes de 5 litres avec sa passoire ; une casserole ; une pince à épiler ; un cuit-vapeur ; 4 assiettes de service chaudes.

- 3 cuillerées à soupe de gros sel de mer
- 8 grandes feuilles d'épinards lavées et équeutées
- 500 g de filet de saumon frais sans la peau
- sel de mer fin
- 100 g d'olives vertes égouttées et dénoyautées (de préférence un mélange de picholines et de lucques)
- 50 g de câpres au vinaigre, bien égouttées
- 2 cuillerées à soupe de jus de citron fraîchement pressé
- 4 cuillerées à soupe d'huile d'olive vierge extra

1. Versez 3 litres d'eau dans une grande marmite à pâtes équipée d'une passoire et faites-la bouillir sur feu vif. Ajoutez le gros sel et plongez les feuilles d'épinards dedans. Faites-les blanchir à gros bouillons pendant 30 secondes environ, puis retirez-les avec une écumoire et rafraîchissez-les aussitôt à l'eau très froide pour stopper la cuisson et les conserver bien vertes. Faites-les sécher bien à plat sur du papier absorbant. Réservez.

2. Passez votre doigt à la surface du filet de saumon pour déceler les arêtes éventuelles et retirez-les avec une pince à épiler. Partagez le filet de saumon en quatre portions égales. Assaisonnez-les au sel de mer fin. Enveloppez

chaque portion dans deux feuilles d'épinards en repliant soigneusement les extrémités et maintenez-les en place avec des piques en bois. Réservez.

3. Préparez la sauce. Réunissez dans une casserole les olives, les câpres, le jus de citron et l'huile d'olive. Portez à la limite de l'ébullition sur feu modéré, puis retirez du feu et couvrez.

4. Versez 1 litre d'eau dans le fond d'un cuit-vapeur. Posez les portions de saumon enveloppées de feuilles d'épinards sur la grille de cuisson et mettez celle-ci en place au-dessus de l'eau frémissante.

Couvrez et faites cuire à la vapeur pendant 3 à 4 minutes jusqu'à ce que le saumon soit juste cuit. (Si vous préférez que le saumon soit bien cuit, prolongez la cuisson de quelques minutes.) Sortez les portions de saumon du cuit-vapeur, égouttez-les et posez-les sur les assiettes de service chaudes. Nappez-les de sauce et servez aussitôt.

297 calories par personne ❊ 21 g de lipides ❊ 23 g de protéines ❊ 3 g de glucides

Suggestion de vin

Il fut un temps où le saumon sauvage se pêchait en abondance dans la Loire. Ce n'est plus le cas, mais cela ne m'empêche pas d'obéir au bon vieux principe qui consiste à associer les produits issus d'un même terroir. Et donc, avec le saumon, je choisis dans ma cave un vin de Loire. En l'occurrence un montlouis-sur-loire, produit intégralement à base de chenin blanc, celui de Jacky Blot par exemple. Les vins de son Domaine de la Taille aux Loups présentent à la fois une bonne acidité et du fruité, avec une finale originale de miel.

Sardines marinées aux échalotes sur toasts de pain de seigle

La sardine est un poisson bon marché, diététique et rapide à cuisiner, et c'est pourquoi je le choisis souvent pour mon menu. Un jour en décembre, je n'ai pas pu résister à ce plat d'une grande facilité d'exécution, que l'on peut servir en hors-d'œuvre ou en entrée. J'aime bien proposer ces sardines marinées sur des toasts juste grillés, ce qui fournit un agréable contraste de saveurs et de textures.

Pour 8 personnes
Matériel : des ciseaux de cuisine.

- 4 cuillerées à soupe d'échalotes finement émincées
- 3 cuillerées à soupe d'huile d'olive vierge extra
- 2 cuillerées à café de gros sel de mer
- 8 petites sardines de toute première fraîcheur
- poivre noir au moulin
- 8 tranches de pain de seigle grillées

1. Mélangez en fouettant dans un bol les échalotes, l'huile d'olive et le sel. Réservez.
2. Préparez les sardines. Passez-les sous le robinet d'eau froide en grattant délicatement les écailles. Séparez la tête du corps en la faisant pivoter, ce qui fait du même coup sortir les viscères. Jetez les têtes et les viscères. Avec vos doigts, appuyez délicatement sur le ventre de chaque poisson en le pressant de manière à ouvrir les sardines en deux sans séparer les deux moitiés. Détachez l'arête centrale de la tête à la queue en veillant à ne pas abîmer la chair. Avec une paire de ciseaux, coupez cette arête et jetez-la. Laissez les sardines entières, avec les deux filets intacts. Ouvrez-les en deux bien à plat.
3. Posez les sardines aplaties, peau dessous, l'une après l'autre dans un grand plat creux. Quand elles sont toutes réunies, étalez par-dessus le mélange aux échalotes. Vous

pouvez servir les sardines aussitôt ou bien les laisser mariner à couvert au réfrigérateur jusqu'à 8 heures de temps. Pour les déguster, posez-les une par une sur une tranche de pain de seigle toastée.

179 calories par personne ❧ 9 g de lipides ❧ 9 g de protéines ❧ 16 g de glucides

Suggestion de vin

J'aime bien déguster ces sardines crues avec un vacqueyras blanc du Domaine de la Monardière, un mélange assez confidentiel de trois cépages, grenache blanc, roussanne et viognier. J'apprécie cette jolie combinaison de notes acides et fruitées, en parfait accord avec la saveur iodée des sardines. Choisissez de toute façon un vin blanc qui présente une certaine minéralité.

Sardines en papillote aux tomates et à l'oignon

Qu'elles viennent de l'Atlantique aux eaux froides ou de la Méditerranée aux eaux plus chaudes, les sardines sont un vrai plaisir que l'on peut apprécier tout au long de l'année. Ces petits poissons charnus, riches en protéines et légers à digérer semblent bien se plaire en compagnie des ingrédients typiquement méditerranéens, comme la tomate, l'oignon, le laurier et le thym. Ici, les sardines sont cuites dans une grande papillote, pour un plat festif original, rapide et coloré.

Pour 4 personnes en entrée
Matériel : une paire de ciseaux ; un carré de papier d'aluminium ou de papier sulfurisé de 30 cm de côté ; une tôle à pâtisserie ; 4 assiettes chaudes.

- 12 petites sardines de toute première fraîcheur
- 2 petites tomates olivettes, épépinées et coupées en fines tranches dans le sens de la longueur
- 2 petits oignons nouveaux (ou 4 ciboules), pelés et finement émincés
- plusieurs brins de thym frais
- plusieurs feuilles de laurier fraîches
- 2 cuillerées à café de gros sel de mer
- 1 cuillerée à soupe d'huile d'olive vierge extra

1. Préchauffez le four à 220 °C.
2. Préparez les sardines. Passez-les sous le robinet d'eau froide en grattant délicatement les écailles. Séparez la tête du corps en faisant pivoter celle-ci, ce qui fait du même coup sortir les viscères. Jetez les têtes et les viscères. Avec les doigts, appuyez doucement sur le ventre de chaque poisson en le pressant de manière à ouvrir les sardines en deux sans séparer les deux moitiés. Avec les doigts, détachez l'arête centrale de la tête à la queue en veillant à ne pas abîmer la chair, puis, avec une paire de ciseaux, coupez cette arête et jetez-la. Laissez les sardines entières, avec les deux filets intacts, puis refermez chaque sardine en rabattant les filets l'un contre l'autre.
3. Posez la feuille de papier sulfurisé ou d'aluminium sur une tôle à pâtisserie. Disposez les lamelles de tomate, les oignons émincés, le thym et les feuilles de laurier au centre de cette feuille de papier. Placez les sardines par-dessus et poudrez de gros sel. Arrosez ensuite d'un filet d'huile. Si vous avez pris du papier sulfurisé, repliez-le sur les sardines en le refermant comme un livre, puis pliez les trois bords ouverts deux fois sur eux-mêmes et maintenez-les bien fermés avec une agrafeuse. Si vous prenez du papier d'aluminium, repliez-le soigneusement et ourlez-le hermétiquement tout autour.
4. Enfournez la tôle et la papillote à mi-hauteur et faites cuire pendant 15 minutes.
5. Sortez la tôle du four et laissez la papillote reposer pendant au moins 5 minutes. Au moment de servir, ouvrez

la papillote avec une paire de ciseaux en veillant à ne pas vous brûler avec la vapeur qui s'en dégage.

6. Avec une écumoire, prélevez les sardines et leur garniture pour les déposer sur des assiettes de service chaudes. Servez aussitôt.

206 calories par personne ❋ 12 g de lipides ❋ 19 g de protéines ❋ 8 g de glucides

---

Suggestion de vin

Avec ce plat, c'est un vin de Loire que je préfère. Par exemple, un saumur du Domaine des Roches Neuves, la cuvée l'Insolite, entièrement à base de chenin blanc, produite par Thierry Germain. Le chenin blanc est l'un des cépages les plus méconnus, voire ignorés du monde. Il présente une minéralité riche et complexe, mais en même temps une légèreté et une fraîcheur qui permettent de le marier parfaitement avec cette association aux saveurs bien affirmées de sardines et de tomates.

Folklore : l'oignon permet de prédire le temps qu'il fera l'hiver qui suit. Prenez un oignon, pelez-le et comptez le nombre de pelures qui entourent l'oignon. Plus il y a de pelures et plus l'hiver sera rude.

Coquilles Saint-Jacques à la fondue de poireaux

Le mariage de la coquille Saint-Jacques et du poireau est traditionnel dans la cuisine française, et lorsque les premières Saint-Jacques de la saison font leur apparition en octobre, cette spécialité apparaît sur tous les menus. Il faut bien dire que cette association est parfaite : sa couleur dans l'assiette suffit à vous en convaincre.

Pour 4 personnes en entrée

Matériel : une marmite à pâtes de 5 litres avec sa passoire ; une grande casserole avec le couvercle ; une poêle antiadhésive ; 4 assiettes de service chaudes.

- gros sel de mer
- 8 blancs de poireaux parés, lavés, coupés en deux dans la longueur, puis retaillés en fines demi-rondelles
- 8 belles noix de coquilles Saint-Jacques (4 à 5 cm)
- 4 cuillerées à soupe de crème fraîche épaisse
- sel fin de mer
- poivre blanc au moulin
- 1 cuillerée à soupe de vinaigrette classique
- 2 cuillerées à soupe de ciboulette finement ciselée
- 2 cuillerées à soupe de persil plat finement ciselé
- 2 cuillerées à soupe de cerfeuil ou d'estragon finement ciselé
- fleur de sel

1. Préparez un saladier rempli d'eau glacée.
2. Versez 3 litres d'eau dans une grande marmite à pâtes et faites-la bouillir sur feu vif. Ajoutez 3 cuillerées à soupe de gros sel et les poireaux. Faites cuire à gros bouillons pendant 1 minute. Sortez aussitôt la passoire de la marmite, laissez l'eau bouillante s'égoutter, puis plongez la passoire contenant les poireaux dans l'eau glacée pour stopper la cuisson aussi vite que possible. (Les poireaux émincés sont cuits en une minute ; si vous les laissez plus longtemps, ils se détrempent et perdent toute saveur.) Égouttez les poireaux, puis épongez-les soigneusement dans un torchon épais. (Vous pouvez faire cuire les poireaux une heure à l'avance. Gardez-les dans le torchon à température ambiante.)
3. Passez délicatement les noix de Saint-Jacques sous le robinet d'eau froide, puis épongez-les dans du papier de cuisine. Détachez le petit boyau noir qui entoure la noix blanche et jetez-le. Coupez chaque noix en deux dans l'épaisseur et réservez.

4. Au moment de servir, versez les blancs de poireaux dans une casserole, ajoutez la crème fraîche et faites réchauffer doucement à couvert pour qu'ils soient bien enrobés. Tenez au chaud sur feu doux.

5. Posez une poêle antiadhésive sur feu vif et saisissez les noix de Saint-Jacques pendant 30 secondes à 1 minute de chaque côté juqu'à ce que les bords soient juste dorés. Salez et poivrez après cuisson. (Le temps de cuisson varie selon la taille des noix ; pour des Saint-Jacques bien cuites à cœur, comptez au moins 1 minute de chaque côté.)

6. Répartissez les poireaux à la crème sur les assiettes de service chaudes. Ajoutez les noix de Saint-Jacques par-dessus et arrosez d'un filet de vinaigrette. Parsemez le tout de fines herbes mélangées et ajoutez une pincée de fleur de sel. Servez aussitôt.

**221 calories par personne ❋ 6 g de lipides ❋
8 g de protéines ❋ 36 g de glucides**

Suggestion de vin

C'est un vin blanc assez corpulent et plein de souplesse qui convient ici. Essayez par exemple le chablis du Domaine Bessin, cuvée Montmains, cent pour cent chardonnay. C'est un vin au nez particulièrement développé, avec une touche de gras et une très belle expression.

L'aile de raie de *La Cagouille*, sauce gribiche

Je serais capable de revenir au moins une fois par semaine dans ce restaurant de poissons sans prétention, mais si particulier, qui s'appelle *La Cagouille*, uniquement pour déguster encore et toujours cette création exquise de raie, servie avec de la sauce gribiche. Mais une sauce gribiche un peu spéciale qui n'a rien à voir avec la classique gribiche qui n'est qu'une variante de la mayonnaise : ici la gribiche est enrichie de petits dés de légumes, avec des câpres et de la ciboulette, de l'œuf dur haché et un trait de vinaigre de xérès.

Pour 6 personnes
Matériel : un cuit-vapeur ; une petite casserole ; une grande casserole basse ; une grande spatule à poisson ; 6 assiettes de service chaudes.

- 1 aile de raie de 1 kilo avec la peau
- 4 cuillerées à soupe de persil plat ciselé pour garnir

Pour la sauce
- 4 gros œufs
- 3 petites carottes pelées et taillées en rondelles de 1 cm d'épaisseur
- 3 pommes de terre pelées et coupées en dés de 1 cm de côté
- 3 navets pelés et coupés en dés de 1 cm de côté
- 1 cuillerée à soupe de vinaigre de xérès
- 2 cuillerées à café de moutarde forte
- 2 cuillerées à soupe de câpres au vinaigre, égouttées
- 12 cl d'huile d'olive vierge extra
- 30 petits cornichons finement émincés
- ½ cuillerée à café de sel fin de mer
- 4 cuillerées à soupe de ciboulette finement ciselée

Pour le court-bouillon
- 2 oignons moyens pelés, coupés en quartiers et piqués de clou de girofle (4 en tout)
- plusieurs brins de persil plat
- 6 grains de poivre
- 4 feuilles de laurier, fraîches ou sèches

1. Mettez les œufs dans une casserole, couvrez largement d'eau et faites cuire à découvert sur feu moyen jusqu'à

ce que les premières bulles montent du fond de la casserole. Baissez le feu et établissez des frémissements réguliers. Poursuivez la cuisson sans laisser bouillir pendant 8 minutes. Les œufs une fois cuits doivent présenter un jaune et un blanc bien pris. Versez l'eau chaude hors de la casserole et passez les œufs sous le robinet d'eau froide pendant 1 minute pour stopper la cuisson. Lorsque les œufs sont froids, écalez-les. Coupez-les en deux, extrayez les jaunes et écrasez-les dans un bol en purée fine avec une fourchette ; hachez finement les blancs. Réservez.

2. Versez 1 litre d'eau dans la partie basse d'un cuit-vapeur et portez à la limite de l'ébullition. Disposez les carottes, les pommes de terre et les navets sur la grille, mettez celle-ci en place au-dessus de l'eau frémissante et faites-les cuire à couvert pendant 10 minutes jusqu'à ce qu'ils soient tendres et bien cuits.

3. Pendant la cuisson des légumes, mélangez dans un grand bol le vinaigre, la moutarde, les câpres, l'huile d'olive et les cornichons, ajoutez le sel en fouettant avec une fourchette. Ajoutez la ciboulette et mélangez encore une fois.

4. Dès que les légumes sont cuits, égouttez-les et incorporez-les aussitôt dans la sauce. Mélangez intimement et réservez.

5. Mettez les ingrédients du court-bouillon dans une casserole basse assez grande pour contenir l'aile de raie entière et ajoutez 1 litre d'eau froide. Placez l'aile de raie dedans et portez à la limite de l'ébullition sur feu vif. Baissez le feu et laissez pocher doucement à découvert pendant 20 minutes jusqu'à ce que le poisson soit bien cuit (les coins de l'aile deviennent blancs et la peau commence à se plisser).

6. Avec une grande spatule large, prélevez délicatement l'aile de raie et déposez-la sur un plat. Avec un couteau bien aiguisé, retirez la peau, ainsi que le cartilage situé dessous, en veillant à ne pas abîmer l'aile elle-même. Retirez également la fine couche de chair brune pour ne garder que la blanche.

7. Pour servir, partager l'aile de raie en six portions égales, dans le sens de la hauteur. Déposez-les chacune sur une

assiette de service chaude et garnissez d'une portion de sauce. Complétez avec le jaune d'œuf, le blanc d'œuf et le persil. Servez aussitôt.

**381 calories par personne ⅍ 13 g de lipides ⅍
17 g de protéines ⅍ 48 g de glucides**

Suggestion de vin

Il y a sur la carte des vins de *La Cagouille* un cru que j'aime beaucoup, aussi bien pour son arôme que pour son prix : le mâcon-villages, 100 % chardonnay, du Comte Lafon, cuvée Milly-Lamartine 2000 : un vin sec et minéral que l'on pourrait très bien boire chaque midi avec un poisson différent.

Histoire : au XIVe siècle, en France, le navet était considéré comme un succédané de viande pour les pauvres.

Supions à l'ail et au persil

Rares sont les plats plus simples à préparer que celui-ci. Le duo typique de l'ail et du persil se révèle ici dans toute sa justesse, ajoutant saveur et texture à la délicatesse de ces petits supions à la chair tendre.

Pour 4 personnes en entrée
Matériel : une grande poêle.

- 250 g de petits supions ou calmars
- 4 belles gousses d'ail pelées, coupées en deux, dégermées et émincées

- 1 bouquet de persil plat
- 2 cuillerées à soupe d'huile d'olive
- fleur de sel

1. Videz, nettoyez et lavez les supions; séparez les tentacules et laissez le corps des supions entiers. (Vous pouvez demander au poissonnier de se charger de cette opération.)
2. Lavez et épongez le persil, ciselez finement les feuilles. Réunissez dans un saladier l'ail haché et le persil, mélangez intimement et réservez.
3. Faites chauffer l'huile dans une grande poêle sur feu vif. Quand elle est très chaude, avant qu'elle ne commence à fumer, ajoutez les supions et leurs tentacules; saisissez-les rapidement en les remuant avec une spatule pendant 1 minute. Avec une écumoire, transférez-les dans le saladier avec le persil et l'ail. Mélangez intimement pour bien enrober les supions, assaisonnez de fleur de sel et servez aussitôt.

121 calories par personne ⁂ 8 g de lipides ⁂
10 g de protéines ⁂ 4 g de glucides

Suggestion de vin

Notre marchand de vins à Paris, Juan Sanchez, m'a fait découvrir des dizaines de vins différents, que l'on boit volontiers tous les jours comme si on les connaissait depuis toujours. C'est le cas d'un jurançon sec, la cuvée Marie du Clos d'Uroulat. Ce vin originaire du Béarn est fait avec 90 % de gros-manseng et 10 % de courbu. Il est vif, sec et suffisamment corsé pour résister à l'aillade qui parfume le plat. J'aime également beaucoup le jurançon sec du Domaine Cauhape, Chant des Vignes, bien charpenté, avec une note finale très agréable.

Histoire : en 1568, le chirurgien Ambroise Paré conseillait aux ouvriers de manger des gousses d'ail et des échalotes avec du pain, du beurre et du bon vin (s'ils en avaient les moyens), pour résister efficacement à une épidémie de peste.

Salade de petits calmars
à la provençale

Ce plat vient directement des bords de la Méditerranée, où les petits calmars à la chair délicate se trouvent sur le marché pratiquement toute l'année. Ces petits céphalopodes sont si tendres qu'ils ne demandent que quelques secondes de cuisson ; ils sont ensuite plongés tout chauds dans un savoureux mélange d'ail, d'olives farcies, de tomates cerises et de persil.

Pour 4 personnes
Matériel : une marmite à pâtes de 5 litres avec sa passoire.

- 250 g de petits calmars
- 6 belles gousses d'ail pelées, coupées en deux, dégermées et émincées
- 2 cuillerées à soupe d'huile d'olive vierge extra
- 2 cuillerées à soupe de jus de citron fraîchement pressé
- 20 tomates cerises, sans le pédoncule, coupées en deux
- 20 olives vertes farcies au piment, coupées en deux
- 8 cuillerées à soupe de persil plat ciselé
- 3 cuillerées à soupe de gros sel de mer
- fleur de sel

1. Videz, nettoyez et lavez les calmars. Séparez les tentacules et coupez les poches des calmars en anneaux de 5 mm. (Vous pouvez demandez au poissonnier de se charger de cette opération.)

2. Réunissez dans un saladier l'ail émincé, l'huile d'olive, le jus de citron, les tomates, les olives et le persil. Mélangez intimement les ingrédients et réservez.

3. Versez 3 litres d'eau dans la marmite à pâtes et portez à ébullition sur feu vif, ajoutez le gros sel, puis plongez les calmars dedans ; comptez 45 secondes de cuisson à partir du moment où ils sont tous dans l'eau. Égouttez-les aussitôt, puis ajoutez-les dans le saladier où se trouve le mélange aux tomates. Mélangez délicatement, goûtez et assaisonnez avec la fleur de sel. Vous pouvez préparer cette salade plusieurs heures à l'avance. Au moment de la servir, goûtez et rectifiez l'assaisonnement. Servez à température ambiante, avec du pain pour saucer.

**166 calories par personne ❧ 11 g de lipides ❧
10 g de protéines ❧ 9 g de glucides**

Suggestion de vin

À mon avis, le meilleur tavel vient des vignobles de Christophe Delorme, le Domaine de la Mordorée, non loin d'Avignon. Le tavel est toujours un rosé, mais la particularité de celui que produit C. Delorme est d'assembler six cépages différents (grenache, mourvèdre, syrah, cinsault, bourboulenc et clairette) pour donner un vin à la robe magnifique, avec des arômes fruités et une belle longueur en bouche. Il est tellement rafraîchissant qu'il donne aussitôt envie de partir pique-niquer à l'ombre. Bien frappé, ce vin accompagne à la perfection cette salade de calmars bien relevée.

Folklore : l'ail donne force et courage, surtout quand on en mange au petit déjeuner !

Lanières de thon au piment d'Espelette

Durant les mois d'été, lorsque vient la saison du splendide thon rouge de Méditerranée, ce plat apparaît sur ma table presque une fois par semaine. L'idée de détailler le thon en longues lanières me vint un jour alors que je me demandais comment trouver une autre façon de faire cuire le steak de thon en une seule tranche. Ce plat est rapide à préparer, relevé juste à point de la riche saveur du piment d'Espelette, et bien pourvu en bonnes protéines maigres. Nous avons pris l'habitude de l'appeler thon bing, bang, boom, car le temps de cuisson est ultrarapide. J'aime bien le servir avec des épis de maïs au beurre et à la coriandre (p. 173).

Pour 4 personnes
Matériel : une grande poêle ; 4 grandes assiettes de service chaudes.

- 500 g de thon rouge de toute première fraîcheur
- 2 cuillerées à soupe d'huile d'olive vierge extra
- 2 cuillerées à café de piment d'Espelette en poudre
- fleur de sel

1. Détaillez le morceau de thon en languettes de 2 cm d'épaisseur et de 12 cm de long. Mettez-les dans un saladier avec l'huile d'olive et le piment d'Espelette, mélangez intimement pour bien les enrober et laissez mariner à température ambiante pendant 10 minutes.
2. Faites chauffer une grande poêle sur feu vif, à sec. Quand elle est bien chaude, sortez les languettes de thon de la marinade et, sans les égoutter, posez-les dans la poêle. Saisissez-les rapidement pendant 15 secondes environ de chaque côté (pour un thon juste cuit, un peu plus longtemps si vous aimez le thon davantage cuit). Répartissez aussitôt sur des assiettes chaudes, assaisonnez de fleur de sel et servez aussitôt.

**226 calories par personne ❧ 13 g de lipides ❧
27 g de protéines ❧ 1 g de glucides**

Variante : vous pouvez remplacer le piment d'Espelette par
une autre variété de piment doux en poudre ou encore par du
paprika espagnol doux ou piquant.

Suggestion de vin

Quand on pense au Pays basque, en matière de vin,
c'est l'Irouléguy qui vient aussitôt à l'esprit. Il s'agit du
plus petit vignoble d'Europe, où les vignes poussent
en terrasses à flanc de coteau. Les rouges sont assez
rustiques, à base de cabernet franc, de tannat et de
cabernet sauvignon. Les blancs, gouleyants, faits de
gros manseng et de courbu, sont plutôt secs, avec un
fruité bien équilibré. Mon vigneron préféré dans cette
région est Étienne Brana.

Confit de thon aux tomates,
câpres et vin blanc

La mode existe aussi en matière de cuisine, ce qui surprend
parfois les gens. Le thon appartient justement à cette catégorie d'aliments où la mode joue son rôle. Il y a une vingtaine
d'années, on ignorait pratiquement ce qu'était le thon juste cuit
rose, voire cru, sauf si l'on savait ce qu'étaient les sushis. Le thon
ne connaissait alors qu'une méthode de cuisson, le ragoût longuement mijoté, comme une viande ou une volaille. La recette
que je vous propose ici est originale à plus d'un titre : une darne
de thon épaisse peut en effet résister à une longue et douce cuisson. Mais en l'occurrence, le thon est ici cuit très doucement, au
bain-marie, de sorte que la chair est uniformément saisie, mais
qu'elle reste rose à cœur et s'effeuille facilement. Les oignons,

les câpres et les tomates lui font une belle escorte, ce qui permet en outre au thon de rester bien moelleux. La taille de l'ustensile de cuisson est ici très important : choisissez-la exactement en fonction de celle du filet de thon.

Pour 12 personnes
Matériel : un plat à rôtir ; une cocotte à fond épais de 22 cm de diamètre, avec un couvercle.

- 2 kilos de filet de thon en un seul morceau, sur 5 cm d'épaisseur
- 12 cl de vin blanc sec
- 12 cl d'huile d'olive vierge extra
- 500 g de tomates pelées, épépinées et coupées en petits dés
- 2 oignons pelés, coupés en deux et finement émincés
- 1 cuillerée à café de miettes de piment séché
- 2 cuillerées à soupe de câpres au vinaigre, bien égouttées
- sel de mer fin
- poivre noir au moulin

1. Préchauffez le four à 120 °C.
2. Versez de l'eau dans un plat à rôtir sur 5 cm de hauteur. Portez à ébullition sur feu vif.
3. Placez le filet de thon dans la cocotte (il doit y tenir tout juste, sur une seule couche). Versez le vin et l'huile d'olive sur le thon. Le liquide doit parvenir presque à hauteur du morceau de poisson. Ajoutez par-dessus les tomates, les oignons, le piment et les câpres. Salez et poivrez. Couvrez.
4. Placez le plat à rôtir dans le four, puis mettez la cocotte en place dans le plat à rôtir. Laissez cuire pendant une heure. Le thon doit être cuit à cœur, mais encore rose, tendre et facile à effeuiller.
   Servez-le chaud ou à température ambiante, en détaillant le poisson en tranches épaisses. Versez le jus de cuisson sur le thon tranché, salez et poivrez.

**287 calories par personne ❧ 12 g de lipides ❧
28 g de protéines ❧ 10 g de glucides**

Suggestion de vin

Les notes méditerranéennes de tomate, d'oignon, de piment et de câpres incitent à choisir un vin rouge assez charpenté, mais pas trop extravagant. Essayez par exemple un vin du Domaine de la Janasse à Châteauneuf-du-Pape. Leur vin de pays de la Principauté d'Orange, Terre de Buissière, est un assemblage original de merlot, cabernet sauvignon, syrah et grenache. Chaque cépage confère à ce vin son propre caractère et la complexité qui s'en dégage est parfaitement à la hauteur de ce plat de thon.

Le tartare de thon
à la ciboulette *Le Kaiku*

Par une belle et chaude soirée de juillet, j'étais installée à la jolie terrasse du *Kaiku*, un restaurant de Saint-Jean-de-Luz aménagé dans l'une des plus belles maisons de la ville. Je dégustais un tartare de thon à la mode basque, relevé de ciboulette et d'échalote ciselée, finement croquante. Lorsque la serveuse vint prendre mon assiette vide, je lui demandai : « Il vous arrive de donner la recette de ce tartare aux clients ? » Et elle répondit en riant : « Même moi, je n'en connais pas le secret ! » Je pense néanmoins être arrivée à en percer le mystère : il faut mélanger les ingrédients du tartare au tout dernier moment pour que l'assaisonnement n'entre pas en concurrence avec la riche saveur du poisson. Vous pouvez ajouter un filet de vinaigre de xérès et bien entendu une pincée du fameux piment d'Espelette.

Pour 4 personnes
Matériel : 4 assiettes de service bien froides.

- 500 g de filet de thon ultrafrais, détaillé en très petits dés, réservés au réfrigérateur
- 4 échalotes pelées et finement émincées
- 1 bouquet de ciboulette finement ciselée
- 3 cuillerées à soupe d'huile d'olive vierge extra
- ½ cuillerée à café de piment d'Espelette en poudre
- fleur de sel
- vinaigre de xérès

Versez le thon en petits dés dans un saladier. Ajoutez les échalotes et la ciboulette, puis mélangez intimement. Versez l'huile, juste ce qu'il faut pour bien enrober les ingrédients ; mélangez à nouveau délicatement. Assaisonnez de piment et de fleur de sel et mélangez encore une fois. Disposez le tartare en petits monticules sur les assiettes de service froides. Arrosez d'un trait de vinaigre et servez aussitôt.

**275 calories par personne ❧ 16 g de lipides ❧
28 g de protéines ❧ 5 g de glucides**

Suggestion de vin

Ce soir-là, nous avons bu l'un de mes vins blancs préférés du Sud-Ouest, un jurançon sec. Ce vin assez méconnu est produit grâce à deux cépages relativement confidentiels, le gros manseng et le petit courbu. C'est un vin aux notes d'agrumes, à la fois vif et suave, suffisamment puissant pour se tenir à la hauteur des saveurs bien affirmées de ce tartare. Choisissez par exemple le jurançon sec du Domaine Bru-Baché.

Les queues de lotte au chou vert et au bellota de Susan

C'est avec ma chère amie Susan Hermann-Loomis que nous avons partagé ce délicieux plat d'hiver. Il est parfait pour une soirée où il fait bien froid dehors : le chou et le jambon sont des ingrédients qui vous réchauffent naturellement le cœur. Choisissez le meilleur jambon espagnol que vous pouvez trouver et des feuilles de chou frisé bien croquantes.

Pour 4 personnes
Matériel : une petite poêle ; une marmite à pâtes de 10 litres et sa passoire ; 2 grandes poêles, l'une avec couvercle ; 4 assiettes de service chaudes.

- 1 cœur de chou vert frisé (1 kilo environ)
- 4 petites queues de lotte (200 g chacune environ)
- 80 g d'amandes mondées
- 3 cuillerées à soupe de gros sel de mer
- 2 cuillerées à soupe d'huile d'olive vierge extra
- 1 cuillerée à soupe de beurre
- 50 g de jambon espagnol, taillé en fins bâtonnets
- 1 belle gousse d'ail pelée, coupée en deux, dégermée et taillée en fines lamelles
- sel de mer fin
- poivre blanc au moulin
- 70 g de farine
- ½ cuillerée à café de gingembre en poudre
- ¼ de cuillerée à café de piment d'Espelette en poudre
- 1 cuillerée à soupe d'huile de pépins de raisin
- fleur de sel

1. Parez le chou et coupez-le en quartiers. Retaillez les quartiers en fines lanières de 5 mm de large. Réservez.
2. Retirez la pellicule de peau qui recouvre les queues de lotte. Éliminez le cartilage central. Réservez.

3. Faites griller les amandes : mettez-les dans une petite poêle et faites chauffer à sec sur feu modéré en remuant la poêle régulièrement jusqu'à ce que les amandes dégagent leur parfum et soient uniformément dorées, pendant 2 minutes environ. Surveillez-les de près car elles peuvent brûler rapidement. Versez-les sur une assiette pour les laisser refroidir, puis hachez-les grossièrement. Réservez.

4. Versez de l'eau glacée dans une terrine.

5. Versez 8 litres d'eau dans une grande marmite à pâtes munie d'une passoire et portez à ébullition sur feu vif. Ajoutez le gros sel et les lanières de chou. Laissez cuire à découvert pendant 5 minutes jusqu'à ce que le chou devienne vert vif presque transparent. Égouttez le chou et plongez-le aussitôt dans l'eau glacée ; quand il est bien refroidi, laissez-le s'égoutter jusqu'à ce qu'il soit presque entièrement sec.

6. Faites chauffer l'huile d'olive et le beurre dans une grande poêle sur feu modéré. Lorsque le beurre est fondu, ajoutez le jambon, l'ail et le chou. Mélangez intimement tous les ingrédients, salez et poivrez légèrement et laissez cuire pendant 8 minutes jusqu'à ce que le chou ait largement diminué de volume, tout en conservant sa couleur verte. Goûtez et rectifiez l'assaisonnement. Retirez du feu et tenez au chaud à couvert.

7. Pendant la cuisson du chou, tamisez ensemble la farine, le gingembre, le piment d'Espelette et ¼ de cuillerée à café de sel dans un grand plat creux ou sur une grande feuille de papier sulfurisé. Passez les queues de lotte dedans en les retournant pour bien les enrober.

8. Faites chauffer l'huile de pépins de raisin dans une grande poêle sur feu vif ; quand elle est bien chaude, avant qu'elle ne se mette à fumer, posez les queues de lotte dedans et faites-les cuire à couvert en les retournant plusieurs fois pour qu'elles soient dorées de toutes parts et cuites à cœur, pendant 7 à 8 minutes.

9. Pour servir, répartissez le chou au jambon sur les assiettes de service en le faisant tomber d'un peu haut pour qu'il

forme un lit de verdure agréable à l'œil. Ajoutez les queues de lotte sur le chou et parsemez le tout d'amandes hachées. Salez à la fleur de sel et servez.

**473 calories par personne ✤ 21 g de lipides ✤
44 g de protéines ✤ 29 g de glucides**

Suggestion de vin

Le chou me fait systématiquement penser à l'Alsace et c'est donc un riesling vif et bien frais qui à mon avis s'impose pour accompagner ce plat.

LES VOLAILLES
ET LES VIANDES

Poulet en crapaudine
à la vinaigrette d'échalote

La délicate échalote est ici mise en relief à sa juste valeur, émincée en fines rondelles, marinée dans un mélange d'huile de noix et de jus de citron. Une fois le poulet grillé, ce mélange aromatique baigne la volaille pendant qu'elle repose, tout en la parfumant, et l'échalote se réchauffe au contact du poulet en devenant fondante. Cette méthode est tout aussi délicieuse avec du poulet grillé ou rôti, mais aussi avec des cailles, des pigeons ou une pintade.

Pour 8 personnes
Matériel : cisailles à volaille ; plat à rôtir.

- 1 poulet fermier de 2,5 kilos
- poivre noir au moulin
- 12 échalotes, pelées et coupées en fines rondelles
- 12 cl d'huile de noix, de noisette ou d'olive vierge extra
- 2 cuillerées à soupe de jus de citron fraîchement pressé
- ¼ de cuillerée à café de sel de mer fin

1. Préchauffez le gril du four pendant environ 15 minutes. Ou bien préparez un feu de charbon de bois sur un barbecue (le feu est prêt lorsque les braises sont rougeoyantes et couvertes d'une pellicule de cendre).
2. Préparez le poulet : posez-le à plat, la poitrine contre le plan de travail. Avec une paire de cisailles à volaille, fendez-le en deux le long de la colonne vertébrale sans le séparer. Ouvrez-le en deux et pressez-le avec la paume de la main pour l'aplatir au maximum. Avec un couteau pointu, faites une entaille dans la peau de chaque côté du croupion et enfoncez dedans la pointe de l'aileron pour le maintenir. La volaille doit être aussi aplatie que possible pour assurer une cuisson uniforme : c'est ce que l'on appelle la préparation en crapaudine.
3. Salez et poivrez légèrement la volaille sur les deux faces. Placez le poulet, avec la peau vers la source de chaleur, dans un plat à rôtir et glissez-le sous le gril du four ou directement

sur la grille du barbecue, à environ 13 cm de la chaleur, pour assurer une cuisson régulière sans que le poulet risque de brûler. Laissez griller pendant 15 minutes jusqu'à ce que la peau soit dorée, en l'arrosant de temps en temps.

Avec des pincettes, pour ne pas percer la chair, retournez le poulet et poursuivez la cuisson de l'autre côté pendant encore 15 minutes, en l'arrosant de temps en temps. Pour vérifier le bon degré de cuisson, percez la cuisse avec une brochette : le jus qui s'écoule doit être clair.

4. Pendant la cuisson du poulet, mélangez les échalotes, le jus de citron, l'huile, du sel et du poivre dans un grand plat creux, assez grand pour accueillir le poulet. Réservez.

5. Sortez le poulet du four, salez-le et poivrez-le légèrement. Posez-le dans le plat creux et retournez-le en l'arrosant pour répartir la sauce uniformément sur le poulet. Recouvrez le tout d'une feuille de papier d'aluminium et laissez reposer pendant 15 minutes.

6. Pour servir, découpez le poulet en morceaux et détaillez les blancs en tranches, disposez le tout sur un plat de service.

Note : si vous faites rôtir le poulet, vous pouvez préparez une sauce avec le jus de cuisson. Posez le plat de cuisson sur feu modéré et grattez les particules qui adhèrent au fond du plat. Faites cuire pendant quelques minutes en continuant à gratter et mélangez jusqu'à ce que le jus soit presque entièrement caramélisé (mais sans le laisser brûler). Dégraissez le jus, puis déglacez avec quelques cuillerées d'eau froide (évitez l'eau chaude qui risque de rendre la sauce trouble). Portez à ébullition, puis baissez le feu et laissez mijoter pour faire épaissir pendant 5 minutes. Filtrez cette sauce dans une passoire fine et versez-la dans une saucière. Servez aussitôt avec le poulet.

460 calories par personne (moins, si vous ne consommez pas la peau) ⚹ 32 g de lipides 33 g de protéines ⚹ 7 g de glucides

Suggestion de vin

Mariez ce poulet avec un jeune côtes-du-rhône, qu'il soit blanc ou rouge. L'une des bouteilles préférées de ma cave vient du Clos du Caillou, à Châteauneuf-du-Pape. Leur côtes-du-rhône blanc, Les Garrigues, avec ses arômes complexes, sa fraîcheur et sa minéralité, pourrait presque passer pour un châteauneuf. Le rouge, Bouquet des Garrigues, possède un nez splendide, avec une touche poivrée et épicée.

Conseil : vous pouvez commander par Internet les excellentes huiles de Leblanc, en Bourgogne, sur deux sites, honestfoods. com et gourmetcountry.com.

Magrets de canard à la gelée de piment d'Espelette

Rapide et facile à préparer, ce plat est plébiscité par tout le monde : tendres et juteux, les magrets fournissent une recette idéale pour recevoir. Comme le magret est encore meilleur s'il repose un certain temps après cuisson (le jus est réabsorbé par la chair, ce qui la rend encore plus savoureuse), c'est un plat que l'on peut préparer à l'avance. Il m'est arrivé de le faire cuire deux heures avant de le servir, et c'était absolument exquis. J'aime bien le magret avec une sauce, ici préparée avec de la gelée de piment d'Espelette qui lui apporte une touche relevée et épicée. Mais vous pouvez la remplacer par de la confiture de cerises, qui s'entendra parfaitement avec un vin rouge aux arômes fruités comme le côtes-du-rhône.

Pour 6 personnes
Matériel : une grande poêle ; 6 assiettes de service chaudes ; une petite casserole.

- 2 magrets de canard de 300 g chacun environ
- gros sel de mer
- 12 cl de gelée de piment d'Espelette (p. 299)

1. Avec un couteau bien aiguisé, faites une douzaine d'incisions en diagonale dans la peau grasse de chaque magret. Répétez cette opération en biais dans l'autre sens pour obtenir des croisillons. Ces incisions doivent être assez profondes, mais sans traverser toute la peau jusqu'à la chair. Elles vont faciliter la fonte de la graisse pendant la cuisson et empêcher les magrets de se recroqueviller sous l'effet de la chaleur. Poudrez de sel les magrets sur les deux faces.

2. Faites chauffer une grande poêle à fond épais à sec sur feu moyen. Lorsqu'elle est bien chaude et avant qu'elle ne se mette à fumer, posez les magrets dedans, peau contre le fond. Baissez le feu et laissez cuire pendant 8 minutes jusqu'à ce que la peau soit uniformément dorée. Surveillez attentivement la cuisson pour empêcher la peau de roussir ou de brûler. La chair de magret doit rester bien saignante. Retournez les magrets et poursuivez la cuisson, peau dessus, pendant encore 3 minutes. Retournez-les encore une fois et laissez-les cuire, peau dessous, pendant 3 minutes de plus. Une bonne proportion de graisse fondue s'accumule dans la poêle ; en effet, les magrets rissolent pratiquement dans leur propre graisse. Faites attention aux éclaboussures. Si vous faites cuire vos magrets sur une cuisinière à gaz, attention à ce que la graisse ne s'enflamme pas.

3. Retirez les magrets de la poêle et posez-les dans un plat chaud. Salez-les sur les deux faces. Disposez les magrets côte à côte, peau dessus (pour qu'elle reste croustillante), couvrez d'une feuille d'aluminium et laissez reposer pendant au moins 10 minutes (jusqu'à 1 heure), pour permettre au jus de se répartir dans la viande. (Les magrets retiennent pendant ce repos l'essentiel de la chaleur ; si vous le voulez, vous pouvez néanmoins les mettre dans le four à chaleur douce.)

4. Pour servir, découpez les magrets en tranches. Tenez le couteau à un angle de 45 degrés par rapport à la viande, détaillez-les en tranches de 1 cm d'épaisseur et répartissez-les sur des assiettes chaudes de service.

5. Faites chauffer la gelée d'Espelette dans une petite casserole sur feu doux, ajoutez le jus qui s'est écoulé dans le plat pendant le repos des magrets, mélangez en remuant jusqu'à ce que le mélange soit bien chaud. Répartissez les tranches de magret sur les assiettes chaudes, 3 ou 4 par personne, nappez-les de sauce et servez.

253 calories par personne (sans la peau) ❊ 6 g de lipides ❊ 18 g de protéines ❊ 34 g de glucides

Note : vous pouvez commander des magrets de canard sur le site D'Artagnan à dartagnan.com

Suggestion de vin

Vous ferez un bon choix en accompagnant ce plat d'un vin rouge de la vallée du Rhône aux arômes fruités. Prenez par exemple celui du Domaine de la Janasse, de la famille Sabon. Leur côtes-du-rhône Les Garrigues est charpenté, fait uniquement de grenache, provenant de vignes âgées de soixante à quatre-vingts ans. C'est un exemple parfait des vins de la région de Châteauneuf-du-Pape, qui associe la puissance et la finesse.

Histoire : les premières graines de piment d'Espelette, originaires du Mexique, ont été introduites au Pays basque, dans le sud-ouest de la France, par un membre de l'équipage de Christophe Colomb. À l'origine, le piment était utilisé comme médicament, mais dès 1650, les piments rouges furent employés comme condiment pour favoriser la bonne conservation des jambons et des salaisons. Depuis 1967, une dizaine de villages basques qui bénéficient du climat favorable à la culture du piment organisent une fête tous les ans durant le dernier week-end d'octobre à Espelette.

Cailles poêlées à la moutarde

Si vous aimez comme moi la saveur simple et naturelle de la volaille, vous apprécierez cette recette rapide et efficace pour faire cuire des cailles. Vous pouvez vous y prendre à la dernière minute et, comme vous n'avez pas besoin du four, en plein été, votre cuisine n'aura pas à subir un surcroît de chaleur !

Pour 4 personnes
Matériel : cisailles à volaille ; 2 grandes poêles ; un pinceau à pâtisserie.

- 4 cailles de 180 g environ chacune, aplaties en crapaudine
- sel de mer fin
- 4 cuillerées à soupe d'huile d'olive vierge extra
- 2 cuillerées à soupe de moutarde
- 2 cuillerées à café de graines de fenouil

Assaisonnez les cailles de sel. Faites chauffer l'huile d'olive en en versant 2 cuillerées à soupe dans chacune des deux poêles sur feu modéré. Lorsqu'elle est bien chaude, avant qu'elle ne se mette à fumer, posez les cailles dedans, peau dessous, et faites-les rissoler pendant environ 5 minutes jusqu'à ce qu'elles soient bien dorées. Retournez-les et faites-les cuire pendant encore 5 minutes jusqu'à ce qu'elles soient tendres et juteuses. Posez les cailles sur un plat. Salez-les. Placez-les poitrine vers le haut et, avec un pinceau à pâtisserie, badigeonnez-les de moutarde uniformément, puis parsemez-les de graines de fenouil. Couvrez le tout de papier d'aluminium, assez serré, et laissez reposer pendant 5 à 10 minutes. Servez en proposant à vos invités des rince-doigts ou des petites serviettes pour s'essuyer les mains.

**369 calories par personne ❧ 29 g de lipides ❧
25 g de protéines ❧ 2 g de glucides**

Suggestion de vin

La dernière fois que j'ai cuisiné ce plat, nous avons bu un vacqueyras rouge assez jeune du Domaine des Amouriers, la cuvée Les Genestes, un assemblage de grenache, de syrah et de mourvèdre, entièrement vieilli dans des fûts en acier inoxydable, qui se marie très bien avec la chair tendre et juteuse de la caille.

La **préparation** en crapaudine : les cailles sont fendues en deux le long de la colonne vertébrale, puis aplaties avec la paume de la main, retournées et aplaties à nouveau ; l'extrémité du pilon est glissée de chaque côté dans une petite fente pratiquée dans la peau à la base de chaque cuisse ; cette manière de préparer la volaille permet une cuisson parfaitement uniforme des deux côtés.

Lapin au vin rouge et aux olives noires

Ne cherchez pas pour ce plat un peu rustique un millésime d'exception. Utilisez de préférence un reste de vin rouge ou une bouteille que vous ne voulez pas servir à table. C'est un savoureux mélange de morceaux de lapin et d'olives dans une sauce au vin rouge, le tout relevé de pignons de pin croquants. Proposez en même temps de la polenta poêlée (p. 155).

Pour 8 personnes
Matériel : un robot ménager ou un mixeur ; une grande cocotte en fonte à fond épais, avec son couvercle ; une petite poêle ; 8 assiettes de service chaudes.

- 1 boîte de tomates pelées au naturel (750 g environ)
- 3 cuillerées à soupe d'huile d'olive vierge extra

- 1 lapin (ou un poulet) de 1,5 kilo, coupé en morceaux
- sel de mer fin
- poivre blanc au moulin
- 10 gousses d'ail pelées, coupées en deux et dégermées
- 25 cl de vin rouge
- 1 cuillerée à café de thym frais ou séché
- 4 feuilles de laurier, fraîches de préférence
- 200 g d'olives noires dénoyautées
- 50 g de pignons de pin

1. Réduisez les tomates pelées en purée au mixeur ou dans un robot. Réservez.
2. Faites chauffer l'huile dans une grande cocotte en fonte sur feu modéré. Quand elle est bien chaude, avant qu'elle ne fume, ajoutez les morceaux de lapin, baissez le feu (pour empêcher la chair du lapin de se dessécher), couvrez et faites cuire doucement en remuant la cocotte de temps en temps, pendant 5 minutes, juqu'à ce que les morceaux soient dorés et luisants, mais encore bien tendres. Vous pouvez procéder à cette opération en plusieurs fois. (Le temps de cuisson exact varie en fonction de la taille des morceaux.) Lorsque tous les morceaux sont bien dorés, transférez-les dans un plat, salez et poivrez légèrement.
3. Dans la matière grasse qui reste dans la cocotte, ajoutez les gousses d'ail et saisissez-les pendant 1 à 2 minutes. Versez le vin rouge et portez à ébullition. Ajoutez la purée de tomates, le thym et le laurier. Remettez les morceaux de lapin dans la cocotte, couvrez et laissez cuire sur feu doux pendant 25 à 30 minutes jusqu'à ce que les morceaux soient bien cuits. Ajoutez les olives et laissez mijoter à découvert pendant 5 minutes pour faire réduire la sauce.
4. Pendant ce temps, faites griller les pignons de pin dans une petite poêle sur feu modéré, à sec, en remuant la poêle de temps en temps jusqu'à ce qu'ils dégagent leur parfum et soient bien dorés, pendant environ 2 minutes. Surveillez bien la cuisson, car ils brûlent facilement. Versez-les sur une assiette pour les faire refroidir.

5. Pour servir, disposez les morceaux de lapin sur des assiettes de service, nappez de sauce et parsemez de pignons de pin grillés.

**392 calories par personne ✳ 22 g de lipides ✳
38 g de protéines ✳ 8 g de glucides**

Suggestion de vin

L'un des vins que je préfère au monde vient de chez Michèle Aubéry-Clément. Son côtes-du-rhône rouge, cuvée La Sagesse, qu'elle produit dans son domaine Gramenon, est une merveille absolue. Issu entièrement de cépage grenache, il est à la fois frais et fruité, en parfait accord avec ce rustique plat d'hiver.

Les mots du vin : gardez les vins jeunes pour le printemps et l'été, quand ils ont le goût du fruit, et les vins plus vieux pour l'automne et l'hiver, lorsque vous en devinez les racines.
    Fabrice Langlois, sommelier au Château de Beaucastel, à Châteauneuf-du-Pape.

Ils nous sont tombés sur le râble : ils nous ont sauté dessus (au propre comme au figuré). Le râble est la partie arrière du dos, chez le lièvre et le lapin.

Lapin aux artichauts
et au pistou

Dominique Versini, plus connue sous son nom de cuisinière et restauratrice, Olympe, m'a fait l'amitié de me confier cette recette, qui dénote les saveurs méditerranéennes de ses origines corses. Préparez-la au moment où les artichauts arrivent au printemps sur le marché.

Pour 8 personnes
Matériel : un robot ménager ou un mixeur ; une grande cocotte en fonte avec un couvercle.

- 1 boîte de tomates pelées au naturel (750 g environ)
- 1 citron, non traité de préférence
- 4 gros artichauts
- 3 cuillerées à soupe d'huile d'olive vierge extra
- 1 lapin (ou un poulet) de 1,5 kilo, coupé en morceaux
- sel de mer fin
- poivre blanc au moulin
- 25 cl de vin blanc sec
- 8 belles gousses d'ail pelées, laissées entières
- 4 feuilles de laurier, fraîches ou sèches
- 4 cuillerées à soupe de sauce basilic légère (p. 292)

1. Réduisez en purée les tomates au mixeur ou dans un robot ménager. Réservez.
2. Préparez les artichauts. Versez de l'eau froide dans un saladier et ajoutez le jus du citron, ainsi que la moitié du citron lui-même. Rincez les artichauts sous le robinet d'eau froide. Avec un couteau en acier inoxydable (pour ne pas noircir les artichauts), coupez la queue à 4 cm du fond. Parez et jetez la partie fibreuse de la queue. Cassez les feuilles vertes et dures du pourtour une par une en les rabattant vers l'extérieur et coupez-les. Poursuivez cette opération jusqu'au cône central de minces feuilles pâles ; coupez celles-ci juste au-dessous des pointes vertes. Grat-

tez les parties vert foncé à la base. Coupez ensuite les artichauts en deux dans la hauteur. Avec une petite cuiller, grattez et retirez le foin. Recoupez les fonds d'artichauts ainsi parés en huit et mettez-les au fur et à mesure dans l'eau citronnée. Réservez.

3. Faites chauffer l'huile dans une grande cocotte. Quand elle est bien chaude, avant qu'elle ne se mette à fumer, posez les morceaux de lapin dedans et baissez le feu (ce qui évite à la chair de se dessécher), couvrez et laissez cuire doucement pendant 5 minutes en remuant la cocotte de temps en temps, jusqu'à ce que les morceaux soient tendres et bien luisants. Vous pouvez procéder à cette opération en plusieurs fois. (Le temps de cuisson exact dépend de la taille des morceaux.) Au fur et à mesure que les morceaux deviennent bien dorés, retirez-les et mettez-les dans un plat, salez et poivrez.

4. Versez doucement le vin dans la cocotte en grattant les résidus de cuisson qui restent attachés dans le fond. Remettez les morceaux de lapin, ajoutez la purée de tomates, les quartiers d'artichauts bien égouttés, les gousses d'ail et les feuilles de laurier. Couvrez et laissez mijoter sur feu doux pendant 25 à 30 minutes jusqu'à ce que le lapin soit bien cuit. Au moment de servir, incorporez la sauce basilic. Servez ce plat avec de la polenta, du riz ou des pâtes.

346 calories par personne ❊ 13 g de lipides ❊ 38 g de protéines ❊ 16 g de glucides

Suggestion de vin

J'aime bien ce plat avec un chardonnay blanc bien frappé. L'un de ceux que je préfère vient du village de Saint-Aubin, en Bourgogne, où Hubert Lamy produit des vins blancs d'une très belle pureté ; son saint-aubin présente en effet des notes florales avec une touche minérale ; il s'accorde très bien avec ce mélange de lapin à la tomate, avec des artichauts et du basilic.

Histoire : l'artichaut a été introduit en France au XVIᵉ siècle grâce à Catherine de Médicis ; ce légume est désormais cultivé aussi bien en Provence qu'en Bretagne.

Les mots du vin : le vin constitue le moyen le plus concret et le plus mémorable par lequel l'être humain peut goûter la géographie, goûter les différents lieux de la terre, goûter le monde entier.

Andrew Jefford, écrivain œnologique

Bœuf braisé aux carottes

C'était le jour de l'an et j'étais en train de déjeuner avec mon mari Walter dans le bistrot de notre quartier, rue du Bac, à Paris, où nous avons nos habitudes. Tout à trac, il me déclara qu'il avait l'intention de cuisiner lui-même, pour le lendemain soir, un bœuf braisé aux carottes, ce grand classique de la cuisine française. J'étais très étonnée, car il ne s'était pas mis aux fourneaux depuis des années, sauf pour préparer un autre classique bien français, la blanquette de veau. Le lendemain, comme promis, il s'exécuta et ce superbe bœuf braisé devint rapidement l'un de nos plats préférés en hiver. Son premier atout tient à sa simplicité et au nombre réduit d'ingrédients qu'il demande ; du bœuf, des carottes, du vin, du bouillon, de la purée de tomates et un bouquet garni. Choisissez un morceau de bœuf maigre et vous obtiendrez un plat léger et digeste, en parfaite harmonie avec la diététique moderne. J'ai modifié la recette d'origine en doublant la quantité de carottes : peut-être faut-il alors rebaptiser ce plat carottes braisées au bœuf !

Pour 12 personnes
Matériel : une grande cocotte en fonte avec son couvercle ; 12 assiettes de service chaudes.

- 3 cuillerées à soupe de beurre
- 1,5 kilo de bœuf en un seul morceau (rond de tranche, tranche, aiguillette ou pointe de culotte)
- sel de mer fin
- poivre noir au moulin
- 1,5 kilo de carottes, pelées et coupées en fines rondelles
- 2 boîtes de purée de tomates de 150 g chacune
- 75 cl de vin rouge corsé (côtes-du-rhône)
- 75 cl de bouillon de volaille maison (p. 287)
- un bouquet garni : plusieurs feuilles de laurier, brins de thym et brins de persil enfermés dans une boule à thé

1. Faites fondre le beurre dans une grande cocotte sur feu moyen. Quand il est chaud, ajoutez le morceau de viande et faites-le dorer sur toutes les faces, en réglant le feu pour ne pas le faire roussir par endroits. Procédez avec patience : le brunissage régulier de la viande est nécessaire pour que la viande conserve toute sa saveur et son jus. L'opération demande 6 minutes environ.
2. Lorsque la viande est bien dorée, salez et poivrez généreusement, puis ajoutez les carottes, la purée de tomates, le vin et le bouillon, ainsi que le bouquet garni. Portez juste à la limite de l'ébullition sur feu modéré, puis baissez le feu et continuez à faire cuire sur chaleur très douce, à couvert, en maintenant des frémissements réguliers, pendant 3 à 4 heures, jusqu'à ce que la viande soit très tendre. Retournez le morceau de temps en temps pour que la viande ne risque pas de se dessécher.
3. Pour servir, retirez le bouquet garni. Découpez la viande en fines tranches et disposez-les sur des assiettes de service. Garnissez de carottes et nappez de sauce. Proposez en même temps du riz cuit à la vapeur.

**328 calories par personne ❧ 14 g de lipides ❧
26 g de protéines ❧ 16 g de glucides**

Suggestion de vin

Prenez un bon vin rouge, gigondas ou vacqueyras. Parmi ceux que je préfère, il y a le gigondas de Yves Gras, du Domaine Santa Duc, et le vacqueyras du Domaine des Amouriers, Les Genestes, un assemblage très réussi de grenache, syrah et mourvèdre (qui n'est pas vieilli dans du chêne).

Les mots du vin : les vins ont un peu la saveur des villages dont ils sont issus. Le gigondas est souple, plein de rondeur. Le vacqueyras est rouge sombre, presque noir, profond et trapu.

Fabrice Langlois, sommelier au Château de Beaucastel, Châteauneuf-du-Pape.

Folklore : manger des carottes rend aimable !

Gigot d'agneau en chemise de menthe au miel

L'association de l'agneau et de la menthe évoque pour certains le mariage malheureux d'une gelée à la menthe et d'un morceau d'agneau trop cuit. Oubliez tout cela ! Un gigot d'agneau rosé enrobé d'une mince enveloppe croustillante parfumée à la menthe offre un tout autre programme. La sauce à la menthe et au yaourt qui l'accompagne en fait un plat d'une absolue modernité.

Pour 12 personnes
Matériel : un plat à rôtir ; un robot ménager ou un mixeur ; 12 assiettes de service chaudes.

- 1 gigot d'agneau raccourci de 2,5 kilos environ, dégraissé et ficelé, avec les parures et les os de la partie supérieure (demandez au boucher de vous le préparer)
- sel de mer fin
- poivre noir au moulin
- 4 bouquets de menthe fraîche (les feuilles seulement)
- 3 cuillerées à soupe de miel bien parfumé (de bruyère par exemple)
- 140 g de chapelure sèche fine
- 25 cl de yaourt allégé, de préférence au lait de brebis

1. Préchauffez le four à 220 °C.
2. Dans le fond du plat à rôtir, étalez les parures du gigot et les os. Posez le gigot par-dessus, sur une grille. Salez et poivrez généreusement. Enfournez et laissez rôtir en comptant 10 à 12 minutes par livre (pour une cuisson rosée), 15 minutes pour une cuisson plus poussée. Retournez le gigot plusieurs fois pendant cette cuisson en l'arrosant de temps en temps.
3. Pendant ce temps, faites blanchir et rafraîchissez la moitié des feuilles de menthe ; épongez-les à fond, mettez-les dans le bol mélangeur d'un robot et hachez-les finement ; ajoutez le miel et mixez soigneusement, puis ajoutez la chapelure et mixez à nouveau. Réservez.
4. Préparez la sauce à la menthe : faites blanchir et rafraîchissez le reste des feuilles de menthe, épongez-les à fond et hachez-les finement dans le robot, ajoutez le yaourt et mixez à nouveau. Versez le tout dans un bol et réservez.
5. Sortez le gigot du four et assaisonnez-le à nouveau largement. Posez-le sur une planche à découper, en le soulevant du côté de l'os (appuyez-le contre une assiette placée à l'envers). Couvrez de papier d'aluminium et laissez reposer pendant au moins 25 minutes.
6. Préchauffez le gril du four.
7. Étalez régulièrement à la surface du gigot le mélange de menthe, de miel et de chapelure. Placez le gigot ainsi enrobé à 7 ou 8 cm de la source de chaleur et laissez-le environ 6 minutes en le retournant plusieurs fois pour que la croûte soit bien dorée. Veillez bien à ne pas la laisser

brûler. Sortez le gigot du four. Découpez-le en tranches et répartissez-les sur des assiettes de service chaudes. Proposez en même temps la sauce au yaourt et à la menthe.

**433 calories par personne ❦ 26 g de lipides ❦
31 g de protéines ❦ 18 g de glucides**

Suggestion de vin

La dernière fois que j'ai cuisiné ce plat, je l'ai servi avec un côtes-du-rhône riche et complexe, la cuvée Rubrum Obscurum du Château de Roquefort, un assemblage rustique de grenache (70 %), de carignan (15 %) et de mourvèdre (15 %), qui vous donne aussitôt envie de recopier l'étiquette pour en commander !

Comment conserver des fines herbes fraîches

Les aromates à feuilles développées comme le persil et la menthe, mais aussi la ciboulette, peuvent être conservés comme des bouquets de fleurs : placez-les dans un verre d'eau froide, après avoir coupé le bas des tiges. Recouvrez le haut du bouquet avec un sac en plastique percé de trous pour permettre à l'air de circuler. (Un sachet en plastique hermétique favorise le développement de l'humidité et par conséquent le pourrissement des feuilles.) Changez l'eau tous les jours.

Les aromates qui ont une tige ligneuse, comme le thym et le romarin, seront de préférence placés dans un sac en plastique percé de trous et conservés dans le bac à légumes du réfrigérateur.

Couscous d'agneau aux courgettes et aux pois chiches

Il s'agit là d'un plat unique idéal pour un dîner de week-end où vous avez envie de quelque chose de nourrissant, mais sans avoir trop de temps à perdre en préparatifs. Le geste essentiel, ici, est de bien saisir la viande pour que l'extérieur soit presque caramélisé, tandis que la viande reste rose à cœur. J'adore la combinaison des épices qui relève le plat ; par ailleurs, les pois chiches et les courgettes font partie de mes ingrédients préférés. Je cuisine ce plat très régulièrement, du printemps à l'automne, lorsque les courgettes sont minces, fermes et savoureuses. Comme condiment, servez à part une sauce à la coriandre fraîche.

Pour 12 personnes
Matériel : une casserole ; 2 grandes sauteuses ; 12 assiettes de service chaudes.

- 1 cuillerée à café de cumin en poudre
- ¾ de cuillerée à café de gingembre en poudre
- ½ cuillerée à café de poivre de Cayenne en poudre
- ¾ de cuillerée à café de cannelle en poudre
- sel de mer fin
- 1 kilo de gigot désossé, taillé en cubes de 4 cm de côté
- 150 g de couscous précuit instantané
- 4 cuillerées à soupe d'huile d'olive vierge extra
- 2 cuillerées à café de harissa
- 50 cl de bouillon de volaille maison (p. 287)
- poivre noir au moulin
- 750 g de pois chiches en boîte égouttés
- une boîte de 450 g de tomates pelées au naturel
- 750 g de petites courgettes à peau fine, lavées et parées, coupées en fines rondelles
- 6 cuillerées à soupe de menthe fraîche taillée en chiffonnade
- sauce à la coriandre fraîche (p. 294), pour servir

1. Réunissez dans un saladier le cumin, le gingembre, la cannelle, le poivre de Cayenne et ½ cuillerée à café de sel fin. Mélangez intimement et ajoutez les cubes de viande ; remuez-les plusieurs fois pour bien les enrober.

2. Versez la graine de couscous dans un récipient en verre à feu, ajoutez 1 cuillerée à soupe d'huile d'olive, 1 cuillerée à café de harissa et ½ cuillerée à café de sel. Mélangez intimement. Versez le bouillon dans une casserole et faites-le bouillir sur feu vif, puis versez-le sur le couscous. Mélangez avec une fourchette et couvrez le récipient. Réservez.

3. Faites chauffer 2 cuillerées à soupe d'huile dans une sauteuse sur feu vif. Quand elle est bien chaude, avant qu'elle ne commence à fumer, ajoutez les morceaux de gigot et faites-les dorer sur toutes les faces. C'est le moment le plus important de la recette : la viande doit être bien saisie, tout en restant rose à cœur. Procédez en plusieurs fois par petites quantités, pour ne pas avoir trop de morceaux à la fois dans la sauteuse. Dès qu'une partie des morceaux est traitée, retirez-les et mettez-les dans un plat, salez et poivrez légèrement. Lorsqu'ils sont tous saisis, remettez-les dans la sauteuse avec le jus qui a coulé dans le plat, ajoutez les pois chiches, le reste de harissa, les tomates en boîte et leur jus. Portez à ébullition sur feu modéré et laissez mijoter pendant 2 minutes. Le mélange obtenu doit ressembler à une grosse soupe. Goûtez et rectifiez l'assaisonnement.

4. Dans une autre sauteuse, faites chauffer le reste d'huile sur feu modéré. Avant qu'elle ne se mette à fumer, ajoutez les rondelles de courgettes et faites-les cuire jusqu'à ce qu'elles commencent à bien dorer sur les bords. Salez légèrement. Répartissez le couscous sur les assiettes de service. Versez le mélange à l'agneau à côté et recouvrez de courgettes. Garnissez de menthe et proposez la sauce à la coriandre à part.

293 calories par personne ❧ 10 g de lipides ❧
22 g de protéines ❧ 30 g de glucides

Suggestion de vin

Ce plat demande un bon vin rouge, jeune et gouleyant, mais bien charpenté. Essayez par exemple le vin de table appelé Petit vin d'avril du domaine Clos des Papes, à Châteauneuf-du-Pape. Ce vin sans appellation est un assemblage de merlot, cabernet sauvignon, grenache et mourvèdre. Lorsque j'ai lu le commentaire de Robert Parker à son propos, je n'ai pu que l'approuver : c'est un idéal vin rouge de bistrot qui demande à être bu sans critique !

Gigot de sept heures à l'ail

La simplicité dans ce qu'elle peut offrir de meilleur : trois ingrédients qui se marient intimement pour créer un plat chaleureux aux saveurs complexes. La force aromatique de l'ail emplit la cuisine, tandis que la délicieuse odeur d'agneau rôti s'échappe du four. Le chiffre sept qui figure dans le titre n'est pas tout à fait exact en ce qui concerne le nombre d'heures de cuisson, mais la recette d'origine qui vient du sud-ouest de la France utilisait du mouton et non de l'agneau bien tendre. Le concept de la recette est en effet très simple : faire dorer la viande à l'huile d'olive, verser le bouillon et ajouter une bonne quantité d'ail, couvrir et laissez braiser dans le four jusqu'à ce que la viande se détache pratiquement de l'os. On appelle aussi ce plat gigot à la cuiller, car la viande doit être suffisamment tendre pour être dégustée à la cuiller, sans couteau. Un gigot de 2,5 kilos demande 4 à 5 heures de cuisson. Il est délicieux servi avec une purée de brocolis à la menthe ou encore un gratin de pommes de terre (p. 217).

Pour 12 personnes
Matériel : une grande cocotte en fonte avec son couvercle ; 12 assiettes de service chaudes.

- 1 gigot d'agneau raccourci (2,5 kilos environ), dégraissé et ficelé (demandez au boucher de vous le préparer)
- 3 cuillerées à soupe d'huile d'olive
- ½ cuillerée à café de fleur de sel
- piment d'Espelette
- les gousses pelées et laissées entières de trois têtes d'ail
- 75 cl de bouillon de volaille maison (p. 287)

1. Préchauffez le four à 180 °C.
2. Faites chauffer l'huile d'olive sur feu modéré dans une cocotte juste assez grande pour contenir le gigot. Avant qu'elle ne se mette à fumer, posez le gigot dedans et saisissez-le sur toutes les faces pendant 10 minutes en le retournant plusieurs fois. Retirez-le de la cocotte, posez-le dans un plat et salez-le en ajoutant à celui-ci une pincée de piment d'Espelette. Remettez le gigot dans la cocotte, ajoutez les gousses d'ail et versez le bouillon. Portez à ébullition sur feu modéré, couvrez et mettez la cocotte dans le four. Laissez cuire pendant 4 à 5 heures jusqu'à ce que la viande soit très tendre et se détache de l'os. Vérifiez la cuisson toutes les 30 minutes environ en retournant le gigot de temps en temps pour vous assurer que le liquide est en quantité suffisante et que l'évaporation n'est pas excessive. Rajoutez éventuellement un peu de bouillon.
3. Pour servir, sortez le gigot de la cocotte avec précaution et posez-le sur une planche à découper. Découpez le gigot ou retirez la chair de l'os directement avec les doigts. Répartissez les morceaux sur les assiettes de service chaudes. Avec une écumoire, prélevez les gousses d'ail et ajoutez-en quelques-unes sur les assiettes. Nappez avec un peu de sauce et servez aussitôt.

**378 calories par personne ❋ 26 g de lipides ❋
30 g de protéines ❋ 4 g de glucides**

Suggestion de vin

La première fois que j'ai préparé cette recette, je suis allée demander conseil auprès de mon caviste et ami, Juan Sanchez, qui me proposa un cahors, un vin charpenté, aux arômes un peu fumés, originaire du Sud-Ouest. Ce jour-là, nous avons donc bu un cahors des vignobles La Fare, à base de cépage malbec. Un autre cahors digne d'intérêt, intense et riche d'arômes de fruits noirs, est celui du Domaine de La Bérangeraie.

Menu pour un dîner de janvier

La salade de cresson du *Bistrot Paul Bert* (p. 33)

Rémoulade de céleri-rave au crabe (p. 81)

Le gigot de sept heures à l'ail

La purée de chou-fleur

La purée de brocolis à la menthe

Tarte fine aux pommes, airelles et romarin (p. 263)

Cervelas pistaché, vinaigrette au vin rouge

J'ai imaginé cette recette à l'occasion de notre semaine spéciale sur le vin, lorsque nous disposons d'une belle collection de bouteilles à moitié vides, après nos différentes sessions de dégustation. C'est un plat unique, idéal quand il fait froid et gris. Il embaume toute la cuisine en dégageant des arômes de porc fumé, de pommes de terre et de vinaigrette au vin rouge.

Pour 6 personnes
Matériel : 2 grandes casseroles, dont une avec un couvercle.

- 1 gros cervelas de porc fumé au hachage grossier (1 kilo environ)
- 8 petites pommes de terre à chair ferme (charlotte par exemple), pelées
- plusieurs feuilles de laurier fraîches ou sèches
- plusieurs feuilles de céleri en branches

Pour la vinaigrette
- 25 cl de vin rouge fruité
- 8 cl d'huile d'olive vierge extra
- 4 cuillerées à soupe de vinaigre de vin rouge
- 1 cuillerée à soupe de jus de betterave cuite (facultatif)
- sel de mer fin
- poivre noir au moulin
- persil plat ciselé pour garnir

1. Réunissez dans une casserole le cervelas, les pommes de terre, le laurier et les feuilles de céleri, couvrez d'eau froide et portez à la limite de l'ébullition. Couvrez et laissez cuire à petits frémissements pendant 20 minutes environ jusqu'à ce que les pommes de terre et le cervelas soient cuits.
2. Pendant la cuisson des pommes de terre et du cervelas, préparez la vinaigrette. Versez le vin rouge dans une casserole et faites réduire à 4 cuillerées à soupe sur feu vif. Ajoutez l'huile, le vinaigre et le jus de betterave (si vous l'utilisez) ; fouettez pour bien mélangez, salez et poivrez.
3. Égouttez le cervelas et les pommes de terre, découpez-les en fines rondelles régulières. Disposez-les en rosaces alternant les ingrédients sur un plat et arrosez de vinaigrette chaude. Garnissez de persil et servez.

370 calories par personne ❋ 27 g de lipides ❋
11 g de protéines ❋ 13 g de glucides

Suggestion de vin

Un beaujolais, naturellement! L'un de mes préférés est le fleurie du Domaine Chignard, un vin velouté aux parfums de cerises noires et de myrtilles.

Les mots du vin : le vin possède un caractère mystérieux. Sa capacité, par exemple, à exprimer les arômes venus des plus sombres profondeurs de la terre. Personne ne sait pourquoi le vin a le goût du sol dont il est issu, et pourtant c'est le cas.

Andrew Jefford, écrivain œnologique britannique.

Histoire : jusqu'à la fin du xviiie siècle, la pomme de terre était encore considérée en France comme un aliment pour les pauvres. Mais après la terrible famine de 1769-1770, le problème se posa de trouver des solutions agricoles sérieuses. Un concours fut organisé pour trouver quel était le légume le plus apte à aider les populations affamées et à faire disparaître les disettes. C'est l'agronome et chimiste Antoine Parmentier qui remporta ce concours en proposant la pomme de terre.

Pour inciter la Cour à encourager la consommation de la pomme de terre, Parmentier offrit au roi Louis XVI un panier de pommes de terre de haute qualité et le roi arbora dès lors à la boutonnière une fleur de pomme de terre.

Pour convaincre le peuple, Parmentier fit pousser des pommes de terre dans la plaine des Sablons, sur l'actuelle commune de Neuilly. Le potager était gardé de jour, ce qui voulait dire qu'il s'agissait de cultures de prix, mais non de nuit, de sorte que les pommes de terre furent volées, et c'est ainsi que le fameux tubercule s'imposa à la population.

La sagesse du vigneron : dans la conduite du vignoble, un certain nombre de proverbes viennent au secours du vigneron. Notre ancien viticulteur Ludovic Cornillon avait coutume de dire :

Taille tôt ou taille tard,
Rien ne vaut une taille de mars.

Paupiettes de chou farcies au parmesan

Voici l'un de mes plats préférés pour un petit souper d'hiver : des petites paupiettes de chou farcies de veau, avec des fines herbes et du riz, le tout nappé de ma bonne sauce tomate maison. C'est aussi une recette qui me rappelle celle que préparait ma mère lorsque j'étais enfant.

Pour 4 personnes
Matériel : une marmite à pâtes de 5 litres avec sa passoire ; un robot ménager ou un mixeur ; un plat à gratin.

- 3 cuillerées à soupe de gros sel de mer
- 8 grandes feuilles de chou vert frisé
- 250 g de viande de veau hachée
- 6 cuillerées à soupe de persil plat ciselé
- 6 cuillerées à soupe de coriandre ciselée
- 6 cuillerées à soupe de romarin frais haché
- 6 belles gousses d'ail pelées, coupées en deux et **dégermées**
- 250 g de riz cuit
- 1 gros œuf légèrement battu
- ½ cuillerée à café de sel
- poivre noir au moulin
- ½ cuillerée à café de noix de muscade fraîchement râpée
- 100 g de parmesan fraîchement râpé
- 50 cl de sauce tomate fraîche (p. 297)

1. Préchauffez le four à 220 °C.
2. Versez 3 litres d'eau dans une grande marmite à pâtes équipée d'une passoire et portez à ébullition sur feu vif. Ajoutez le gros sel et plongez les feuilles de chou dedans. Faites-les blanchir à gros bouillons à découvert pendant 3 minutes jusqu'à ce qu'elles soient bien souples. Égouttez-les avec la passoire et rafraîchissez-les aussitôt sous le robinet d'eau froide pendant 2 minutes. Égouttez-les et épongez-les soigneusement. Réservez.
3. Réunissez dans le bol mélangeur d'un robot la viande de veau hachée, le persil, la coriandre, le romarin, l'ail, le riz et l'œuf, le sel, un peu de poivre, la noix de muscade et la moitié du parmesan. Mixez rapidement le tout.
4. Posez une feuille de chou à plat sur le plan de travail. Déposez une portion de farce à une extrémité de la feuille (le huitième de la farce). Enfermez-la en roulant la feuille sur elle-même et placez-la dans un plat à gratin. Confectionnez les sept autres paupiettes de la même façon. Lorsqu'elles sont toutes rangées dans le plat, versez la sauce tomate par-dessus, ajoutez le reste de parmesan, couvrez hermétiquement avec du papier d'aluminium et enfournez à mi-hauteur. Laissez cuire pendant 20 minutes environ jusqu'à ce que le veau soit bien cuit et que la sauce commence à grésiller. Servez aussitôt.

297 calories par personne ⁂ 9 g de lipides ⁂
22 g de protéines ⁂ 34 g de glucides

Suggestion de vin

Mon caviste, à Paris, propose une vaste sélection de vins du Languedoc et j'ai longtemps eu une prédilection particulière pour un vin du Minervois riche et complexe, le Domaine de la Tour Boisée, un assemblage insolite de marsanne, macabeu et muscat. Je l'avais d'ailleurs découvert il y a des années de cela à *L'Astrance*, un excellent restaurant de la capitale.

> *Il s'y entend comme à ramer des choux :* il n'y comprend rien du tout (car les choux ne se rament pas, n'ont pas besoin de tuteurs pour pousser comme les haricots par exemple).

Sauté de veau à l'estragon

Ce simple sauté de veau gagne en originalité grâce à la touche relevée de l'estragon qui apporte sa fraîcheur et sa finesse. Ce plat est exquis avec des pâtes fraîches, car la sauce est suffisante pour bien les enrober.

Pour 8 personnes
Matériel : une grande sauteuse avec un couvercle ; 8 assiettes creuses bien chaudes.

- 2 cuillerées à soupe d'huile d'olive vierge extra
- 1 kilo d'épaule de veau désossée, coupée en huit morceaux
- sel de mer fin
- poivre blanc au moulin
- 4 échalotes pelées et finement émincées
- 4 cuillerées à soupe de purée de tomates
- plusieurs brins d'estragon enfermés dans une boule à thé
- 6 cuillerées à soupe d'estragon frais ciselé pour servir

1. Faites chauffer l'huile sur feu modéré dans une grande cocotte. Quand elle est bien chaude, avant qu'elle ne commence à fumer, ajoutez les morceaux de veau en réglant le feu de manière à ne pas roussir trop vite la viande. Ne mettez pas tous les morceaux en même temps s'il n'y a pas assez de place et soyez patient : le brunissage de la viande doit être mesuré, c'est essentiel pour qu'elle conserve tout son jus et reste bien tendre. Faites dorer les morceaux sur toutes les faces, pendant une dizaine de minutes. Pendant l'opération, servez-vous de pincettes

pour éviter de percer la chair, puis mettez les morceaux dans un plat, salez et poivrez aussitôt.

2. Avec une spatule en métal, grattez les résidus de cuisson restés attachés dans le fond de la sauteuse (ce qui enrichit la sauce en fin de cuisson). Ajoutez les échalotes et une pincée de sel, couvrez et faites cuire sur feu doux pendant 3 minutes jusqu'à ce qu'elles soient translucides, sans les laisser roussir.

3. Remettez dans la sauteuse les morceaux de viande et le jus qui a coulé dans le plat. Ajoutez la purée de tomates et 25 cl d'eau froide, puis la boule à thé qui contient l'estragon. Remuez, couvrez et laissez cuire sur feu doux, avec des frémissements réguliers, pendant 1 heure à 1 h 30 jusqu'à ce que le veau soit bien tendre. Goûtez la sauce de temps en temps, en rectifiant éventuellement l'assaisonnement : elle doit être assez fluide, colorée et parfumée. La viande doit être très tendre et se défaire toute seule.

4. Pour servir, retirez la boule à infusion qui contient l'estragon. Répartissez les morceaux de veau dans des assiettes creuses chaudes. Mélangez la sauce avec des pâtes cuites à part et garnissez d'estragon frais.

**145 calories par personne ❧ 8 g de lipides ❧
16 g de protéines ❧ 2 g de glucides**

Suggestion de vin

Le saint-péray est un vin plein de charme qui vient du nord de la vallée du Rhône. Mon préféré depuis peu est celui du Domaine du Tunnel, issu de marsanne à 100 %. Il est vieilli dans des vieilles barriques, de sorte que c'est le fruit qui domine et non le bois. Son bouquet fruité, avec des notes de pêche, le rend très agréable à boire avec ce sauté de veau.

LES PÂTES, LE RIZ, LES LÉGUMES SECS ET LES CÉRÉALES

Les cannellonis au chèvre et aux artichauts de l'hôtel *Lancaster*

Le jour où j'ai goûté la version originale de ce plat au restaurant de l'hôtel *Lancaster* à Paris, où Michel Troisgros est consultant, l'idée m'a traversé l'esprit un instant de courir à la réception, de réserver une chambre, de faire une petite sieste et de redescendre dîner! Au lieu de cela, j'ai décidé de recréer ce plat chez moi le lendemain soir. Ma version personnelle est un peu plus rustique, mais mon enthousiasme est toujours le même pour cette merveille, et j'espère que vous serez de mon avis.

Pour 4 personnes
Matériel : un robot ménager ou un mixeur; une cuiller à pamplemousse; une mandoline ou un couteau bien aiguisé; une marmite à pâtes de 10 litres avec sa passoire; un plat à gratin rectangulaire.

- 180 g de fromage de chèvre frais
- 2 gros œufs légèrement battus
- le zeste finement râpé de 2 citrons, non traités de préférence
- sel de mer fin
- un carré de pâte à lasagnes fraîche de 30 cm de côté
- 4 cuillerées à soupe de jus de citron
- 2 petits artichauts frais
- 3 cuillerées à soupe de gros sel
- 4 cuillerées à soupe de parmesan fraîchement râpé
- vert de fenouil, persil plat et ciboulette ciselés pour garnir

1. Préchauffez le four à 180 °C.
2. Dans le bol mélangeur d'un robot, réunissez le fromage de chèvre, les œufs et le zeste de citron. Actionnez l'appareil pour mixeur, salez et réservez. (Vous pouvez préparer cette farce 4 heures à l'avance et la réserver à couvert dans le réfrigérateur.)

3. Découpez la feuille de pâte en 16 carrés de 7 à 8 cm de côté.

4. Mélangez dans un grand saladier le jus de citron et ¼ de cuillerée à café de sel fin. Réservez.

5. Préparez les artichauts. Comme vous le feriez pour des pointes d'asperges, cassez la queue des artichauts à environ 3 cm de la base. Éliminez soigneusement la partie fibreuse de l'extérieur en gardant le cœur, délicat et presque blanc. Coupez le quart supérieur des artichauts. Rabattez les feuilles dures et vertes de l'extérieur en les cassant les unes après les autres pour qu'elles se détachent naturellement du fond. Continuez ainsi tout autour de l'artichaut jusqu'à ce que vous dégagiez le cône central de feuilles jaunes avec l'extrémité verte. Retirez ce cône de feuilles et coupez les artichauts en deux dans la hauteur. Avec un couteau à pamplemousse, retirez le foin. Puis, avec une mandoline ou un couteau bien aiguisé, détaillez les demi-artichauts ainsi préparés en fines lamelles. Mettez-les au fur et à mesure dans le mélange de jus de citron et de sel. (Cette préparation peut se faire 2 heures à l'avance. Réservez les artichauts ainsi préparés à couvert à température ambiante.)

6. Remplissez d'eau glacée un grand saladier.

7. Versez 8 litres d'eau dans une grande marmite à pâtes équipée d'une passoire et faites-la bouillir sur feu vif. Ajoutez le gros sel et les carrés de pâte, en les remuant pour les empêcher de coller entre eux. Faites-les cuire pendant 2 minutes seulement jusqu'à ce qu'ils soient souples. Égouttez-les et plongez-les dans l'eau glacée pour stopper la cuisson et les empêcher de coller. Égouttez-les et épongez-les.

8. Posez un carré de pâte sur le plan de travail. Étalez 2 cuillerées à café de la farce au fromage le long d'un côté. Enroulez le carré de pâte sur lui-même et posez-le dans le plat à gratin, côté plié dessous. Continuez à préparer les autres cannellonis de la même façon jusqu'à épuisement des ingrédients. Rangez tous les cannellonis dans le plat côte à côte sur une seule couche et poudrez-les de parmesan.

9. Couvrez de papier d'aluminium, enfournez à mi-hauteur et faites cuire pendant 20 minutes environ jusqu'à ce que le

fromage grésille. Déposez les cannellonis sur les assiettes de service chaudes (quatre par assiette) et garnissez avec les lamelles d'artichaut. Parsemez de fines herbes fraîches et servez aussitôt.

**242 calories par personne ❧ 8 g de lipides ❧
14 g de protéines ❧ 31 g de glucides**

Suggestion de vin

Ce jour-là, nous avons dégusté un montlouis, 100% chenin blanc, du Domaine Chandon, qui se révéla le compagnon idéal de ce plat moderne imaginé par Michel Troisgros. Sec, mais avec un goût de bonbon bien frais, il a escorté tout le menu avec brio. Un autre montlouis digne d'éloges vient du Clos du Breuil, où travaille François Chidaine. C'est un vin minéral, frais et bien sec.

Artichaut est un terme d'argot pour désigner un portefeuille : on y prend les billets un par un, comme les feuilles de l'artichaut. Par dérivation, artiche veut dire argent.

Pennes aux fèves

Tout en touches vertes, ce plat de pâtes chaleureux réunit plusieurs de mes ingrédients préférés : les fèves, les pâtes, le basilic et le parmesan. Si vous n'avez pas beaucoup de temps, prenez des fèves surgelées, ce qui vous évite une bonne partie du travail. Comme c'est un plat assez riche et dense, je le sers en petites portions.

Pour 8 personnes
Matériel : une marmite à pâtes de 10 litres avec sa passoire ;
8 assiettes creuses bien chaudes.

- 4 cuillerées à soupe de sauce basilic légère (p. 292)
- 7 cuillerées à soupe de gros sel de mer
- 1 kilo de fèves dans leurs gousses
- 500 g de pennes de fabrication italienne
- 100 g de parmesan fraîchement râpé

1. Écossez les fèves. Versez la sauce basilic dans un grand saladier.
2. Versez 8 litres d'eau dans une grande marmite équipée d'une passoire et faites bouillir sur feu vif. Ajoutez 3 cuillerées à soupe de gros sel et les fèves. Faites-les cuire à gros bouillons pendant 3 minutes. Pour voir si elles sont cuites, égouttez-en une et passez-la sous l'eau froide. Fendez la peau avec l'ongle et faites sortir la graine en pinçant la peau. Si la graine sort facilement en glissant, les fèves sont cuites. Retirez la marmite du feu, égouttez les fèves et rafraîchissez-les pendant 1 à 2 minutes sous le robinet d'eau froide. Dérobez-les (retirez la peau) et mettez-les dans le saladier avec la sauce basilic.
3. Versez à nouveau 8 litres d'eau dans la marmite rincée et portez à ébullition sur feu vif. Ajoutez le reste de gros sel et les pâtes ; remuez avec une grande cuiller en bois pour les empêcher de coller. Faites-les cuire pendant 11 minutes environ jusqu'à ce qu'elles soient *al dente*. Retirez la marmite du feu, égouttez les pâtes en secouant la passoire dans l'évier. Versez-les aussitôt dans le saladier avec les fèves en sauce au basilic. Mélangez intimement pour bien enrober les pâtes. Ajoutez le parmesan et mélangez à nouveau. Répartissez dans des assiettes chaudes et servez aussitôt.

465 calories par personne ❋ 9 g de lipides ❋
22 g de protéines ❋ 76 g de glucides

Spaghettis aux olives vertes
et à la menthe

Si vous avez la chance d'avoir de la menthe fraîche sous la main, n'hésitez pas à en faire usage, sinon, choisissez une menthe sèche de bonne qualité, qui dégage des arômes envahissants. La touche d'ail cru éveille l'appétit et les olives vertes ajoutent une légère touche d'acidité.

Pour 6 personnes
Matériel : un robot ménager ou un mixeur ; une marmite à pâtes de 10 litres avec sa passoire ; 4 assiettes creuses bien chaudes.

- 200 g d'olives vertes dénoyautées
- 2 belles gousses d'ail pelées, coupées en deux et dégermées
- 1 bouquet de menthe fraîche (moitié moins si elle est sèche)
- 8 cuillerées à soupe d'huile d'olive vierge extra
- 80 g de parmesan fraîchement râpé
- poivre noir au moulin
- 4 cuillerées à soupe de gros sel de mer
- 500 g de spaghettis de fabrication italienne

1. Réunissez dans le bol mélangeur d'un robot les olives, l'ail, la menthe, l'huile et la moitié du parmesan. Actionnez l'appareil rapidement pour obtenir une purée à la texture grossière. Poivrez. Versez cette sauce dans un plat creux assez grand pour contenir les pâtes et les mélanger. Réservez.
2. Versez 8 litres d'eau dans une grande marmite équipée d'une passoire et portez à ébullition sur feu vif. Ajoutez le gros sel et les pâtes. Remuez pour les empêcher de coller et faites cuire à gros bouillons pendant 6 minutes environ jusqu'à ce qu'elles soient *al dente*. Retirez la marmite du feu, puis égouttez les spaghettis en secouant la passoire. Versez-les aussitôt dans le plat creux et mélangez avec la sauce. Ajoutez le reste de parmesan et mélangez à nouveau. Poivrez généreusement, goûtez et rectifiez l'assaisonnement. Répartissez dans des assiettes creuses et servez aussitôt.

**472 calories par personne ❊ 19 g de lipides ❊
15 g de protéines ❊ 61 g de glucides**

Suggestion de vin

Le mariage de l'ail et de la menthe m'incite toujours
à chosir un vin blanc. Essayez par exemple le mâcon,
cuvée Clos du Four, du Comte Lafon. Il est net, frais,
avec une touche de chêne et une agréable minéralité.

Risotto aux petits pois
et à la menthe

À mes yeux, la couleur compte beaucoup dans l'assiette. Elle
met en appétit, elle rehausse la table, elle vous rend tout simplement heureux de partager un bon moment. Dans ce plat,
j'aime le contraste de blanc et de vert, ainsi que la surprise que
provoque la menthe, dont la teinte se dissimule avec celle des
petits pois. Lorsque j'ai servi ce plat à mon mari Walter pour la
première fois, il déclara : « J'adore littéralement les petits pois. »
Nous étions mariés depuis vingt-sept ans et jusqu'alors j'ignorais
complètement sa passion pour ce légume !

Pour 4 personnes
Matériel : une marmite à pâtes de 5 litres avec sa passoire ;
2 grandes casseroles, dont une avec couvercle ; 4 assiettes creuses
bien chaudes.

- 3 cuillerées à soupe de gros sel de mer
- 1,5 kilo de petits pois frais en gousses
- 1 bouquet de menthe fraîche
- 1,2 litre de bouillon de volaille maison (p. 287)
- 1 cuillerée à soupe d'huile d'olive
- 1 gousse d'ail pelée, coupée en deux et dégermée

- 1 échalote pelée et finement ciselée
- sel de mer fin
- 300 g de riz arborio spécial pour le risotto
- 100 g de parmesan fraîchement râpé

1. Écossez les petits pois et ciselez les feuilles du bouquet de menthe. Versez 3 litres d'eau dans une grande marmite et portez à ébullition sur feu vif. Ajoutez le gros sel et les petits pois, laissez-les cuire à gros bouillons pendant 1 minute, pour qu'ils restent croquants et bien verts. Égouttez-les aussitôt, rafraîchissez-les à l'eau froide pour stopper la cuisson et les garder très verts. Égouttez-les à nouveau et réservez.

2. Versez le bouillon dans une casserole et faites-le chauffer ; gardez-le sur feu modéré, avec des légers frémissements, pendant la préparation du risotto.

3. Réunissez dans une autre casserole l'huile d'olive, la gousse d'ail coupée en deux, l'échalote et le sel. Faites chauffer sur feu doux à couvert pendant 3 à 4 minutes jusqu'à ce que les ingrédients soient bien attendris, sans les laisser roussir. Retirez l'ail et jetez-le. Ajoutez le riz et remuez avec une cuiller en bois pour bien enrober les grains d'huile, pendant 1 à 2 minutes. (Cette étape est importante pour la réussite du risotto : la chaleur et la matière grasse favorisent la séparation des grains de riz, ce qui permet en fin de cuisson d'obtenir une consistance crémeuse.)

4. Lorsque le riz devient translucide, ajoutez une louche de bouillon. Faites cuire en remuant sans arrêt pendant 1 à 2 minutes jusqu'à ce que le riz ait absorbé presque tout le liquide. Versez encore une louche de bouillon et remuez régulièrement jusqu'à absorption. Réglez la chaleur pour maintenir des frémissements réguliers. Le riz doit cuire doucement et toujours être recouvert par une petite couche de liquide. Continuez à ajouter des louches de bouillon en remuant souvent. Goûtez régulièrement jusqu'à ce que le riz soit tendre, encore un peu *al dente*, pendant 17 minutes au total. Le risotto doit avoir en fin de cuisson une consistance crémeuse.

5. Retirez la casserole du feu et incorporez le fromage râpé, les petits pois et la moitié de la menthe. Goûtez et rectifiez

l'assaisonnement. Répartissez le risotto dans des assiettes creuses et garnissez avec le reste de menthe fraîche. Servez aussitôt.

**475 calories par personne ❊ 8 g de lipides ❊
18 g de protéines ❊ 79 g de glucides**

Bon à savoir : voilà le type même de recette idéale qui permet de confectionner un plat le soir en rentrant du travail, sans avoir besoin de faire des courses à l'avance, à condition de prendre ses précautions.

Suggestion de vin

Même si nous consommons des petits pois tout au long de l'année, j'ai toujours à l'esprit leur fraîcheur printanière que j'aime associer avec un vin blanc frais et léger comme le sauvignon. Essayez un sancerre du Val de Loire, celui du Domaine Sautereau par exemple, vieilli dans des fûts en inox, qui peut en même temps servir parfaitement d'apéritif. Une simple gorgée suffit à vous mettre en appétit, tandis que son fruité se marie très bien au tandem menthe-petits pois.

Histoire : le roi Louis XIV avait une véritable passion pour les petits pois. Dès qu'ils furent introduits en France en provenance d'Italie en 1660, les petits pois devinrent très en vogue à la cour de France. La mode élitiste d'en manger en grandes quantités dura plus de trente ans. Dans une lettre datée du 16 mai 1696, Mme de Maintenon, la seconde épouse du roi, écrit : « Le chapitre des pois dure toujours, l'impatience d'en manger, le plaisir d'en avoir mangé et la joie d'en manger encore sont les trois points que nos princes traitent depuis quatre jours. »

Risotto au potiron et à la sauge

Un beau feu dans la cheminée, une gorgée de vin blanc bien sec et ce beau plat d'automne : je n'ai pas besoin d'autre chose pour me mettre de bonne humeur quand le temps est mauvais. Il suffit de le regarder pour se laisser séduire : la blancheur d'albâtre du riz, l'orange lumineux du potiron et les touches aromatiques des feuilles de sauge vertes. Lorsque je prépare un risotto, je m'installe sur une chaise devant la cuisinière pour le faire cuire en remuant régulièrement, avec un verre de vin blanc à portée de main.

Pour 4 personnes
Matériel : une casserole moyenne avec un couvercle ; 2 grandes casseroles dont une avec couvercle ; 4 assiettes creuses bien chaudes.

Pour le potiron
- 1 cuillerée à soupe d'huile d'olive vierge extra
- 1 échalote pelée et finement émincée
- sel de mer fin
- 500 g de chair de potiron pelé, coupé en cubes de 1 cm de côté
- 8 feuilles de sauge fraîche finement ciselées
- 50 cl de bouillon de volaille maison (p. 287)

Pour le riz
- 1,2 litre de bouillon de volaille maison (p. 287)
- 1 cuillerée à soupe de graisse d'oie ou de beurre
- 1 gousse d'ail pelée, coupée en deux et dégermée
- 1 échalote pelée et finement émincée
- sel de mer fin
- 300 g de riz arborio spécial pour risotto
- 100 g de parmesan fraîchement râpé

- un morceau de parmesan à râper pour garnir
- poivre blanc au moulin
- huile de pistache (facultatif)

1. Réunissez dans une casserole l'huile, l'échalote et le sel ; couvrez et faites chauffer sur feu doux pendant 3 à 4 minutes jusqu'à ce que l'échalote soit bien tendre, sans laisser roussir. Ajoutez les dés de potiron, la moitié de la sauge et 50 cl de bouillon. Couvrez et laissez mijoter pendant 10 minutes jusqu'à ce que le potiron soit cuit mais encore un peu ferme.

2. Versez 1,2 litre de bouillon dans une grande casserole et faites-le chauffer en le gardant frémissant pendant la préparation du risotto.

3. Faites fondre la graisse d'oie ou le beurre dans une autre grande casserole. Ajoutez l'ail, l'échalote et laissez cuire à couvert pendant 3 à 4 minutes sur feu doux jusqu'à ce que les ingrédients soient bien tendres, sans les laisser roussir. Retirez l'ail et jetez-le. Versez le riz et remuez avec une cuiller en bois pour bien enrober les grains de matière grasse. (Cette étape est importante pour la réussite d'un bon risotto : la chaleur et le gras favorisent la séparation des grains pour donner en fin de cuisson une consistance crémeuse.)

4. Lorsque le riz devient translucide et bien brillant, versez une louche de bouillon chaud. Faites cuire en remuant sans arrêt pendant 1 à 2 minutes jusqu'à ce que le riz ait absorbé presque tout le liquide. Versez une autre louche de bouillon et remuez régulièrement jusqu'à absorption complète. Réglez le feu pour maintenir des frémissements réguliers. Le riz doit cuire doucement et toujours être recouvert d'une petite couche de liquide. Continuez à ajouter du bouillon en remuant souvent et en goûtant de temps en temps jusqu'à ce que le riz soit presque tendre mais encore un peu croquant, pendant 17 minutes en tout. Le risotto cuit doit avoir une consistance crémeuse.

5. Retirez la casserole du feu, puis incorporez le parmesan râpé et le potiron cuit bien égoutté. Goûtez et rectifiez l'assaisonnement. Répartissez le risotto dans des assiettes creuses, garnissez avec des copeaux de parmesan et le reste de la sauge ciselée. Donnez un tour de moulin à

poivre et arrosez si vous le désirez avec un petit filet d'huile de pistache. Servez aussitôt.

430 calories par personne ❧ **10 g de lipides** ❧
14 g de protéines ❧ **73 g de glucides**

Bon à savoir : pour préparer un potiron ou une courge sans vous blesser, coupez 1 centimètre à la base pour qu'il puisse se poser sans tomber sur le plan de travail. Coupez-le ensuite en deux, puis retirez et jetez les graines et les parties fibreuses. Pour éliminer la peau, je me sers d'un couteau économe robuste.

Suggestion de vin

Avec ce plat, j'aime bien un vin blanc sec et léger. Si vous voulez vous faire un petit plaisir, choisissez un riesling de Zind-Humbrecht, Herrenwag de Turckheim. C'est un vin d'une grande richesse minérale, vieilli dans des fûts en inox, de sorte que le bois ne vient pas masquer le caractère du vin. Il est également dense, profond, souple et étoffé et se marie parfaitement avec cet élégant risotto.

Pois chiches, champignons, tomates et artichauts au four

Voici l'un de nos plats préférés en hiver pour dîner pendant le week-end : rapide à préparer, chaleureux à déguster avec un vin rouge léger, confortablement installé devant le feu. Complétez le tout avec quelques tranches de pain complet grillées et une bonne salade verte : que demander de mieux ?

Pour 4 personnes
Matériel : une petite poêle ; un moulin à épices ; un plat à gratin de 1 litre de contenance.

- 2 cuillerées à café de graines de cumin
- 400 g de pois chiches en boîte, égouttés et rincés
- 400 g de cœurs d'artichauts en boîte, bien égouttés
- 200 g de champignons de couche, parés, nettoyés et finement émincés
- 25 cl de sauce aux tomates cuites au four (p. 298)
- sel de mer fin

1. Préchauffez le four à 220 °C.
2. Faites griller le cumin : versez les graines dans une petite poêle et faites chauffer sur feu modéré en secouant la poêle de temps en temps pendant 2 minutes jusqu'à ce que les graines dégagent leur parfum et soient uniformément grillées. Surveillez-les de près, car elles peuvent brûler rapidement. Versez les graines grillées dans une assiette et laissez-les refroidir, puis réduisez-les en poudre fine dans un moulin à épices.
3. Réunissez dans une grande terrine les pois chiches, les artichauts, les champignons, la sauce tomate et le cumin, salez à votre goût et mélangez intimement. Versez ce mélange dans un plat à gratin en lissant le dessus avec le dos d'une cuiller et faites cuire dans le four à mi-hauteur pendant 30 minutes jusqu'à ce que le dessus soit grésillant.

235 calories par personne ❊ 3 g de lipides ❊ 12 g de protéines ❊ 47 g de glucides

Variante : à la place des pois chiches en boîte, prenez des haricots blancs, frais ou en boîte, pour obtenir une sorte de cassoulet végétarien.

Suggestion de vin

Les champignons me font tout de suite penser à un pinot noir : essayez le marsannay du Domaine Bruno Clair, Cuvée Les Longeroies, élégant et raffiné, léger et délicat.

Polenta poêlée

J'adore la simplicité de ce plat et l'intense satisfaction que procurent l'arôme crémeux, la texture satinée et la couleur appétissante d'une polenta faite dans les règles de l'art. Je l'accompagne volontiers d'une sauce aux tomates du jardin (p. 297) avec des épis de maïs à la coriandre (p. 173) et des poivrons rouges et tomates au piment d'Espelette (p. 197).

Pour 8 personnes
Matériel : une grande casserole ; un plat à four rond en verre ou en porcelaine à feu de 25 cm de diamètre ; une grande poêle.

- 75 cl de lait écrémé
- 1 cuillerée à café de sel fin
- ½ cuillerée à café de noix de muscade râpée
- 150 g de farine de maïs à cuisson rapide
- 100 g de parmesan fraîchement râpé
- 1 cuillerée à soupe d'huile d'olive vierge extra

1. Versez le lait dans une grande casserole, ajoutez le sel et la noix de muscade et faites chauffer, en surveillant pour que le lait ne déborde pas. Lorsqu'il se met à frémir, versez la farine de maïs en pluie et remuez sans arrêt avec une cuiller en bois pendant 2 minutes jusqu'à ce que la polenta devienne épaisse et se détache des parois de la casserole.
2. Retirez la casserole du feu. Incorporez le fromage en remuant intimement, puis versez la polenta dans le plat

rond et lissez le dessus avec le dos d'une cuiller. Laissez
refroidir pendant 5 minutes.
3. Découpez la polenta refroidie en huit portions égales.
Faites chauffer l'huile dans une grande poêle sur feu
modéré. Quand elle est bien chaude, avant qu'elle ne
fume, posez les portions de polenta dedans et faites-les
réchauffer en les retournant, pendant 1 minute de chaque
côté. Pour servir, déposez une tranche de polenta bien
chaude sur l'assiette, avec à côté la garniture de votre
choix.

**162 calories par portion ❋ 6 g de lipides ❋
9 g de protéines ❋ 18 g de glucides**

Suggestion de vin

Ce plat appartient à toutes les saisons, été comme
hiver, et sa simplicité demande un vin sans prétention. Notre propre Clos Chanteduc, un côtes-du-rhône
rouge (assemblage de grenache, syrah et mourvèdre),
est parfait, mais vous pouvez aussi choisir un blanc,
comme le Vin de pays de la Principauté d'Orange
(100 % viognier).

Taboulé aux épinards

En été, nous avons l'habitude de recevoir beaucoup d'amis et
nous dînons toujours dehors. J'aime avoir sous la main une vaste
gamme de plats, jusqu'à une douzaine de salades et de légumes
différents, que je propose avec un beau poulet rôti dans le four
à pain. Cette salade de taboulé est l'une de mes préférées : les
couleurs sont vives, les saveurs prononcées et s'il y a des restes,
ils sont encore délicieux le lendemain.

Pour 12 personnes
Matériel : un robot ménager ou un mixeur.

- 150 g de semoule de couscous précuite
- 1 cuillerée à café de sel de mer
- 33 cl d'eau du robinet, la plus chaude possible
- 1 cuillerée à soupe de jus de citron fraîchement pressé
- 1 bouquet de persil plat
- 1 cuillerée à soupe d'huile d'olive vierge extra
- 3 oignons nouveaux (ou 6 ciboules), pelés et finement émincés
- 150 g de jeunes feuilles d'épinards, lavées, équeutées et taillées en chiffonnade
- 3 cuillerées à soupe de sauce crème au citron et à la ciboulette (p. 291)

1. Réunissez dans une terrine la semoule et le sel, mélangez intimement avec une fourchette, puis versez l'eau et remuez les grains pour les empêcher de coller. Mettez de côté ; remuez de temps en temps avec la fourchette jusqu'à ce que la semoule ait absorbé tout le liquide, ce qui prend environ 3 minutes.
2. Ciselez finement les feuilles du bouquet de persil, mettez-les dans le bol mélangeur d'un robot avec le jus de citron et l'huile d'olive, mixez jusqu'à ce que le persil soit finement haché. Incorporez ce mélange avec les oignons à la semoule. (Vous pouvez préparer le taboulé jusqu'à cette étape 8 heures à l'avance et le conserver dans le réfrigérateur.)
3. Au moment de servir, assaisonnez la chiffonnade d'épinards avec la sauce au citron et à la ciboulette, puis incorporez le tout dans la taboulé et mélangez délicatement avant de servir.

**77 calories par personne ❧ 1 g de lipides ❧
3 g de protéines ❧ 14 g de glucides**

Un jardin de curé

On l'appelle aussi jardin de simples : c'est un petit enclos où l'on cultive des légumes et des aromates, par référence aux jardins que les curés à la campagne entretenaient à côté du presbytère pour leur usage personnel. L'idée de ces jardins de curé remonte en fait à l'époque de Charlemagne, lorsqu'il avait fait promulguer une liste de plantes et de légumes qu'il désirait voir cultiver dans son empire. Depuis le Moyen Âge, le jardin de curé réunit à la fois des plantes comestibles et médicinales, mais aussi des fleurs pour orner l'autel. Il était formé de plates-bandes disposées en forme de croix. Parmi les plantes cultivées, on trouvait de la bourrache, du fenouil, de la marjolaine, du persil et des œillets, avec en général des bordures en buis, en houx ou en santoline. Quelles que soient les plantes qui poussent dans un jardin de curé, il doit donner une impression d'abondance, de mystère et de surprise, tout en évoquant les plaisir simples de la vie de tous les jours.

Pois chiches et aubergines au cumin, sauce tomate

Ce ragoût de légumes est d'autant plus précieux qu'il peut accompagner pratiquement tous les plats quelle que soit la saison. Proposez-le par exemple avec une viande ou une volaille grillée ou encore sur un buffet estival avec divers légumes et salades. J'aime beaucoup le contraste de couleurs qu'il présente : le beige pâle des pois chiches, le violet noir des aubergines et le rouge des tomates, mais aussi les textures qu'il fait découvrir, du fondant au croquant en passant par le moelleux.

Pour 6 personnes
Matériel : une plaque à pâtisserie antiadhésive ; une petite poêle ; un moulin à épices.

- 1 aubergine allongée de 125 g environ, lavée et essuyée
- 400 g de de pois chiches en boîte égouttés et rincés
- 25 cl de sauce aux tomates cuites au four (p. 298)
- 2 cuillerées à café de cumin

1. Préchauffez le four à 250 °C.
2. Coupez le pédoncule de l'aubergine. Coupez-la en quatre tranches égales dans le sens de la longueur, de 1 cm d'épaisseur chacune. Posez-les, face coupée dessous, sur la plaque à pâtisserie, enfournez à mi-hauteur sur une grille et faites rôtir, en les retournant de temps en temps, pendant 10 minutes environ, jusqu'à ce qu'elles soient tendres à cœur.
3. Sortez-les du four et laissez-les refroidir. Une fois refroidies, coupez-les transversalement en languettes de 2,5 cm. Réservez.
4. Faites griller le cumin : versez les graines dans une petite poêle et faites chauffer sur feu modéré en secouant la poêle de temps en temps pendant environ 2 minutes, jusqu'à ce que les graines dégagent leur parfum et soient uniformément grillées. Surveillez-les de près car elles brûlent facilement. Versez-les dans une assiette et laissez-les refroidir, puis réduisez-les en poudre fine dans un moulin à épices.
5. Réunissez dans une terrine les aubergines, les pois chiches et la sauce tomate. Mélangez intimement. Ajoutez le cumin et mélangez à nouveau. Servez à température ambiante ou bien frais, après avoir fait reposer dans le réfrigérateur (jusqu'à 2 jours à l'avance dans un récipient hermétique).

186 calories par personne ⚘ 2 g de lipides ⚘ 8 g de protéines ⚘ 36 g de glucides

Méli-mélo de graines et céréales

J'appelle ce mélange : mes bonnes graines, car c'est un assemblage de graines et de céréales diététiquement parfait et idéalement nourrissant. En plus, il est magnifique dans l'assiette ! Je prépare ce plat tout au long de l'année, je le sers chaud en hiver avec une volaille ou un poisson grillé et à température ambiante en été, comme salade, assaisonné de sauce crème au citron et à la ciboulette (p. 291).

Pour 6 personnes
Matériel : une petite poêle ; une passoire fine ; une casserole de 1 litre.

- 70 g de quinoa
- 70 g d'épeautre précuit
- 50 g de riz brun précuit
- 70 g de millet
- 2 cuillerées à soupe de graines de sésame
- 75 cl de bouillon de volaille maison (p. 287)
- 2 feuilles de laurier, fraîches de préférence
- ½ cuillerée à café de sel fin

1. Dans une petite poêle sur feu moyen, faites griller les graines de quinoa à sec en les remuant régulièrement pendant 3 à 5 minutes jusqu'à ce qu'elles dégagent leur parfum et deviennent croustillantes. Versez-les dans une passoire fine et rincez-les abondamment.

2. Réunissez dans une casserole le quinoa, l'épeautre, le riz et le millet, les graines de sésame et les feuilles de laurier. Versez le bouillon et mélangez, portez à ébullition sur feu vif, puis baissez aussitôt le feu et laissez cuire à couvert sur feu doux jusqu'à absorption complète du liquide, environ 20 minutes ; les grains doivent être tendres et bien séparés les uns des autres. Laissez reposer à couvert pendant au moins 5 minutes avant de servir. Retirez les feuilles de laurier et jetez-les. Goûtez et rectifiez l'assaisonnement. Servez chaud ou à température ambiante.

**161 calories par personne ❋ 3 g de lipides ❋
9 g de protéines ❋ 24 g de glucides**

LES LÉGUMES

LES LÉGUMES

Artichauts grillés à l'aïoli

Élégance, délices et beauté : ce raffinement de printemps fera aussi bien une entrée qu'une garniture. Un peu d'imagination pour la sauce d'accompagnement : à la place de l'aïoli classique, parfaitement à sa place ici, vous pouvez très bien choisir une mayonnaise relevée de zeste de citron.

Pour 4 personnes
Matériel : un cuit-vapeur.

- 4 gros artichauts
- huile pour la grille de cuisson du barbecue
- 4 citrons coupés en deux
- 2 cuillerées à café d'huile de pistache (ou de noix, de noisette ou d'olive vierge extra)
- fleur de sel
- aïoli (p. 296)

1. Coupez et pelez la queue de chaque artichaut. Versez 75 cl d'eau dans la partie basse d'un cuit-vapeur et portez à la limite de l'ébullition. Posez sur la grille de cuisson les artichauts avec leurs queues et mettez la grille en place au-dessus de l'eau frémissante, couvrez et faites cuire à la vapeur pendant 30 minutes jusqu'à ce que les artichauts soient tendres. (Vous pouvez vérifier le degré de cuisson d'un artichaut en tirant sur une feuille : elle doit venir toute seule sans effort ; les queues doivent se percer facilement avec la pointe d'un couteau.) Coupez chaque artichaut en deux dans le sens de la hauteur, puis retirez le foin avec une petite cuiller. Fendez aussi les queues en deux.
2. Faites chauffer les braises d'un barbecue ; étalez les braises en une seule couche quand elles sont bien rouges et recouvertes d'une fine pellicule de cendre.
3. Huilez légèrement la grille du barbecue et placez-la à 7 ou 8 cm au-dessus des braises ; laissez-la chauffer pendant quelques minutes. Rangez les artichauts sur la grille chaude, ainsi que les queues et les demi-citrons, face coupée des-

sous. Laissez-les griller pendant 2 à 3 minutes, juste pour les faire dorer et les marquer légèrement de stries brunes.
4. Avec des pincettes, prenez les artichauts et déposez-les sur des assiettes de service, face grillée dessus, avec également les queues. Arrosez aussitôt d'huile de pistache et ajoutez une pincée de fleur de sel ; posez à côté un demi-citron grillé et arrosez l'artichaut avec le jus de l'autre moitié de citron. Placez un saladier au milieu de la table pour réunir les feuilles. Proposez en même temps l'aïoli dans un bol et n'oubliez pas les rince-doigts ou les petites serviettes humides pour s'essuyer les doigts.

**52 calories par personne ❋ 1 g de lipides ❋
3 g de protéines ❋ 13 g de glucides**

Asperges vertes au jambon fumé

Voilà le genre de plat qui peut suffire pour un repas. Les pointes d'asperges vertes cuisent très rapidement dans un peu d'huile, avec du sel, du romarin et du laurier. Elles sont ensuite bien égouttées et enveloppées dans des tranches de jambon, puis rapidement revenues à la poêle pour être servies juste croustillantes et bien chaudes, avec une délicieuse saveur fumée.

Pour 4 personnes
Matériel : une grande poêle à rebords avec un couvercle.

- 2 cuillerées à soupe d'huile d'olive vierge extra
- 16 asperges vertes assez minces (500 g environ), lavées et parées
- 1 cuillerée à café de gros sel de mer
- 50 g de gruyère râpé
- 16 fines tranches de jambon fumé

1. Déposez les asperges dans une poêle assez grande pour les contenir toutes sur une seule couche, ajoutez l'huile et le sel. Ajoutez quelques cuillerées à soupe d'eau froide et

couvrez. Faites cuire sur feu vif jusqu'à ce que le mélange d'huile et d'eau commence à bouillonner. Baissez le feu et poursuivez la cuisson pendant 8 à 10 minutes sur feu moyen en retournant les asperges de temps en temps jusqu'à ce qu'elles commencent à dorer.

2. Posez les asperges braisées sur un plat, poudrez-les de fromage et roulez-les dedans, puis enveloppez chaque asperge dans une tranche de jambon ; maintenez-les en place avec un pique-olive.

3. Remettez les asperges dans la poêle et faites-les cuire pendant encore 2 minutes jusqu'à ce que le jambon devienne croustillant, en retournant les asperges une ou deux fois.

252 calories par personne ❋ 14 g de lipides ❋ 26 g de protéines ❋ 5 g de glucides

---

Les asperges et le vin

Longtemps l'idée est restée bien ancrée en gastronomie que le vin et les asperges n'allaient pas ensemble, car l'acidité du premier altérait le parfum des secondes. Voici un choix de plusieurs vins qui se marient bien avec les asperges, proposé par les Caves Taillevent à Paris : un chardonnay, comme le bourgogne aligoté ou un petit chablis, ou encore un sauvignon blanc comme le menetou-salon.

Asperges braisées au romarin

Si vous cherchez à tirer le meilleur parti des asperges, essayez la méthode du braisé, qui n'est pas la plus courante en la matière, mais qui fait ressortir avec bonheur les saveurs minérales et herbacées de ce splendide légume. En réalité, j'ai inventé ce plat à Paris un dimanche de printemps. Je revenais juste du marché et j'ai fait braiser mes asperges à l'huile dans une grande cocotte en fonte. Il suffisait ensuite de les garnir de romarin et de basilic. Croyez-moi : elles ne demandent vraiment rien d'autre pour vous régaler !

Pour 4 personnes
Matériel : une grande poêle à rebords avec un couvercle.

- 16 belles asperges vertes ou blanches (1 kilo environ)
- 1 cuillerée à soupe d'huile d'olive vierge extra
- 1 cuillerée à café de gros sel de mer
- quelques brins de romarin frais
- quelques feuilles de laurier, fraîches de préférence

Lavez les asperges rapidement et coupez la base de la tige trop fibreuse, pelez-les éventuellement si elles sont blanches. Déposez-les dans une poêle assez grande pour les accueillir toutes sur une seule couche ; ajoutez l'huile, le sel, le romarin et le laurier. Ajoutez quelques cuillerées à soupe d'eau froide et couvrez. Faites chauffer sur feu vif jusqu'à ce que le mélange commence à bouillonner. Baissez le feu et poursuivez la cuisson sur feu moyen pendant 8 à 10 minutes jusqu'à ce que les asperges commencent à dorer par endroits, en les retournant de temps en temps. (Le temps de cuisson exact varie selon la grosseur des asperges.) Servez-les aussitôt cuites, bien égouttées.

68 calories par personne ❧ 4 g de lipides ❧
3 g de protéines ❧ 8 g de glucides

Suggestion de vin

Servez un chardonnay, comme le mâcon-mully-lamartine Clos du Four du Domaine Les Héritiers des Comtes Lafon.

Folklore : si vous avez mal aux dents, frottez la dent douloureuse et la gencive avec une asperge, et vous serez guéri !

Histoire : les Romains consommaient déjà des asperges et c'était un mets de luxe, que l'on retrouve à la Renaissance sur la table des grands lors des repas de fête. On attribue aux Arabes leur introduction en Espagne ; de là, elles gagnèrent la France.

Asperges au four, vinaigrette à l'échalote

Faire rôtir des asperges vertes au four est une autre excellente méthode pour tirer parti de leur saveur intense si particulière. Dans cette recette, une vinaigrette à l'échalote adoucit leur parfum et les enrobe d'une sauce moelleuse pendant leur cuisson. Une fois rôties, les asperges sont servies sur un lit de roquette au goût un peu piquant, assaisonnée de la même vinaigrette. Quelques copeaux de parmesan ajoutent leur touche finale à ce plat.

Pour 4 personnes
Matériel : une plaque de four dotée de rainures sur les côtés.

- 500 g environ de fines asperges vertes
- 4 cuillerées à soupe de vinaigrette à l'échalote (p. 292)
- gros sel de mer
- 130 g environ de roquette fraîche
- 4 cuillerées à soupe de ciboulette finement ciselée
- 30 g environ de copeaux de parmesan (une douzaine environ)
- fleur de sel

1. Préchauffez le four à 230 °C.
2. Lavez les asperges et coupez la base de la queue un peu dure. Rangez-les ensuite sur la plaque à rôtir en formant une seule couche. Arrosez-les avec un peu de vinaigrette et poudrez-les de gros sel. Roulez les asperges dans cet assaisonnement pour bien les enrober. Ajoutez 2 cuillerées à soupe d'eau.
3. Placez la plaque ainsi garnie dans le four et faites rôtir les asperges pendant environ 12 minutes jusqu'à ce qu'elles soient cuites, mais encore un peu fermes et légèrement dorées sur les pointes.
4. Pendant ce temps, mélangez la roquette et la ciboulette dans un saladier, ajoutez le reste de vinaigrette et remuez pour bien enrober la verdure. Répartissez-la sur des assiettes individuelles. Lorsque les asperges sont cuites, disposez-les sur la roquette, parsemez les copeaux de parmesan en décor sur le dessus et ajoutez une pincée de fleur de sel. Servez aussitôt.

103 calories par personne ❧ 7 g de lipides ❧
7 g de protéines ❧ 7 g de glucides

L'asperge inspire d'aimables pensées.

Charles Lamb, essayiste anglais (1775-1834).

Histoire : Louis XIV avait une telle passion pour les asperges que son jardinier réussit à les faire pousser dans ses serres royales tout au long de l'année

Haricots verts à la sarriette

Les jeunes haricots verts extra-fins tout tendres et la sarriette fraîche forment un accord parfait de la cuisine provençale. La saveur prononcée, légèrement mentholée, de cet aromate constitue le meilleur accompagnement possible pour les haricots verts doux et fondants. Proposez ce plat comme garniture ou comme entrée, mais il faut le servir tout chaud, pour mieux faire ressortir le piquant de la sarriette.

Pour 6 personnes
Matériel : une marmite à pâtes de 10 litres avec sa passoire ; une grande poêle à rebord.

* 4 cuillerées à soupe de gros sel de mer
* 500 g de haricots verts frais, effilés
* 1 cuillerée à soupe de feuilles de sarriette fraîche finement hachées
* 2 cuillerées à soupe de beurre

1. Remplissez d'eau glacée une grande terrine.
2. Versez 8 litres d'eau dans une grande marmite équipée de sa passoire et portez à ébullition sur feu vif. Ajoutez le gros sel et les haricots verts. Faites cuire à gros bouillons pendant 5 minutes jusqu'à ce qu'ils soient encore croquants. (Le temps de cuisson exact varie selon que les haricots sont plus ou moins gros et tendres.) Retirez aussitôt la passoire et les haricots de la marmite, laissez l'eau de cuisson s'écouler, puis plongez le tout dans l'eau glacée pour rafraîchir les haricots le plus vite possible. (Les haricots refroidissent en l'espace de 1 à 2 minutes ; ne les laissez pas plus longtemps, sinon ils vont perdre leur parfum et se ramollir.) Égouttez les haricots et épongez-les dans un torchon épais. (Vous pouvez faire cuire les haricots 4 heures à l'avance ; gardez-les enveloppés dans le torchon dans le bas du réfrigérateur.)
3. Au moment de servir, versez les haricots dans une grande poêle sur feu modéré. Ajoutez la sarriette et le beurre. Mélangez et faites chauffer en remuant pendant 1 à 2 minutes pour bien les enrober. Servez chaud.

**55 calories par personne ❧ 4 g de lipides ❧
1 g de protéines ❧ 5 g de glucides**

La sarriette est une herbe vivace à l'arôme pénétrant, qui évoque à la fois le thym et la menthe. Cette herbe qui pousse en été est utilisée à petites doses dans les salades, les plats à base de fromage et les mélanges de fines herbes. En Provence, on la surnomme aussi l'herbe aux haricots, car c'est un mariage traditionnel entre ces deux plantes. Il existe aussi une autre variété de sarriette qui pousse en hiver dont les feuilles sont plus grandes et plus arrondies.

Les saints de glace et les autres…

Même si l'on enregistre d'une année sur l'autre des changements climatiques parfois très marqués, les jardiniers et les maraîchers restent fidèles à toute une série de proverbes qui obéissent au rythme des saisons et suivent généralement le calendrier de l'Église catholique.

Le jour de la Sainte-Agathe, qui tombe le 5 février, il est d'usage de suivre le dicton : Fais tes poireaux, sème ton oignon, sans réflexion, même dans la glace.

Le jour de la Saint-Didier, le 23 mai, dans les régions de l'est de la France, comme les Vosges, le paysan obéit à cette parole : Qui sème les haricots à la Saint-Didier les arrachera à poignées.

Si les cultivateurs travaillent dans les régions situées plus au sud, ils ont l'habitude de planter les haricots le 3 mai, car : Sème tes haricots à la Sainte-Croix, tu en récolteras plus que pour toi.

En Provence et dans le Sud en général, il existe au mois de mai trois jours critiques, lors desquels la température peu chuter dramatiquement, avec des gelées qui risquent de mettre en péril les premières pousses et les jeunes bourgeons. C'est la période des saints de glace, le 11 mai (fête de la Saint-Mamert), le 12 mai (Saint-Pancrace) et le 13 mai (Saint-Servais). Selon la tradition, lorsqu'il s'agit de planter des légumes un peu fragiles, on attend que soit passée la période des saints de glace pour éviter le risque d'une gelée soudaine.

Choux de Bruxelles
à la crème et aux lardons fumés

Je serais capable de manger du chou au lard tous les jours.
Ce mariage de choux de Bruxelles avec des lardons fumés et de
la crème fraîche est un plat d'hiver idéal, facile à préparer en un
tour de main, qui remplit la cuisine de bonnes odeurs et vous
promet un mélange de saveurs unique.

Pour 4 personnes
Matériel : un cuit-vapeur ; une grande poêle à rebord.

- 500 g de choux de Bruxelles prêts à cuire
- 80 g de petits lardons fumés sans la couenne
- 4 cuillerées à soupe de crème fraîche
- sel de mer
- poivre noir au moulin

1. À l'aide d'un couteau pointu, entaillez les choux de Bruxelles
   en croix à la base, pour les empêcher de se défaire à la cuisson.
2. Versez 1 litre d'eau dans la partie basse d'un cuit-vapeur
   et portez à la limite de l'ébullition. Mettez les choux de
   Bruxelles sur la grille et placez celle-ci au-dessus de l'eau
   frémissante, couvrez et laissez cuire pendant 7 minutes
   environ ; les choux doivent offrir encore une légère résis-
   tance quand on les perce avec un couteau pointu.
3. Pendant la cuisson des choux de Bruxelles, versez les lardons dans une grande poêle et faites-les revenir sur feu
   moyen pendant environ 5 minutes sans ajouter de matière
   grasse jusqu'à ce qu'ils soient dorés et croustillants. Avec
   une écumoire, retirez-les et déposez-les sur plusieurs épaisseurs de papier absorbant pour les égoutter, recouvrez-les
   ensuite d'une autre couche de papier absorbant pour finir
   de les éponger. Réservez.
4. Lorsque les choux de Bruxelles sont cuits, versez-les dans
   la poêle, ajoutez les lardons et la crème fraîche. Faites

réchauffer en remuant pendant environ 2 minutes. Salez et poivrez. Servez aussitôt.

180 calories par personne ❧ 12 g de lipides ❧ 10 g de protéines ❧ 11 g de glucides

Chou à la crème

Ce lit crémeux et léger de chou blanc et croquant peut servir de garniture pour toutes sortes de plats. J'aime bien par exemple le servir en hiver avec du filet de saumon ou de cabillaud cuit à la vapeur.

Pour 4 personnes
Matériel : une râpe ou un robot ménager équipé d'un disque-râpe ; un cuit-vapeur.

- 500 g de chou blanc
- 4 cuillerées à soupe de crème fleurette
- 1 cuillerée à soupe de jus de citron fraîchement pressé
- ¾ de cuillerée à café de sel de mer fin
- poivre noir fraîchement pressé

1. En utilisant le côté gros trous de votre râpe (ou un robot ménager équipé d'un disque à gros trous), émincez finement le chou en éliminant les éventuelles grosses côtes et le trognon.
2. Réunissez la crème, le jus de citron et le sel dans un saladier, poivrez et mélangez. Réservez.
3. Versez 1 litre d'eau dans la partie basse d'un cuit-vapeur et portez à la limite de l'ébullition. Placez le chou émincé sur la grille de cuisson et posez celle-ci au-dessus de l'eau frémissante, couvrez et laissez cuire pendant 7 minutes jusqu'à ce que le chou soit tendre. Ne le laissez pas trop cuire.
4. Avec une écumoire, prélevez délicatement le chou juste cuit et versez-le dans le saladier. Mélangez intimement

pour bien l'enrober avec la sauce. Goûtez et rectifiez l'assaisonnement. Servez chaud.

**61 calories par personne ❧ 3 g de lipides ❧
2 g de protéines ❧ 7 g de glucides**

Maïs à la coriandre

Du beurre, du maïs et de la coriandre : on dirait que ce trio est né pour nous régaler ! Le maïs frais est en effet un ingrédient qui semble tout juste fait pour se marier avec le beurre salé, tandis que le parfum pénétrant de la coriandre répond idéalement à cette association gourmande. Dans cette recette, les grains sont détachés des épis et juste chauffés pour garder leur couleur et leur saveur, leur arôme et leur croquant. Assaisonnez le tout d'une touche de sel au zeste de citron préparé maison et vous obtenez un plat haut en couleur et en saveurs. C'est en plus une recette qu'approuve pleinement mon dentiste, qui m'a plus d'une fois recommandé de ne pas grignoter les grains de maïs sur l'épi !

Pour 6 personnes
Matériel : une grande poêle à rebord.

- 3 beaux épis de maïs frais, sans les feuilles
- 1 cuillerée à soupe de beurre salé
- 4 cuillerées à soupe de pluches de coriandre ciselées
- sel au zeste de citron (p. 302)

Avec un couteau bien aiguisé, détachez les grains des épis de maïs. Faites fondre le beurre dans une grande poêle sur feu modéré, ajoutez les grains de maïs et faites-les cuire pendant 1 minute environ juste pour les réchauffer, en secouant la poêle de temps en temps. Versez-les dans un saladier, ajoutez les pluches de coriandre et assaisonnez avec le sel au zeste de citron. Mélangez et servez.

**56 calories par personne ❉ 2 g de lipides ❉
2 g de protéines ❉ 9 g de glucides**

Bon à savoir : pour ma part, j'adore le parfum de la
coriandre fraîche, mais tout le monde n'est pas de cet avis ;
si vous n'aimez pas la coriandre, remplacez-la facilement par
du persil ou de la ciboulette, pour conserver une appétissante
touche de vert.

Timbales d'aubergines,
tomates et basilic

Voilà le genre de plat que je suis capable de manger au petit
déjeuner, à midi et encore le soir : c'est d'ailleurs ce que j'ai
déjà fait ! Les fines tranches d'aubergine grillées prennent une
saveur délicieusement sucrée et personne ne peut résister au
mariage de l'aubergine et de la tomate avec du basilic et du fromage de chèvre. J'ai également préparé ce plat en remplaçant
les aubergines par des courgettes, avec le même succès.

Pour 4 personnes
Matériel : une plaque à pâtisserie ; du papier sulfurisé ; un pinceau à pâtisserie ; 4 ramequins de 12 cl de contenance environ ;
4 assiettes de service chaudes.

- 1 aubergine bien ferme (200 g environ)
- 1 cuillerée à soupe d'huile d'olive vierge extra
- sel de mer fin
- 12 tomates cerises confites au four (p. 204)
- 24 grandes feuilles de basilic
- 200 g de fromage de chèvre frais
- 2 cuillerées à café d'huile de basilic (p. 305)

1. Préchauffez le gril du four. Placez une grille à 7 ou 8 cm de
   la source de chaleur. Étalez une feuille de papier sulfurisé
   sur une plaque à pâtisserie. Réservez.

2. Détaillez l'aubergine dans le sens de la longueur en 12 tranches très fines. Badigeonnez-les légèrement d'huile d'olive des deux côtés et poudrez-les légèrement de sel. Rangez-les côte à côte sur la plaque à pâtisserie.
3. Glissez la plaque sur la grille et faites cuire les tranches d'aubergine pendant 2 minutes de chaque côté jusqu'à ce qu'elles commencent à caraméliser sur les bords. Sortez-les du four. (N'éteignez pas le gril.)
4. Tapissez chaque ramequin avec trois tranches d'aubergine grillées en les laissant déborder largement sur le pourtour. Ajoutez par-dessus 3 tomates cerises confites par ramequin. Recouvrez-les avec 2 feuilles de basilic, puis ajoutez 50 g de fromage de chèvre frais. Posez dessus encore 2 feuilles de basilic en pressant légèrement pour obtenir des timbales bien compactes. Rabattez les tranches d'aubergine par-dessus en pressant encore une fois. (Les timbales peuvent être préparées jusqu'à cette étape environ 4 heures à l'avance ; gardez-les à température ambiante.)
5. Retirez et jetez le papier sulfurisé étalé sur la plaque à pâtisserie. Posez les ramequins sur la plaque et glissez celle-ci sous le gril ; faites cuire pendant environ 2 minutes jusqu'à ce qu'ils soient bien chauds. Sortez-les du four. Démoulez-les en les retournant sur des assiettes chaudes. Garnissez avec 2 feuilles de basilic frais et arrosez d'un petit filet d'huile de basilic. Servez aussitôt.

**120 calories par personne ❊ 9 g de lipides ❊
4 g de protéines ❊ 6 g de glucides**

Histoire : au xviie siècle, l'aubergine à la couleur pourpre éveilla la curiosité du roi Louis XIV qui demanda à son jardinier de cultiver la *beringere*, comme on l'appelait alors par son nom espagnol. Or le jardinier nota à ce propos : « Nous la cultivons par simple curiosité. » Dans un catalogue de graines datant de 1760, elle est encore vendue dans la rubrique des plantes d'ornement. Sa forme étrange, qui évoque celle d'une poule en train de pondre, est à l'origine de son nom en anglais : la plante-œuf (*eggplant*). On l'utilisait d'ailleurs pour orner des coupes et des corbeilles de fruits. Vers 1800 pourtant, elle était cultivée comme légume comestible dans le sud de la France, où elle ne tarda pas à se répandre. En 1809, un livre intitulé *Le Bon Jardinier* mentionne les emplois de l'aubergine au chapitre des desserts, en précisant : « C'est une fantaisie culinaire » ! Vers 1825, l'aubergine fit son apparition sur les marchés parisiens et commença à apparaître dans les livres de cuisine.

Daube d'aubergines

Mon mari Walter est toujours en train de me conseiller de me faciliter la vie. La plupart du temps, je suis son conseil et je pense que cette recette correspond exactement à ce qu'il dit. Facile comme tout et absolument délicieuse. Lorsque le jardin déborde d'aubergines et de tomates, je prépare cette daube en double quantité et nous la dégustons midi et soir. C'est un plat que l'on peut manger chaud ou à température ambiante : il semble même encore meilleur le lendemain.

Pour 6 personnes
Matériel : une grande cocotte avec un couvercle.

- 2 cuillerées à soupe d'huile d'olive
- 1 gros oignon pelé, coupé en deux et finement émincé
- sel de mer fin
- 5 aubergines fines, allongées (1 kilo environ), non pelées, taillées en dés
- 4 grosses tomates (1 kilo environ), pelées, épépinées et concassées

- 2 belles gousses d'ail pelées, coupées en deux et dégermées
- un bouquet garni (tiges de persil, feuilles de céleri et brins de thym dans une boule à thé)
- le zeste râpé d'une orange, de préférence non traitée
- 50 cl de vin blanc sec

Réunissez dans une grande cocotte l'huile, l'oignon et le sel. Couvrez et faites cuire sur feu doux pendant environ 3 minutes jusqu'à ce que l'oignon soit tendre, mais sans le laisser roussir. Ajoutez les aubergines, les tomates, l'ail, le bouquet garni, le zeste d'orange et le vin. Mélangez intimement. Couvrez à nouveau et laissez cuire sur feu très doux pendant 1 heure à 1 h 30 jusqu'à ce que le mélange soit bien tendre. Goûtez et rectifiez l'assaisonnement. Retirez le bouquet garni et servez chaud ou à température ambiante.

**172 calories par personne ❧ 5 g de lipides ❧
3 g de protéines ❧ 20 g de glucides**

Le bon ustensile au bon moment

Après avoir observé mes élèves en classe de cuisine pendant des années, je me suis aperçue que la grande erreur que font les apprentis cuisiniers, généralement, consiste à choisir un ustensile trop petit pour ce qu'il faut faire cuire dedans. Ce que j'aime, c'est que les ingrédients aient le plus de place possible dans la poêle, la cocotte ou la casserole. Lorsque les ingrédients sont entassés et qu'il ne reste plus de place, je trouve que la cuisson est trop lente. Pour de nombreux plats, comme cette daube d'aubergines, je choisis de préférence une cocotte en fonte ou émaillée, solide et à fond épais. J'aime bien le résultat que j'obtiens lorsque le plat est bien mijoté, uniformément cuit. Je possède une vieille cocotte en fonte noire, que j'ai trouvée dans la maison lorsque je l'ai achetée. Elle doit avoir une bonne quarantaine d'années et je suis sûre qu'elle me survivra.

Qu'est-ce qu'une daube ?

En Provence, le terme de daube s'applique à un plat mijoté à base de bœuf mariné au vin rouge avec des légumes et des aromates. Pour cuisiner une daube, on se sert en général d'une daubière, un ustensile de cuisson fait traditionnellement en terre cuite avec un couvercle. La daubière était jadis placée directement dans les cendres chaudes ou sur le coin du feu et servait à des cuissons longuement mijotées. Aujourd'hui, les daubes se cuisinent à l'aide de toutes sortes d'ustensiles, cocottes, poêlons, etc., et peuvent faire appel à des ingrédients variés, viandes, légumes ou poisson. Mais ce qu'elles ont toutes en commun, c'est une cuisson longue et lente sur feu doux.

Aubergines
à la tomate du marché de Velleron

Vers cinq heures et demie du soir, en été, il faut aller sur le parking du village de Velleron, non loin de L'Isle-sur-la-Sorgue : des douzaines de clients assidus se tiennent au coude à coude devant une chaîne qui en barre l'entrée, lorgnant déjà leurs futures emplettes. À six heures pile, au coup de sifflet, le marché s'ouvre et les clients se ruent sur les produits les meilleurs et les plus frais de toute la Provence. Un jour où j'étais là, un producteur me tendit une petite brochure sur les tomates, avec des recettes. Je suis toujours à la recherche de nouvelles recettes sur les aubergines, en particulier si elles précisent de ne pas devoir allumer le four, ce qui a pour effet de transformer la cuisine en chaudière en plein été. Cette recette est pour moi comme un sandwich d'aubergine : l'aubergine est en effet fendue en deux dans la longueur, puis farcie de tranches de tomates. Elle est ensuite cuite à couvert sur le feu, ce qui permet d'obtenir en une petite demi-heure un plat d'une simplicité déconcertante, parfumé, moelleux et absolument délicieux. Comme variante, on peut lui ajouter du fromage râpé, des olives, des câpres, ou même les trois.

Pour 4 personnes
Matériel : une cocotte.

- 4 tomates fraîches (500 g)
- 4 petites aubergines allongées (500 g)
- sel de mer fin
- 1 cuillerée à café d'origan séché
- 2 cuillerées à soupe d'huile d'olive vierge extra

Lavez les tomates, retirez le cœur et les graines, ne les pelez pas. Coupez-les dans la hauteur en tranches régulières. Fendez les aubergines en deux dans le sens de la longueur, depuis le pédoncule vers le bout rond, sans les séparer entièrement. Salez-les intérieurement. Glissez délicatement les tranches de tomate au milieu, à l'intérieur de chaque aubergine. Rangez ensuite les aubergines farcies côte à côte dans la cocotte, où elles doivent tenir serrées les unes contre les autres. Poudrez-les d'origan et arrosez-les d'huile d'olive. Couvrez et faites cuire sur feu très doux, en surveillant la cuisson de près pour empêcher les aubergines de trop roussir. Elles sont cuites au bout de 25 à 30 minutes, lorsque vous pouvez les percer facilement avec la pointe d'un couteau. Servez chaud ou à température ambiante.

117 calories par personne ❧ 7 g de lipides ❧ 2 g de protéines ❧ 14 g de glucides

Aubergines à la vapeur de thym

Je considère la cuisson à la vapeur comme une sorte de petit miracle : par exemple pour ces languettes d'aubergine cuites en un rien de temps, qui conservent tout leur parfum et leur saveur, prêtes à recevoir comme simple assaisonnement une vinaigrette au thym et au citron, ainsi qu'un hachis d'ail frais pour les relever.

Pour 4 personnes
Matériel : un cuit-vapeur.

- 2 ou 3 aubergines de forme allongée (500 g environ)
- 4 belles gousses d'ail pelées, coupées en deux, dégermées et finement émincées
- sel de mer fin
- 2 cuillerées à soupe de vinaigrette à l'huile d'olive, au citron et au thym frais

1. Lavez et essuyez les aubergines, ne les pelez pas et détaillez-les dans le sens de la longueur en fines lamelles.
2. Versez 1 litre d'eau dans la partie basse d'un cuit-vapeur. Placez les lamelles d'aubergine sur la grille du cuit-vapeur, en les faisant se chevaucher légèrement. Mettez la grille en place au-dessus de l'eau frémissante et laissez-les cuire pendant 15 minutes jusqu'à ce qu'elles soient bien tendres. Avec une écumoire, transférez-les sur un plat. Parsemez-les d'ail émincé, salez et arrosez de vinaigrette. Mélangez délicatement pour bien les enrober et servez aussitôt. Ce plat doit impérativement être dégusté chaud !

**32 calories par personne ❄ traces de lipides ❄
1 g de protéines ❄ 7 g de glucides**

> *Les mots du vin :* le gigondas est un vin dont le goût ressemble à la carte postale du village : des cerisiers, de la réglisse, du romarin et du thym.
>
> *Fabrice Langlois, sommelier au Château de Beaucastel, Châteauneuf-du-Pape.*

Les aubergines du pique-nique de Johannes

Pendant mes classes de cuisine légère, en juin et en août, en Provence, le mercredi est consacré à une randonnée dans les collines de Gigondas, connues sous le nom fameux des Dentelles de Montmirail. Une fois que nous sommes arrivés en haut, nous poursuivons notre chemin jusqu'à un point de vue où l'horizon se dégage à perte de vue sur les coteaux et les villages des environs. Notre récompense, c'est un somptueux pique-nique que nous livre Johannes Sailer, chef du restaurant *Les Abeilles*, dans le petit village de Sablet. Un jour, nous avons eu l'occasion de déguster ce sublime plat d'aubergines, si délicieux que nous avons décidé de le recréer pour notre déjeuner de fin de semaine, le vendredi.

Pour 4 personnes
Matériel : une grande poêle à rebord ; un plat à gratin de 1 litre de contenance.

- 2 aubergines allongées, bien fermes (500 g environ), parées et non pelées
- 8 cl d'huile d'olive vierge extra
- sel de mer fin
- 50 cl de sauce aux tomates du jardin (p. 297)

1. Préchauffez le four à 220 °C.
2. Détaillez chaque aubergine en quatre tranches régulières dans le sens de la longueur. Réservez.
3. Faites chauffer 2 cuillerées à soupe d'huile dans une grande poêle sur feu modéré. Quand elle est bien chaude, avant qu'elle ne fume, ajoutez quatre tranches d'aubergine et faites-les cuire pendant 45 secondes jusqu'à ce qu'elles soient bien dorées d'un côté. Retournez-les et faites-les dorer de l'autre côté pendant encore 45 secondes. Transférez les tranches d'aubergine cuites dans un plat à gratin. Salez légèrement. Répétez l'opération avec les autres tranches d'aubergine en les ajoutant dans le plat au fur et à mesure.
4. Versez la sauce tomate sur les aubergines. Placez le plat dans le four à mi-hauteur et faites cuire pendant 25 minutes jusqu'à ce que la sauce commence à grésiller. Servez chaud ou à température ambiante.

**234 calories par personne ❄ 18 g de lipides ❄
3 g de protéines ❄ 18 g de glucides**

Suggestion de vin

Ce pique-nique, nous avons eu le bonheur de le partager avec Yves Gras, viticulteur, propriétaire du Domaine Santa Duc à Gigondas. Pour accompagner ce gratin d'aubergines, Yves nous proposa de goûter son côtes-du-rhône rouge, cuvée des Quatre Terres. Ce vin est fait avec des cépages provenant de quatre terroirs différents (calcaire, argile, silice, schiste), situés sur des vignobles de quatre villages voisins, Seguret, Vacouevras, Roaix et Rasteau.

Têtes d'ail au four

Lorsque je trouve sur le marché, à la fin du printemps, de l'ail frais et tendre, à la peau teintée de violet, c'est un plat qui revient assez souvent sur ma table. L'idée de cette recette m'est venue de mon ami Raoul Reichrath, un excellent chef qui tient le restaurant du *Grand Pré* à Roaix, bien connu dans toute la Provence.

Pour 8 personnes
Matériel : une grande poêle ; un plat à four.

- 8 têtes d'ail frais entières
- 2 cuillerées à soupe d'huile d'olive vierge
- 1 cuillerée à soupe de sucre en poudre

1. Préchauffez le four à 220 °C.
2. À l'aide d'un couteau bien aiguisé, coupez transversalement le tiers supérieur de chaque tête d'ail. (Conservez les hauts des têtes d'ail pour parfumer un bouillon ou pour une farce de volaille de viande.)
3. Faites chauffer l'huile dans une grande poêle sur feu modéré. Lorsqu'elle est chaude et avant qu'elle ne commence à fumer, posez les têtes d'ail dedans, face coupée contre le fond de la poêle, et laissez cuire pendant 3 à 4 minutes jusqu'à ce que l'ail soit bien doré. Surveillez attentivement la cuisson pour l'empêcher de brûler.
4. Avec des pincettes, retirez les têtes d'ail de la poêle et rangez-les, côte à côte, dans le plat à rôtir, face coupée dessus. Poudrez de sucre. Faites-les rôtir à découvert pendant 45 minutes jusqu'à ce que l'ail soit bien fondant. Vérifiez la cuisson de temps en temps : baissez la chaleur et couvrez le plat de papier d'aluminium si l'ail donne l'impression de se dessécher. Servez une tête d'ail entière par personne. C'est une garniture exquise avec une viande ou une volaille rôtie.

**66 calories par personne ❋ 4 g de lipides ❋
1 g de protéines ❋ 8 g de glucides**

Bon à savoir : en juillet, l'ail que l'on trouve sur le marché n'est plus aussi tendre et moelleux, mais cette recette fonctionne encore très bien. Il suffit d'ajouter dans le plat à gratin, pour la cuisson au four, un peu d'huile d'olive ou de bouillon et de couvrir le plat d'une feuille de papier d'aluminium.

Purée de mâche

La mâche est en réalité bien plus qu'une simple salade verte. Cette verdure aux petites feuilles charnues est également excellente dans des soupes et des potages. Elle fait aussi merveille dans cette magnifique purée d'un vert profond. Le secret de son parfum n'est autre que la noix de muscade râpée, une épice qui ajoute toujours une dimension particulière dans les plats de légumes verts cuits.

Pour 4 personnes
Matériel : une marmite à pâtes de 10 litres avec sa passoire ; un mixeur ou un robot ménager.

- 3 cuillerées à soupe de gros sel
- 1 kilo de mâche parée, bien lavée et égouttée
- 4 cuillerées à soupe de bouillon de volaille maison (p. 287)
- 4 cuillerées à soupe de crème fleurette
- noix de muscade fraîchement râpée
- sel de mer fin

1. Versez 8 litres d'eau dans la marmite et portez à ébullition sur feu vif. Ajoutez le gros sel et plongez toute la mâche dans l'eau bouillante. Faites cuire à gros bouillons, à découvert, pendant 2 à 3 minutes. Sortez la mâche de la marmite en vous servant de la passoire et rincez-la aussitôt sous le robinet d'eau froide. Égouttez soigneusement, en pres-

sant les feuilles dans vos mains pour éliminer le maximum d'eau.

2. Versez la mâche cuite dans le bol mélangeur d'un robot ou d'un mixeur. Ajoutez le bouillon et la crème et mixez jusqu'à consistance lisse et légère. Muscadez et salez. Vous pouvez préparer cette purée 6 heures à l'avance et la conserver au réfrigérateur dans un récipient hermétique. Faites-la réchauffer avant de la servir.

**77 calories par personne ⅋ 4 g de lipides ⅋
5 g de protéines ⅋ 5 g de glucides**

Un légume antistress : la mâche est considérée comme la meilleure verdure antistress connue. Elle contient en effet une forte proportion d'acide folique, la fameuse vitamine du bien-être, qui prévient l'irritabilité et la fatigue, et favorise le sommeil. La mâche fait partie de la famille des valérianes : c'est de là que vient le nom d'un célèbre tranquillisant, le Valium.

Poireaux vinaigrette

Les Français aiment beaucoup les poireaux et leur accordent le respect qui leur est dû ! Lorsque je fais mes courses, je jette toujours un coup d'œil sur ce que les gens ajoutent dans leur cabas, et invariablement, je vois un ou deux poireaux bien frais qui dépassent du sac, pour mettre dans une soupe, un ragoût ou une salade. Il faut reconnaître que les poireaux peuvent être bien maltraités en cuisine, en particulier s'ils sont trop cuits et que le blanc d'albâtre de la tige ou la verdure appétissante des feuilles se transforment en un légume grisâtre et détrempé. Ici, l'élégant poireau est simplement cuit à la vapeur, puis aussitôt baigné d'une sauce vinaigrette à la moutarde et aux câpres dont il absorbe les saveurs, tout en gardant ses couleurs et sa forme. Pour ce plat, choisissez les poireaux les plus minces et les plus frais que vous puissiez trouver. Je n'utilise en fait ici que le blanc et je garde le vert pour une soupe ou un bouillon.

Pour 4 personnes
Matériel : un cuit-vapeur.

- 1 cuillerée à soupe de vinaigre de xérès
- ½ cuillerée à café de sel fin
- 2 cuillerées à café de moutarde forte
- 1 cuillerée à soupe de câpres au vinaigre, bien égouttées
- 4 cuillerées à soupe d'huile d'olive vierge extra
- 8 poireaux baguette, minces et frais (500 g environ)
- 5 cuillerées à soupe de ciboulette ou de persil ciselé

1. Parez et lavez les poireaux en ne gardant que le blanc. Préparez la vinaigrette : versez le vinaigre et le sel dans un bol et remuez pour dissoudre le sel. Ajoutez la moutarde, les câpres et l'huile, puis fouettez pour bien émulsionner. Goûtez et rectifiez l'assaisonnement. Réservez.
2. Versez un litre d'eau dans la partie basse d'un cuit-vapeur et portez à la limite de l'ébullition. Posez les blancs de poireau sur la grille de cuisson et placez celle-ci au-dessus de l'eau frémissante. Couvrez et laissez cuire pendant environ 10 minutes jusqu'à ce que les poireaux soient bien tendres.
3. Égouttez les poireaux et disposez-les sur un plat. Arrosez-les aussitôt de vinaigrette alors qu'ils sont encore chauds, pour qu'ils puissent absorber la sauce. Parsemez de ciboulette ou de persil et servez.

**160 calories par personne ❧ 14 g de lipides ❧
2 g de protéines ❧ 9 g de glucides**

Morilles à la crème

Associez la morille charnue et parfumée avec une touche de crème fraîche et de jus de citron et vous obtenez un trio de saveurs particulièrement délicat. Vous pouvez servir ces morilles à la crème en garniture ou comme sauce avec des pâtes, mais aussi pour compléter le velouté de haricots blancs (p. 67).

Pour 12 personnes
Matériel : une mousseline mouillée ; une poêle de taille moyenne à rebord avec couvercle.

- 125 g de morilles séchées
- 3 cuillerées à soupe de beurre, à température ambiante
- sel de mer fin
- 2 échalotes pelées et finement émincées
- 50 cl de crème fleurette
- 2 cuillerées à soupe environ de jus de citron fraîchement pressé
- poivre blanc au moulin

1. Si certaines morilles sont un peu grandes, recoupez-les en deux dans la hauteur. Mettez-les dans une passoire et rincez-les sous le robinet d'eau froide pour éliminer le moindre grain de sable. Versez-les ensuite dans une jatte en verre à feu et recouvrez-les d'eau bouillante. Laissez reposer pendant 20 minutes jusqu'à ce qu'elles soient gonflées. Avec une écumoire, prélevez-les soigneusement en laissant l'eau de trempage et les débris qui sont tombés au fond.

2. Placez une mousseline mouillée dans une passoire et posez celle-ci sur un grand saladier. Versez le liquide de trempage dedans en laissant les débris dans le fond. Vous devez obtenir 35 cl environ de liquide. Réservez-le. (Vous n'aurez pas besoin de tout ce liquide pour cette recette, mais faites congeler le reste et vous l'utiliserez ensuite pour parfumer une soupe aux champignons.)

3. Réunissez dans la poêle le beurre, un peu de sel et les échalotes. Faites chauffer sur feu modéré à couvert pendant 2 à 3 minutes jusqu'à ce que les échalotes soient bien fondues, mais sans les laisser roussir. Ajoutez les morilles bien égouttées et environ 12 cl de liquide de trempage filtré. Faites cuire à découvert sur feu modéré pendant environ 5 minutes jusqu'à ce que le liquide soit réduit à 2 ou 3 cuillerées à soupe. Incorporez la crème et laissez mijoter, toujours à découvert, sur feu doux pendant 8 à 10 minutes. Les morilles doivent être devenues presque fondantes. Ajoutez le jus de citron, poivrez généreusement, rectifiez l'assaisonnement en sel et servez.

**116 calories par personne ❄ 11 g de lipides ❄
2 g de protéines ❄ 4 g de glucides**

Ragoût de légumes d'automne aux champignons

C'était au début du mois de septembre et nous étions installés à la terrasse ensoleillée de *La Beaugravière*, l'un de nos restaurants préférés en Provence, tenu par Tina et Guy Jullien. Ce jour-là, Guy s'était surpassé avec un mémorable mélange de légumes, déjà extraordinaire à lui tout seul, mais qu'il avait métamorphosé davantage avec une bonne dose de champignons sauvages, qui en faisait dès lors un plat unique. Selon votre menu, votre humeur et votre budget, inspirez-vous de cette recette pour créer la vôtre…

Pour 8 personnes
Matériel : une grande casserole à fond épais avec couvercle ; une marmite à pâtes de 6 litres avec sa passoire ; un cuit-vapeur ; une poêle de 30 cm de diamètre ; une grande sauteuse ; 8 assiettes de service chaudes.

- 4 cuillerées à soupe d'huile d'olive vierge extra
- 5 belles gousses d'ail pelées, coupées en deux et dégermées
- 500 g de petits haricots blancs frais en gousses, écossés, ou 200 g de haricots blancs secs
- 2 feuilles de laurier fraîches ou sèches
- 75 cl de bouillon de volaille maison (p. 287)
- sel de mer fin
- 3 cuillerées à soupe de gros sel de mer
- 150 g de pois gourmands
- 150 g de jeunes poireaux très minces
- 150 g de petits bouquets de chou-fleur
- 150 g de mini-fenouils, parés
- 150 g d'oignons nouveaux pelés
- 500 g de cèpes frais, nettoyés et coupés en lamelles
- 2 cuillerées à soupe de beurre
- poivre blanc au moulin
- 2 cuillerées à soupe environ de cerfeuil frais ou de persil ciselé

1. Si vous prenez des haricots frais, versez 2 cuillerées à soupe d'huile d'olive dans une casserole à fond épais, ajoutez l'ail et mélangez pour bien l'enrober d'huile. Posez la casserole sur feu modéré et faites cuire pendant 2 minutes en remuant jusqu'à ce que l'ail soit tendre et parfumé, sans le laisser roussir. Ajoutez les haricots, mélangez pour bien les enrober et faites cuire pendant 1 minute de plus. Ajoutez le laurier et environ 50 cl de bouillon, juste pour recouvrir les haricots à hauteur. Couvrez, portez à la limite de l'ébullition et laissez cuire doucement pendant 15 minutes. Salez et poursuivez la cuisson à petits frémissements pendant encore 15 minutes jusqu'à ce que les haricots soient tendres. Remuez de temps en temps pour empêcher les haricots d'attacher dans le fond de la casserole. Rajoutez un peu de bouillon ou d'eau si nécessaire. Goûtez et rectifiez l'assaisonnement. Retirez et jetez les feuilles de laurier.

2. Si vous prenez des haricots secs, rincez-les à l'eau froide en éliminant les gravillons éventuels. Mettez-les dans un saladier, recouvrez-les d'eau bouillante et laissez reposer pen-

dant 1 heure. Égouttez-les et jetez l'eau. Versez 2 cuillerées à soupe d'huile d'olive dans une casserole à fond épais, ajoutez l'ail et mélangez pour bien l'enrober d'huile. Posez la casserole sur feu modéré et faites cuire pendant 2 minutes en remuant jusqu'à ce que l'ail soit tendre et parfumé, sans le laisser roussir. Ajoutez les haricots, mélangez pour bien les enrober et faites cuire pendant 1 minute de plus. Ajoutez le laurier et environ 50 cl de bouillon, juste pour recouvrir les haricots à hauteur. Couvrez, portez à la limite de l'ébullition et laissez cuire doucement pendant 30 minutes. Salez et poursuivez la cuisson à petits frémissements pendant encore 30 minutes jusqu'à ce que les haricots soient tendres. Remuez de temps en temps pour empêcher les haricots d'attacher dans le fond de la casserole. Rajoutez un peu de bouillon ou d'eau si nécessaire. Goûtez et rectifiez l'assaisonnement. Retirez et jetez les feuilles de laurier.

3. Remplissez une grande terrine d'eau glacée.

4. Versez 5 litres d'eau dans une grande marmite à pâtes équipée d'une passoire et portez à ébullition sur feu vif. Ajoutez le gros sel et les pois gourmands. Faites cuire à découvert à gros bouillons pendant 3 minutes jusqu'à ce que les pois gourmands soient juste cuits et encore croquants. Sortez aussitôt la passoire avec les pois gourmands et plongez-les dans l'eau glacée pour les refroidir aussi vite que possible et les garder bien verts et croquants. (Ils sont refroidis en l'espace de 1 ou 2 minutes. Ne les laissez pas plus longtemps, sinon ils se ramollissent et perdent leur saveur.) Égouttez soigneusement les pois gourmands et épongez-les délicatement dans un torchon épais. (Vous pouvez faire cuire les pois gourmands 2 heures à l'avance et les conserver à température ambiante, enveloppés dans le torchon.) Faites cuire les poireaux de la même façon en renouvelant l'eau de cuisson.

5. Versez 50 cl d'eau dans la partie basse d'un cuit-vapeur et portez à la limite de l'ébullition. Disposez les bouquets de chou-fleur, les mini-fenouils et les oignons nouveaux sur la grille de cuisson. Placez celle-ci au-dessus de l'eau frémissante, couvrez et faites cuire pendant 3 à 4 minutes jusqu'à ce que les légumes soient tendres. Égouttez-les.

6. Faites chauffer le reste d'huile d'olive dans une grande poêle sur feu modéré. Quand elle est bien chaude et avant qu'elle ne fume, ajoutez les cèpes, salez légèrement et faites-les sauter pendant 1 à 2 minutes jusqu'à ce qu'ils commencent à rendre leur jus. Avec une écumoire, égouttez-les et posez-les dans une grande assiette. Essuyez la poêle avec du papier absorbant. Ajoutez le beurre et faites-le fondre sur feu modéré, puis remettez les cèpes dans la poêle. Salez légèrement et faites-les cuire pendant encore 2 minutes. Hors du feu, ajoutez le cerfeuil ou le persil et mélangez intimement. Poivrez et répartissez les cèpes sur les assiettes de service chaudes.

7. Réunissez tous les autres légumes dans une grande sauteuse et ajoutez juste assez de bouillon pour les humecter. Faites réchauffer en remuant délicatement pendant 1 à 2 minutes. Goûtez et rectifiez l'assaisonnement, ajoutez un peu de persil ou de cerfeuil. Ajoutez ce mélange sur les assiettes et servez aussitôt.

**216 calories par personne ❧ 8 g de lipides ❧
12 g de protéines ❧ 26 g de glucides**

Variante : pour un ragoût de légumes d'hiver, utilisez des petits navets et des poireaux, blanchis et rafraîchis ; faites cuire à la vapeur des carottes, du fenouil, des petits oignons et des fines tranches de potiron.

Champignons en papillotes
à la menthe

Voilà un plat facile à préparer, délicieux et dont les emplois sont multiples. Que vous choisissiez des champignons de cueillette ou de culture, ou encore un mélange des deux, vous aurez plaisir à le servir durant toute la mauvaise saison. Préparez-en une grosse fournée et servez-la en plat unique pour le déjeuner ou le dîner. C'est aussi une excellente garniture pour accompagner un poulet, un canard rôti ou des magrets de canard poêlés. Comme aromate, j'utilise la menthe fraîche sauvage qui pousse à foison dans notre propriété en Provence, mais vous pouvez la remplacer par de la menthe cultivée ou même de l'origan frais.

Pour 4 personnes
Matériel : du papier sulfurisé ; une plaque à pâtisserie ; 4 assiettes de service chaudes.

- 500 g de cèpes frais (ou un mélange de cèpes et de girolles, avec ou sans champignons de Paris), nettoyés et coupés en tranches de 1 cm d'épaisseur
- 3 cuillerées à soupe de menthe fraîche ciselée
- 4 belles gousses d'ail, pelées, coupées en deux, dégermées et émincées
- sel de mer fin
- poivre noir au moulin
- 1 cuillerée à soupe d'huile de noix ou d'huile d'olive

1. Préchauffez le four à 220 °C.
2. Préparez 4 carrés de papier sulfurisé de 30 cm de côté chacun.
3. Réunissez dans un saladier les champignons, la menthe, l'ail et l'huile, salez et poivrez. Mélangez intimement. Avec une grande cuiller, répartissez ce mélange sur les carrés de papier sulfurisé. Rabattez la partie supérieure sur le bas et repliez soigneusement les côtés pour emballer hermétiquement les champignons.
4. Posez les papillotes sur la plaque à pâtisserie. Enfournez à mi-hauteur et faites cuire pendant 25 minutes jusqu'à ce que les champignons soient tendres et parfumés. Ouvrez délicatement les papillotes et versez leur contenu sur des assiettes de service chaudes.

**67 calories par personne ❋ 4 g de lipides ❋
3 g de protéines ❋ 7 g de glucides**

Folklore : comme les champignons semblent pousser tout seuls, sans que l'on sache vraiment d'où ils sortent, ils ont souvent souffert de certains préjugés. Des champignons qui poussent en cercle (que l'on appelle le cercle des sorcières) indiquent par exemple le lieu où se rassemblaient les esprits mauvais. En Bretagne, on les qualifiait de poison de la terre.

Méli-mélo de légumes d'hiver

C'était une sombre matinée de février, à Paris, par un temps gris et morne. La sonnette retentit juste après 7 heures du matin. C'était l'arrivée de ma première commande de légumes à domicile, par le service baptisé Le Haut du Panier. Lorsque j'ouvris la porte, Antoine Meyssonnier se tenait devant moi avec un énorme carton plein à ras bord des petits trésors qu'il avait cueillis quelques heures plus tôt dans les jardins du maraîcher Joël Thiebault. En ouvrant la boîte, j'ai eu le souffle coupé : chaque légume semblait irradier d'une couleur lumineuse et, dans ce kaléidoscope multicolore, je reconnaissais les carottes orange vif et les radis vert vif, les petits topinambours nuancés de violet, les minces panais jaunes et les pommes de terre d'un joli brun doré, les somptueux bouquets de feuilles d'épinards, mais aussi la mâche, le persil et les poireaux. Devant un tel spectacle, j'hésitais à déballer le contenu de la boîte, mais je savais que ces petits bijoux seraient plus à l'aise dans le réfrigérateur en attendant que je m'occupe d'eux un peu plus tard dans la journée. Sur le dessus, Antoine avait ajouté une recette intitulée *Poêlée de petits légumes-racines du 18 février.* La voici, dans toute sa gloire. Lorsque j'ai eu fini de cuire ce mélange multicolore, j'avais du mal à en croire mes yeux. Quelle idée splendide pour éclairer une sombre journée d'hiver ! Mon mari Walter a trouvé ce plat sublime, en ajoutant ce commentaire : « C'est comme une délicieuse soupe de légumes, sans le liquide. »

Pour 8 personnes
Matériel : une mandoline ou un couteau bien aiguisé ; une grande sauteuse à fond épais ; 8 assiettes de service chaudes.

- 16 belles gousses d'ail pelées, coupées en deux et dégermées
- 2 panais parés et pelés
- 2 carottes parées et pelées
- 6 topinambours lavés
- 2 navets parés et pelés
- 2 radis verts, parés et pelés (ou davantage de navets et de panais)
- 3 cuillerées à soupe d'huile d'olive
- 1 cuillerée à café de sel fin
- 1 cuillerée à café de graines de cumin
- 1 cuillerée à café de piment d'Espelette en poudre
- 1 cuillerée à soupe d'huile de noisette ou de pistache

1. À l'aide d'une mandoline ou d'un couteau bien aiguisé, émincez tous les légumes en rondelles régulières. Si certains légumes-racines sont un peu gros, retaillez ces rondelles en deux pour qu'elles aient toutes la même taille.
2. Versez l'huile dans une grande sauteuse et faites chauffer sur feu doux. Ajoutez tous les légumes, le sel, le cumin et le piment. Couvrez et faires cuire pendant 20 à 25 minutes jusqu'à ce que les légumes soient cuits mais encore un peu croquants. Goûtez et rectifiez l'assaisonnement.
3. Répartissez ce mélange sur des assiettes chaudes, arrosez de quelques gouttes d'huile de pistache ou de noisette et servez.

**197 calories par personne ❧ 7 g de lipides ❧
4 g de protéines ❧ 32 g de glucides**

Petits pois à la menthe
et aux oignons nouveaux

Rares sont les plats de légumes qui évoquent aussi bien le printemps que celui-là, plein de parfums et de saveurs. Les petits pois et la menthe font depuis toujours un mariage idéal : j'adore ce camaïeu de verts, où la douceur presque sucrée des petits pois se fond dans le parfum pénétrant de la menthe. Je sers cette garniture avec une volaille rôtie, accompagnée d'une purée de chou-fleur bien blanche.

Pour 8 personnes
Matériel : une marmite à pâtes de 5 litres, avec sa passoire ; une grande sauteuse.

- 3 cuillerées à soupe de gros sel
- 1,5 kilo de petits pois frais dans leurs gousses, écossés (ou 500 g de petits pois surgelés)
- 1 cuillerée à soupe de beurre
- sel de mer fin
- 2 oignons nouveaux (ou 4 ciboules), parés et finement émincés
- 8 cuillerées à soupe de menthe fraîche finement ciselée

1. Versez 3 litres d'eau dans une marmite à pâtes et portez à ébullition sur feu vif. Ajoutez le gros sel et versez les petits pois dans l'eau bouillante. Laissez cuire pendant 1 minute à gros bouillons, pour qu'ils gardent leur couleur bien verte et restent encore croquants. Retirez-les aussitôt de l'eau bouillante, égouttez-les et passez-les sous le robinet d'eau froide pour stopper la cuisson et préserver la couleur. Égouttez à fond et réservez. (Vous pouvez préparer les petits pois 1 heure à l'avance et les réserver à température ambiante.)

2. Au moment de servir, faites fondre le beurre dans une grande sauteuse sur feu doux. Ajoutez les petits pois et faites-les chauffer en les remuant délicatement pour les

enrober de beurre. Salez à votre goût, puis ajoutez les oignons et la menthe. Mélangez encore pour bien enrober les petits pois et servez aussitôt.

73 calories par personne ✻ 2 g de lipides ✻ 4 g de protéines ✻ 11 g de glucides

Poivrons rouges et tomates au piment d'Espelette

Relevé de la bonne proportion d'épice qui lui apporte son parfum, le fameux piment d'Espelette en provenance directe du Pays basque, ce plat de poivrons rouges est prêt pour de nombreux emplois. J'aime bien le servir avec de la polenta, mais il est également parfait comme condiment avec des pâtes ou du riz. En outre, il est délicieux tout seul, aussi bien chaud qu'à température ambiante. Lorsque je le présente à table, immanquablement j'entends la question : « Tu veux bien me donner la recette s'il te plaît? »

Pour 10 personnes
Matériel : une petite poêle ; une grande sauteuse à fond épais avec un couvercle.

- 2 cuillerées à soupe de graines de cumin
- 4 poivrons rouges
- 2 cuillerées à soupe d'huile d'olive vierge extra
- 1 cuillerée à café de sel fin de mer
- 2 oignons moyens, pelés, coupés en deux et finement émincés
- 1 cuillerée à café de piment d'Espelette en poudre
- 1 kilo de tomates fraîches épépinées et concassées (non pelées)

1. Faites griller le cumin : versez les graines dans une petite poêle sur feu modéré sans ajouter de matière grasse. Faites-

les chauffer en remuant la poêle régulièrement pendant 2 minutes jusqu'à ce qu'elles dégagent leur parfum et soient uniformément grillées. Surveillez-les bien car elles peuvent brûler très rapidement. Versez-les dans une grande assiette et laissez-les refroidir. Réservez.

2. Lavez les poivrons, coupez-les en quatre dans la longueur et retirez les graines et les cloisons intérieures. Retaillez-les en lamelles de 3 mm d'épaisseur. Réservez.

3. Réunissez dans une grande sauteuse l'huile, le sel, les oignons, le cumin grillé et le piment d'Espelette, mélangez pour bien enrober les ingrédients d'huile et faites cuire sur feu doux à couvert pendant 3 à 4 minutes jusqu'à ce que l'oignon soit translucide.

4. Ajoutez les poivrons et les tomates dans la sauteuse et poursuivez la cuisson à couvert pendant environ 30 minutes jusqu'à ce que le mélange soit bien fondu. Servez chaud ou à température ambiante.

46 calories par personne ❦ 1 g de lipides ❦ 2 g de protéines ❦ 10 g de glucides

Poivrons rouges au four

Superbes sur la table, délicieux dans l'assiette, ces poivrons rôtis peuvent être servis chauds ou à température ambiante, comme garniture de viande, de poisson ou de volaille, pour farcir une omelette, en sauce avec des pâtes ou même en salade.

Pour 6 personnes
Matériel : une petite cocotte allant au four, avec son couvercle.

- 3 beaux poivrons rouges
- 4 cuillerées à soupe d'huile d'olive vierge extra
- 2 cuillerées à café de gros sel de mer
- 1 cuillerée à soupe de vinaigre de vin rouge

1. Préchauffez le four à 220 °C.
2. Lavez les poivrons, coupez-les en quatre, retirez les graines et les cloisons intérieures. Retaillez-les en languettes dans le sens de la longueur. Mettez-les dans une petite cocotte, ajoutez l'huile et le sel, remuez pour bien mélanger.
3. Couvrez et enfournez à mi-hauteur. Laissez cuire pendant 30 minutes en retournant les poivrons de temps en temps. Sortez la cocotte du four, ajoutez le vinaigre et mélangez. Goûtez et rectifiez l'assaisonnement. Servez chaud ou à température ambiante. Conservez éventuellement dans le réfrigérateur pendant 48 heures dans un récipient hermétique.

90 calories par personne ❋ 9 g de lipides ❋ traces de protéines ❋ 3 g de glucides

Gratin de potiron à la pistache

Lorsque arrivent les fêtes de fin d'année, ce gratin aux couleurs festives s'impose naturellement sur notre table. La famille des potirons, qui comprend l'énorme courge muscade aussi bien que le petit potimarron, propose des légumes à la chair dense et parfumée que j'aime beaucoup cuisiner en hiver. Vous pouvez aussi choisir la courge butternut, ou doubeurre, en forme de poire.

Pour 8 personnes
Matériel : un robot ménager ou un mixeur ; un plat à gratin de 1 litre de contenance.

• 800 g environ de purée de potiron ou de citrouille (p. 65)
• 12 cl de bouillon de volaille maison (p. 287)
• 2 cuillerées à soupe d'huile de pistache
• ½ cuillerée à café de sel fin de mer
• 80 g de parmesan fraîchement râpé
• 50 g de pistaches salées grossièrement hachées

1. Préchauffez le gril du four.
2. Passez au mixeur la purée de potiron en lui ajoutant le bouillon, l'huile et le sel. Goûtez et rectifiez l'assaisonnement.
3. Versez cette purée dans un plat à gratin et lissez le dessus avec le dos d'une cuiller. Poudrez de parmesan et parsemez de pistaches concassées.
4. Placez le plat sous le gril pendant 2 à 3 minutes jusqu'à ce que le fromage soit fondu et les pistaches grillées.

**132 calories par personne ❅ 9 g de lipides ❅
5 g de protéines ❅ 10 g de glucides**

Variante : remplacez l'huile de pistache et les pistaches par de l'huile de noisette et des noisettes, par de l'huile de noix et des noix ou encore par de l'huile d'arachide et des cacahuètes.

> *La courge muscade* est un légume que l'on rencontre fréquemment en été dans les jardins de Provence. Cette variété de potiron possède une chair très parfumée et dense, avec un arrière-goût de noix de muscade. Il lui faut au moins 120 jours de soleil pour mûrir et atteindre une taille respectable, avec une belle couleur orange.

Frites de patates douces

Épicées, bien dorées, savoureuses et nourrissantes, ces frites d'un nouveau genre sont délicieuses en hiver. Servez-les avec une volaille rôtie ou dans un assortiment de plats végétariens.

Pour 8 personnes
Matériel : une plaque à pâtisserie tapissée de papier sulfurisé.

- 1 kilo de patates douces
- 4 cuillerées à soupe d'huile d'olive vierge extra
- 2 cuillerées à café de gros sel de mer
- 1 cuillerée à café de cumin en poudre
- 1 cuillerée à café de piment d'Espelette en poudre
- fleur de sel

1. Préchauffez le four à 250 °C.
2. Pelez les patates douces et taillez-les en frites, de 1 cm de large sur 9 cm de long. Versez-les dans un saladier, ajoutez l'huile, le sel, le cumin et le piment. Remuez-les soigneusement pour bien les enrober.
3. Rangez-les sur la plaque à pâtisserie tapissée de papier sulfurisé en formant une seule couche. Placez celle-ci dans le four et faites rôtir les frites pendant 15 à 20 minutes jusqu'à ce qu'elles soient bien dorées et croustillantes, en les retournant pour qu'elles se colorent régulièrement. Sortez-les du four, poudrez-les généreusement de fleur de sel et servez aussitôt.

**166 calories par personne ❋ 6 g de lipides ❋
2 g de protéines ❋ 28 g de glucides**

La purée de feuilles de bettes aux lardons de *La Beaugravière*

Depuis plus de vingt cinq ans, Guy Jullien nous régale dans son superbe restaurant de *La Beaugravière*, dans le petit village provençal de Mondragon, nous, nos amis, nos parents et mes élèves. Il y a quelques années, il nous avait proposé cette purée de feuilles de bettes, aussi simple à réaliser que délicieuse à déguster. Son astuce consiste à blanchir et à rafraîchir les feuilles qui conservent ainsi leur belle couleur verte et leur saveur, tandis que les lardons ajoutent une agréable note fumée.

Pour 12 personnes
Matériel : une marmite à pâtes de 10 litres avec sa passoire ; un robot ménager ou un mixeur ; une casserole de taille moyenne ; une grande poêle.

- 2 kilos de bettes
- 4 cuillerées à soupe environ de bouillon de volaille (p. 287)
- 4 cuillerées à soupe environ de crème fleurette
- noix de muscade fraîchement râpée
- sel de mer fin
- 80 g de petits lardons fumés sans la couenne

1. Lavez et égouttez les bettes, coupez les côtes et réservez-les pour une autre recette. Il vous faut 700 à 800 g de feuilles.
2. Remplissez une terrine avec de l'eau glacée.
3. Versez 8 litres d'eau dans une grande marmite équipée d'une passoire et portez à ébullition sur feu vif. Plongez les feuilles de bettes dedans et faites cuire à découvert à gros bouillons pendant 2 à 3 minutes. Égouttez-les dès qu'elles sont ramollies et plongez-les aussitôt dans l'eau glacée. Une fois qu'elles sont refroidies, égouttez-les à fond en les pressant dans vos mains.
4. Réduisez les feuilles de bettes en purée bien lisse et légère au mixeur ou dans le robot en ajoutant juste ce qu'il faut de bouillon et de crème pour obtenir la consistance désirée. Salez et muscadez. Versez cette purée dans une casserole et réservez.
5. Faites revenir les petits lardons dans une poêle à sec sur feu modéré pendant 5 minutes jusqu'à ce qu'ils soient bien dorés et croustillants. Avec une écumoire, déposez-les sur plusieurs épaisseurs de papier absorbant pour les égoutter et recouvrez-les également de papier absorbant pour finir de les éponger. Réservez.
6. Incorporez les lardons dans la purée de bettes en remuant. Goûtez et rectifiez l'assaisonnement. (Vous pouvez préparer la purée de bettes jusqu'à 4 heures à l'avance et la faire réchauffer juste avant de la servir, mais dans ce

cas, ajoutez les lardons au tout dernier moment.) Servez chaud.

**56 calories par personne ⁂ 4 g de lipides ⁂
3 g de protéines ⁂ 2 g de glucides**

Le gratin de bettes
de Yannick Alléno

Il y a quelques années, j'ai passé la matinée dans les cuisines de l'*Hôtel Meurice*, à Paris, au moment où le chef Yannick Alléno venait juste d'entrer en fonction. La cuisine qu'il réalise possède un style très particulier, avec des superpositions géométriques, et tandis que les ingrédients principaux sont en général tendres et fondants, il y a toujours une touche de croquant, qui répond parfaitement à notre envie naturelle de texture croustillante ou mordante dans la bouche. Ce matin-là, j'ai pris en note quelques idées pour les incorporer dans mon propre répertoire, en particulier ce gratin de côtes de bettes : Alléno fait pocher les bâtonnets de côtes de bettes dans du bouillon, il les range dans un plat en alternant avec du parmesan et fait gratiner le tout sous le gril, puis, en touche finale, il ajoute des petits dés de parmesan, des feuilles de céleri et de basilic, ainsi que des pignons de pin.

Pour 12 personnes
Matériel : une petite poêle ; une grande casserole avec un couvercle ; un plat à gratin de 2 litres.

- 2 kilos de bettes
- 1 citron
- 50 g de pignons de pin
- 50 cl de bouillon de volaille maison (p. 287)
- 100 g de parmesan fraîchement râpé
- 4 cuillerées à soupe de feuilles de céleri ciselées

- 50 g de petits dés de parmesan (5 mm de côté)
- 4 cuillerées à soupe de feuilles de basilic ciselées

1. Lavez et égouttez les bettes, coupez les côtes, gardez les feuilles pour une autre recette. Il vous faut environ 1 kilo de côtes.
2. Préchauffez le gril du four.
3. Coupez le citron en deux, pressez le jus, versez ce jus dans un grand saladier d'eau froide et ajoutez également les demi-citrons pressés. Parez les côtes en éliminant les fibres. Coupez-les transversalement (comme des côtes de céleri) en fines languettes. Plongez-les au fur et à mesure dans le saladier d'eau citronnée. Réservez.
4. Versez les pignons de pin dans une petite poêle sans matière grasse sur feu modéré. Faites chauffer en secouant régulièrement la poêle pendant environ 2 minutes jusqu'à ce qu'ils dégagent leur parfum et soient uniformément grillés. Surveillez-les attentivement, car ils peuvent brûler facilement. Mettez-les dans une assiette pour les laisser refroidir. Réservez.
5. Égouttez les côtes de bettes et mettez-les dans une grande casserole. Versez le bouillon de volaille par-dessus et faites cuire à couvert sur feu modéré pendant 10 minutes jusqu'à ce que les côtes soient tendres. Avec une écumoire, prélevez-les et mettez-les dans un plat à gratin. Recouvrez-les de parmesan râpé. Glissez le tout sous le gril du four et faites gratiner pendant 5 minutes jusqu'à ce que le fromage soit doré et grésillant. Sortez le plat du four et parsemez le dessus avec les feuilles de céleri, les pignons de pin, les petits dés de parmesan et le basilic. Remettez le plat sous le gril pendant 1 à 2 minutes jusqu'à ce que les petits dés de fromage et les pignons de pin soient bien dorés. Servez aussitôt.

**81 calories par personne ✼ 5 g de lipides ✼
7 g de protéines ✼ 4 g de glucides**

Confit de tomates cerises

Lorsque vient le mois de septembre, les tomates cerises poussent en surabondance dans mon jardin. C'est alors que je les fais confire lentement dans le four, ce qui fait ressortir à merveille leur intense saveur pleine de douceur et leur parfum inimitable. Ces tomates confites sont indispensables pour réaliser les timbales d'aubergines, tomates et basilic (p. 174).

Pour 12 personnes
Matériel : une plaque à pâtisserie.

- 1 kilo de tomates cerises, lavées et coupées en deux
- sel de mer fin
- poivre blanc au moulin
- 1 pincée de sucre en poudre
- 2 brins de thym frais effeuillés

1. Préchauffez le four à 110 °C environ (la chaleur la plus basse possible).
2. Rangez les demi-tomates côte à côte, face coupée dessus, sur une plaque à pâtisserie. Poudrez-les légèrement de sel et ajoutez une pincée de sucre, puis parsemez le tout avec les feuilles de thym. Enfournez la plaque et laissez confire les tomates pendant 1 heure jusqu'à ce qu'elles soient très tendres. Retournez les tomates, arrosez-les avec le jus qu'elles ont rendu et poursuivez la cuisson pendant encore 1 heure jusqu'à ce qu'elles soient fondantes et réduites environ de moitié. Vérifiez la cuisson de temps en temps, car les tomates doivent rester moelleuses et tendres. Sortez-les du four et laissez-les refroidir complètement.
3. Versez les tomates dans un grand bocal, recouvrez-les avec leur jus, couvrez hermétiquement et gardez dans le réfrigérateur jusqu'à une semaine. Utilisez ces tomates confites dans des salades, des sandwichs, des pâtes, dans n'importe quel plat où vous avez envie de retrouver une authentique saveur de tomate.

**15 calories par personne ❧ traces de lipides ❧
1 g de protéines ❧ 3 g de glucides**

Tomates au four à la purée
de basilic

Ce plat de tomates fait rituellement son apparition sur ma table en été. Comme entrée, je vous propose par exemple de réunir en trio multicolore ces tomates, des fleurs de courgettes farcies (p. 213) et les petites timbales d'aubergines, tomates et basilic (p. 174).

Pour 12 personnes
Matériel : une grande poêle à rebord ; un grand plat à four ovale (25 x 40 cm).

• 3 cuillerées à soupe d'huile d'olive vierge extra
• 12 tomates fraîches, coupées en deux dans l'épaisseur et épépinées (non pelées)
• sel de mer fin
• 1 cuillerée à soupe de vinaigre de xérès
• 4 cuillerées à soupe de fines herbes mélangées (persil, menthe, basilic par exemple)
• 4 cuillerées à soupe de sauce basilic légère (p. 292)

1. Préchauffez le four à 220 °C.
2. Faites chauffer l'huile dans une grande poêle sur feu modéré. Quand elle est bien chaude, avant qu'elle ne fume, placez dedans, face coupée contre le fond, autant de demi-tomates que vous pouvez mettre. (N'en mettez pas trop, sinon les tomates vont cuire à la vapeur au lieu d'être saisies). Saisissez-les sans les remuer jusqu'à ce qu'elles soient presque caramélisées, pendant 3 à 4 minutes. Avec une spatule ajourée, transférez les tomates dans un grand plat à four en les plaçant face rissolée dessus, sur une seule couche, mais n'hésitez pas à les faire se chevaucher légère-

ment car elles vont réduire à la cuisson. Continuez à saisir les autres tomates jusqu'à la dernière et rangez-les au fur et à mesure dans le plat. Salez légèrement. Retirez la poêle du feu et déglacez-la avec le vinaigre, posez à nouveau la poêle sur le feu et grattez le fond avec une spatule sur feu modéré pour récupérer toutes les particules de cuisson avec le jus. Versez le tout sur les tomates et parsemez de fines herbes.

3. Placez le plat dans le four à mi-hauteur et faites cuire à découvert pendant environ 30 minutes jusqu'à ce que les tomates soient fondantes et légèrement roussies sur les bords. Déposez un peu de sauce basilic sur chacune d'elles et servez chaud ou à température ambiante.

84 calories par personne ⁂ 6 g de lipides ⁂ 1 g de protéines ⁂ 8 g de glucides

Tartare de tomates

Si un plat peut être jugé sur son aspect, avant même de le goûter, il est certain que celui-ci se place au tout premier plan. La première fois que j'ai goûté une variante de ce tartare de tomates, c'était chez Christian Étienne, à Avignon, qui avait réalisé un menu tout tomate. Cette superposition de tomates rouges, vertes et jaunes, concassées et bien relevées, constitue comme une quintessence de l'été.

Pour 4 personnes
Matériel : : un découpoir ou emporte-pièce de 4 cm de diamètre et de 4 cm de haut (vous pouvez aussi utiliser une petite boîte de concentré de tomates vide, dont vous aurez ôté les deux extrémités).

- 350 g de tomates vertes
- 350 g de tomates rouges
- 350 g de tomates jaunes

- 2 échalotes pelées et finement émincées
- 6 cuillerées à soupe de persil plat finement ciselé
- 6 cuillerées à soupe de basilic finement ciselé
- 2 belles gousses d'ail pelées, coupées en deux, dégermées et émincées
- sel de mer fin
- quelques cuillerées à soupe de vinaigrette classique (p. 289)
- 125 g de feuilles de roquette lavées et essorées
- quelques feuilles de basilic pour garnir

1. Lavez les tomates, pelez-les et coupez-les en deux dans l'épaisseur. Pressez légèrement les demi-tomates pour éliminer les graines et le jus en excès. (Vous pouvez mettre de côté ce jus avec les graines pour relever une sauce ou une soupe.) Taillez les tomates rouges en petits dés de 3 mm de côté et mettez-les dans une passoire au-dessus d'un saladier pour les laisser s'égoutter. Faites la même chose pour les tomates vertes et les tomates jaunes, en gardant les trois variétés séparées. (Vous pouvez réaliser cette opération jusqu'à 2 heures à l'avance. Gardez les tomates à température ambiante.)
2. Au moment de servir, assaisonnez chaque variété de tomates avec pour chacune le tiers des échalotes, du persil, du basilic et de l'ail. Salez légèrement et ajoutez une touche de vinaigrette.
3. Placez un emporte-pièce sur une assiette. Avec une petite cuiller, remplissez-le de tomates rouges, puis retirez délicatement l'emporte-pièce. Répétez la même opération avec les tomates vertes et les tomates jaunes, puis la même chose sur les trois autres assiettes. Dans un saladier, assaisonnez la roquette avec juste assez de vinaigrette pour enrober les feuilles. Goûtez et rectifiez l'assaisonnement. Déposez un petit monticule de roquette sur chaque assiette, garnissez les tomates de feuilles de basilic et servez aussitôt.

107 calories par personne ❀ 5 g de lipides ❀
4 g de protéines ❀ 17 g de glucides

Sorbet à la tomate

Ce sorbet à la tomate à la fois acidulé et légèrement sucré peut accompagner toutes sortes de plats. Parfois j'en ajoute une petite boule dans un bol de gaspacho glacé, parfois j'en sers une portion avant le dessert dans une mini-coupelle. Chaque fois que j'en propose, tout le monde est ravi.

Pour 12 personnes
Matériel : un robot ménager ou un mixeur ; un moulin à légumes équipé de la grille la plus fine ; une sorbetière.

- 650 g de tomates fraîches
- 130 g de sucre en poudre
- 1 cuillerée à soupe de jus de citron fraîchement pressé
- ½ cuillerée à café de sel
- quelques gouttes de Tabasco

Lavez et essuyez les tomates, coupez-les en quartiers, ne les pelez pas et retirez le pédoncule. Réduisez-les en purée dans un robot ménager ou un mixeur. Placez un moulin à légumes au-dessus d'un saladier, versez la purée dedans et passez-la au moulin à légumes. Récupérez la purée passée dans le saladier, ajoutez le sucre, le jus de citron, 18 cl d'eau froide, le sel et le Tabasco. Goûtez et rectifiez l'assaisonnement. Faites refroidir dans le réfrigérateur, puis versez dans une sorbetière et faites prendre en suivant le mode d'emploi du fabricant.

52 calories par personne ❀ traces de lipides ❀
traces de protéines ❀ 13 g de glucides

Mélange de légumes thaï

Ce plat, plein de couleurs et d'épices, est délicieux à savourer en hiver. Aussi parfait le midi que le soir, c'est une recette idéale pour réunir dans un seul plat un aussi grand nombre de légumes variés, ce qui est essentiel pour la santé.

Pour 8 personnes
Matériel : une grande sauteuse à fond épais avec un couvercle ; une petite casserole.

- 2 cuillerées à café d'huile d'olive vierge extra
- 1 cuillerée à soupe de gingembre frais râpé
- 2 oignons moyens, pelés et finement émincés
- ½ cuillerée à café de sel de mer fin
- 200 g de potiron coupé en cubes de 2,5 cm de côté
- 2 navets moyens, pelés et taillés en cubes de 2,5 cm de côté
- 2 carottes moyennes, pelées et taillées en fines rondelles
- 4 petites pommes de terre à chair ferme, grattées et coupées en dés de 2,5 cm de côté
- 2 courgettes moyennes, parées et coupées en dés de 2,5 cm de côté
- 2 tomates lavées, coupées en deux, épépinées et coupées en dés de 2,5 cm de côté
- 50 cl de bouillon de volaille maison (p. 287)
- 25 cl de lait de coco en boîte
- 1 ½ cuillerée à soupe de jus de citron vert fraîchement pressé
- 4 cuillerées à soupe de coriandre fraîche ciselée
- pâte de curry thaïe (p. 301)

Réunissez dans une grande sauteuse à fond épais l'huile, le gingembre et les oignons, ajoutez le sel et faites chauffer à couvert sur feu doux pendant environ 3 minutes jusqu'à ce que les oignons soient bien fondus, sans coloration. Ajoutez tous les légumes et le bouillon. Couvrez et laissez mijoter pendant environ 20 minutes jusqu'à ce que les légumes soient tendres. Pendant ce temps, secouez le lait de coco pour bien l'homogénéiser, versez-le dans une petite casserole et faites-le réduire de moitié. Ajoutez-le au mélange de légumes et poursuivez la cuisson sur feu doux pendant 5 minutes. Au moment de servir, ajoutez le jus de citron vert et mélangez intimement. Servez avec du riz à la vapeur. Garnissez avec la coriandre et proposez en même temps de la pâte de curry comme condiment.

175 calories par personne ❄ 11 g de lipides ❄ 6 g de protéines ❄ 16 g de glucides

Spaghettis de courgettes

Je ne me rappelle plus quand et où j'ai goûté pour la première fois ces spaghettis qui n'en sont pas, mais j'ai toujours trouvé que c'était une superbe idée pour vous faire croire que vous mangez des pâtes, alors qu'il s'agit en réalité de courgettes crues ! En été, je ne peux plus m'en passer, tellement la texture délicate des courgettes est légère et d'une digestibilité parfaite. Suivez la recette à la lettre en ce qui concerne le sel : si vous en mettez trop, c'est vraiment trop salé, mais si vous n'en mettez pas assez, les courgettes ne rendent pas assez d'eau.

Pour 4 personnes
Matériel : une mandoline avec une lame à julienne.

• 500 g de petites courgettes fraîches, lavées, séchées et coupées aux deux extrémités
• 1 cuillerée à café de sel de mer fin
• 4 cuillerées à soupe de sauce crème au citron et à la ciboulette (p. 291)
• fleur de sel

1. À l'aide de la lame à julienne de la mandoline, détaillez les courgettes dans le sens de la longueur en fins filaments.

Mettez-les dans une passoire placée au-dessus d'un saladier. Ajoutez le sel et mélangez. Laissez reposer pendant 15 minutes à température ambiante.

2. Pressez délicatement les filaments de courgettes entre vos mains pour éliminer le maximum d'eau de végétation. Mettez-les dans un saladier et ajoutez la sauce crème au citron et à la ciboulette. Ajoutez une pincée de fleur de sel et servez.

**37 calories par personne ❧ 2 g de lipides ❧
5 g de protéines ❧ 4 g de glucides**

Carpaccio de courgettes et d'avocat

Dans ce joli camaïeu de verts, entre les fines languettes de courgettes et les lamelles fondantes d'avocat, j'aime beaucoup le jeu de couleurs et de textures. Avec une larme d'huile de pistache et quelques brins de thym frais, c'est un authentique plat de plein été.

Pour 4 personnes
Matériel : un petit bocal avec couvercle ; une mandoline ou un couteau bien aiguisé.

- 1 cuillerée à soupe de jus de citron fraîchement pressé
- ½ cuillerée à café de sel
- 4 cuillerées à soupe d'huile de pistache, d'amande ou d'olive
- 4 petites courgettes à peau fine (120 g chacune environ), lavées, essuyées et parées
- 1 avocat mûr, pelé et taillé en fines lamelles
- 50 g de pistaches salées
- 4 brins de thym frais, si possible avec les feuilles
- sel au zeste de citron (p. 302)

1. Réunissez dans un petit bocal le jus de citron et le sel, remuez pour le faire fondre, puis ajoutez l'huile, couvrez et secouez pour bien mélangez.

2. À l'aide d'une mandoline ou d'un couteau bien aiguisé, détaillez les courgettes dans le sens de la longueur en lamelles aussi fines que possible. Disposez ces lamelles sur une grande assiette et arrosez-les avec la sauce au citron. Faites basculer l'assiette d'avant en arrière pour bien recouvrir toutes les lamelles de courgettes. Couvrez d'un film étirable et laissez mariner au moins 30 minutes (jusqu'à 1 heure) pour que les courgettes absorbent la sauce et ne se dessèchent pas.

3. Au moment de servir, répartissez les lamelles de courgettes marinées sur des assiettes de service, en les alternant avec les lamelles d'avocat ; faites-les se chevaucher légèrement, puis parsemez le tout de pistaches, assaisonnez de thym et de sel au zeste de citron. Servez.

237 calories ✵ 22 g de lipides ✵ 4 g de protéines ✵ 10 g de glucides

Suggestion de vin

Ce plat sera parfait avec un vin blanc bien frappé, par exemple celui que l'on produit avec mes deux cépages blancs préférés, marsanne et roussanne.

Les courgettes du *Domaine de la Ponche*

Depuis des années, le *Domaine de la Ponche* est l'un de nos endroits favoris pour sortir dîner. Son hôte Jean-Pierre Onimus est plein de charme, assisté avec talent par sa femme Ruth Spahn et sa belle-sœur Madeleine Frauenknecht. Leur cuisine est d'une grande simplicité, souvent originale et toujours séduisante. Ils nous ont servi ces courgettes un soir en amuse-bouche et j'aime bien les préparer chez moi en entrée.

Pour 4 personnes
Matériel : une mandoline ou un couteau bien aiguisé.

- 4 petites courgettes fraîches de 120 g chacune environ, lavées, séchées et parées
- 12 fins copeaux de parmesan
- 4 cuillerées à café de vinaigre balsamique véritable
- ½ cuillerée à café de fleur de sel
- poivre noir au moulin

Avec une mandoline ou un couteau bien aiguisé, émincez les courgettes transversalement en très fines rondelles. Disposez-les sur des assiettes de service en rosace, en les faisant se chevaucher légèrement. Disposez les copeaux de parmesan par-dessus, puis arrosez de vinaigre balsamique. Salez et poivrez. Laissez mariner pendant environ 10 minutes avant de servir en entrée ou comme plat de légumes.

**49 calories par personne ⁂ 2 g de lipides ⁂
4 g de protéines ⁂ 4 g de glucides**

Suggestion de vin
Un vin blanc bien frappé, à base de cépage viognier.

Fleurs de courgettes farcies

Tous les matins en été, je parcours mes plates-bandes de courgettes et de citrouilles pour récolter leurs belles fleurs jaunes et orange qui semblent se multiplier comme des lapins ! Je les fais cuire à la vapeur et je les nappe de sauce tomate, j'en ajoute dans les gratins de courgettes, mais j'aime aussi choisir les plus belles pour les farcir d'un mélange de fromage de chèvre et de basilic.

Pour 6 personnes
Matériel : un plat à gratin rond de 25 cm de diamètre.

- 200 g de fromage de chèvre frais
- 6 cuillerées à soupe de feuilles de basilic ciselées
- 12 fleurs de courgettes
- sel de mer fin
- 2 cuillerées à soupe d'huile de basilic (p. 305) ou d'huile d'olive vierge extra

1. Préchauffez le four à 220 °C.
2. Déposez le fromage sur une grande assiette plate. Ajoutez le basilic et mélangez le tout avec une fourchette jusqu'à consistance homogène.
3. Avec un couteau pointu, entaillez délicatement les fleurs de courgettes sur un côté pour les ouvrir. Avec une cuiller, farcissez-les avec le mélange au fromage. Refermez soigneusement les fleurs et rangez-les dans le plat rond en rayons. Lorsque toutes les fleurs farcies sont rangées dans le plat, salez légèrement et arrosez avec une cuillerée à soupe d'huile. Couvrez de papier d'aluminium.
4. Mettez le plat dans le four à mi-hauteur et faites cuire pendant 15 à 20 minutes jusqu'à ce que les fleurs soient bien dorées. Sortez le plat du four, arrosez avec le reste d'huile et servez aussitôt.

74 calories par personne ❋ 7 g de lipides ❋
2 g de protéines ❋ 1 g de glucides

LES POMMES
DE TERRE

Gratin savoyard

Qu'existe-t-il de plus appétissant et de plus savoureux qu'un gratin de pommes de terre ? Quand il sort du four tout grésillant, il arrache toujours des cris d'enthousiasme de la part des convives. J'ai compris depuis longtemps que si vous voulez vraiment faire plaisir à vos invités (surtout les hommes), il suffit de servir un gratin de pommes de terre !

Pour 6 personnes
Matériel : une mandoline ou un couteau bien aiguisé ; une petite casserole ; un plat à gratin de 1,5 litre de contenance.

- 650 g de pommes de terre à chair ferme
- 25 cl de bouillon de volaille maison (p. 287)
- beurre pour le plat à gratin
- 100 g de gruyère râpé
- ½ cuillerée à café de noix de muscade râpée
- sel de mer fin

1. Préchauffez le four à 220 °C.
2. Pelez les pommes de terre, mais ne les lavez pas. L'amidon qu'elles conservent ainsi rend le gratin plus moelleux et parfumé. Avec une mandoline ou un couteau bien aiguisé, détaillez les pommes de terre en fines rondelles.
3. Faites chauffer le bouillon dans une petite casserole.
4. Beurrez légèrement le plat à gratin. Rangez soigneusement la moitié des pommes de terre en couches superposées dans le plat, poudrez avec la moitié du fromage râpé et la moitié de la noix de muscade, salez légèrement. Rangez le reste des rondelles de pommes de terre sur le fromage râpé, en les faisant également se chevaucher. Ajoutez le reste de fromage et de noix de muscade. Salez à nouveau et versez le bouillon chaud délicatement par-dessus.
5. Mettez le plat dans le four à mi-hauteur et laissez cuire pendant environ 1 heure jusqu'à ce que le dessus soit croustillant et doré. Servez aussitôt.

**153 calories par personne ❦ 7 g de lipides ❦
9 g de protéines ❦ 13 g de glucides**

Pommes de terre au four

Parmi tous mes amis, Catherine O'Neill est sans doute celle qui aime le plus les pommes de terre. Lorsqu'elle va au restaurant, sa première question est invariable : « Quel plat de pommes de terre me proposez-vous ? » Elle les aime sous toutes les formes. La première fois que j'ai préparé cette recette, j'ai invité Catherine pour qu'elle soit la première à la goûter. Grâce au ciel elle a aimé !

Pour 8 personnes
Matériel : une plaque à pâtisserie ; une grande sauteuse.

- 4 grosses pommes de terre à chair ferme (150 g chacune environ)
- 1 cuillerée à café de sel de mer fin
- 1 cuillerée à soupe d'huile d'olive vierge extra
- 70 g de petits lardons fumés, sans la couenne
- 50 g de gruyère râpé
- poivre noir au moulin
- 4 cuillerées à soupe de ciboulette ciselée

1. Préchauffez le four à 220 °C.
2. Brossez soigneusement les pommes de terre et rincez-les, mais ne les pelez pas. Coupez-les en deux dans la longueur. Dans une grande terrine, mélangez les pommes de terre, le sel et l'huile. Rangez ensuite les pommes de terre, face coupée dessous, sur une plaque à pâtisserie. Faites-les rôtir dans le four pendant 40 minutes jusqu'à ce qu'elles soient dorées, légèrement gonflées et bien tendres quand on les perce avec les dents d'une fourchette.
3. Pendant la cuisson mettez les lardons dans une grande sauteuse sans ajouter de matière grasse et faites-les revenir sur feu modéré pendant 5 minutes jusqu'à ce qu'ils soient

dorés et croustillants. Prélevez-les avec une écumoire et déposez-les sur plusieurs épaisseurs de papier absorbant pour les égoutter, recouvrez-les également de papier absorbant pour finir de les éponger. Réservez.

4. Lorsque les pommes de terre sont tendres et dorées, sortez-les du four. Retournez-les, face coupée dessus, et incisez-les légèrement en croisillons. Poudrez-les de fromage et parsemez-les de petits lardons. Poivrez généreusement. Remettez-les dans le four et poursuivez la cuisson pendant 2 à 3 minutes jusqu'à ce que le fromage soit fondu. Garnissez de ciboulette, poivrez à nouveau et servez chaud.

**145 calories par personne ⍟ 8 g de lipides ⍟
6 g de protéines ⍟ 12g de glucides**

Les crisps de pommes de terre de Jo et George

Que demander de plus à des pommes de terre que de parvenir dans votre assiette bien dorées et croustillantes? Depuis que mes amis Johanne Killeen et George Germon m'ont donné cette recette, elle est devenue l'une de nos préférées à la maison.

Pour 6 personnes
Matériel : une plaque à pâtisserie; un maillet ou un battoir à viande.

- 4 cuillerées à soupe d'huile d'olive vierge extra
- 1 kilo de pommes de terre à chair ferme, bien brossées
- gros sel de mer

1. Préchauffez le four à 190 °C.
2. Badigeonnez la plaque à pâtisserie avec une cuillerée à soupe d'huile d'olive.
3. Mettez les pommes de terre dans une grande casserole. Couvrez d'eau et ajoutez 1 cuillerée à soupe de gros sel.

Portez à ébullition sur feu vif et laissez cuire pendant 20 minutes environ jusqu'à ce que les pommes de terre soient tendres. Égouttez-les et épongez-les avec du papier absorbant.

4. Avec un maillet ou un battoir, écrasez chaque pomme de terre pour l'aplatir en formant une galette de 5 à 6 mm d'épaisseur. Avec une spatule, déposez ces galettes sur la plaque à pâtisserie, puis arrosez-les avec le reste d'huile d'olive. Salez légèrement.

5. Enfournez la plaque à mi-hauteur et faites cuire pendant 30 à 40 minutes jusqu'à ce qu'elles soient bien dorées et croustillantes. Servez aussitôt.

**169 calories par personne ❋ 9 g de lipides ❋
2 g de protéines ❋ 2 g de glucides**

Folklore : lorsque vous dégustez les premières pommes de terre nouvelles de l'année, n'oubliez pas de faire un vœu…

Pommes de terre au bouillon de menthe

Simple mais originale, cette rafraîchissante recette de pommes de terre permet à chaque ingrédient de se mettre en valeur, sans oublier la touche finale de beurre frais pour faire revenir les pommes de terre. Cuites dans un bon bouillon de volaille parfumé à la menthe fraîche, les pommes de terre sont ensuite dorées au beurre et relevées d'une dernière touche de menthe.

Pour 8 personnes
Matériel : une grande cocotte à fond épais avec un couvercle.

- 1 kilo de pommes de terre à chair ferme
- 1,5 litre de bouillon de volaille maison (p. 287)
- 4 feuilles de laurier fraîches ou sèches
- 1 bouquet de menthe fraîche
- 1 cuillerée à soupe de gros sel de mer
- 2 cuillerées à soupe de beurre
- 4 cuillerées à soupe de menthe fraîche
- fleur de sel

1. Brossez les pommes de terre sous le robinet d'eau froide, mais ne les pelez pas. Coupez-les en deux dans la longueur. Mettez-les dans une grande cocotte. Versez le bouillon par-dessus, ajoutez les feuilles de laurier, le bouquet de menthe et le gros sel. Portez à la limite de l'ébullition sur feu modéré, couvrez et faites cuire pendant 20 minutes jusqu'à ce que les pommes de terre soient tendres quand on les perce avec la pointe d'un couteau. Égouttez-les et réservez. Jetez les feuilles de laurier et le bouquet de menthe. (Filtrez le bouillon et conservez-le pour un autre usage, sauce ou soupe.)
2. Faites chauffer le beurre dans la même cocotte sur feu modéré. Quand il est bien chaud, ajoutez les pommes de terre, face coupée contre le fond, et laissez-les cuire pendant 3 minutes jusqu'à ce qu'elles soient bien colorées. Garnissez de menthe ciselée et ajoutez une pincée de fleur de sel. Servez aussitôt.

**158 calories par personne ❋ 5 g de lipides ❋
11 g de protéines ❋ 18 g de glucides**

Salade de pommes de terre, sauce printanière

Cette salade de pommes de terre toute simple et pourtant élégante revient très régulièrement sur notre table. La sauce bien relevée à la moutarde et aux câpres lui ajoute du piquant et du croquant, tandis que les petits oignons délicats et la menthe fraîche lui donnent une dimension printanière.

Pour 6 personnes
Matériel : un cuit-vapeur.

- 500 g de pommes de terre à chair ferme
- 4 cuillerées à soupe d'huile d'olive vierge extra
- 2 cuillerées à soupe de jus de citron fraîchement pressé
- 1 cuillerée à soupe de moutarde forte
- 3 oignons nouveaux (ou 6 ciboules), pelés et très finement émincés
- 50 g de câpres au vinaigre, bien égouttées
- sel de mer fin
- 4 cuillerées à soupe de menthe fraîche finement ciselée

1. Brossez les pommes de terre sous le robinet d'eau froide, mais ne les pelez pas. Versez 1 litre d'eau dans la partie basse d'un cuit-vapeur et portez à ébullition. Posez les pommes de terre sur la grille de cuisson et mettez celle-ci en place au-dessus de l'eau frémissante. Couvrez et faites cuire à la vapeur pendant 25 minutes jusqu'à ce que les pommes de terre soient cuites à cœur.
2. Pendant la cuisson des pommes de terre, préparez l'assaisonnement. Versez l'huile, le jus de citron et la moutarde dans un grand saladier. Mélangez en fouettant. Ajoutez les oignons et les câpres. Mélangez, goûtez et rectifiez l'assaisonnement. Réservez.
3. Lorsque les pommes de terre sont cuites, coupez-les transversalement en fines rondelles, en les mettant au fur et à mesure dans la sauce. Procédez à cette opération alors que les pommes de terre sont encore chaudes, pour qu'elles absorbent la sauce le plus rapidement possible. Mélangez intimement pour bien les enrober. Ajoutez la menthe ciselée, rectifiez l'assaisonnement et servez tiède.

**139 calories par personne ❧ 9 g de lipides ❧
2 g de protéines ❧ 13 g de glucides**

Gaufres de pommes de terre
au saumon fumé

À mon avis, ce plat est idéal pour un déjeuner du dimanche, à la fois rapide, facile et festif. La seule chose qui lui manque? Un bon verre de vin blanc bien frais comme le vouvray, par exemple.

Pour 4 personnes
Matériel : un gaufrier électrique ; une râpe pyramidale.

- 4 cuillerées à soupe de ciboulette ciselée
- 2 gros œufs
- 1 gros blanc d'œuf
- 25 cl de crème fraîche épaisse
- ½ cuillerée à café de sel de mer fin
- 500 g de pommes de terre à chair ferme
- 4 tranches de saumon fumé
- 2 cuillerées à soupe de câpres au vinaigre, bien égouttées
- vert de fenouil ou aneth frais pour garnir

1. Préchauffez le gaufrier.
2. Réunissez dans une terrine la ciboulette, les œufs entiers, le blanc d'œuf et 12 cl de crème fraîche, ajoutez le sel et mélangez intimement.
3. Pelez les pommes de terre, mais ne les lavez pas. Râpez-les dans une grande assiette en utilisant le côté gros trous de la râpe. Pressez ensuite les pommes de terre râpées dans vos mains pour éliminer le maximum d'eau de végétation. Puis versez le tout dans la terrine avec les œufs et la crème. Mélangez intimement.
4. À l'aide d'une grande cuiller, déposez la moitié de cette pâte sur la face alvéolée du gaufrier. Refermez-le et faites

cuire en suivant le mode d'emploi du fabricant. Faites ensuite cuire le reste de la pâte de la même façon.

5. Pour servir, déposez une demi-gaufre sur chaque assiette de service. Ajoutez une tranche de saumon fumé par-dessus, parsemez de quelques câpres et garnissez avec du vert de fenouil ou quelques brins d'aneth. Placez enfin une cuillerée à soupe de crème fraîche à côté de la demi-gaufre et servez.

315 calories par personne ❄ 21 g de lipides ❄ 13 g de protéines ❄ 20 g de glucides

Suggestion de vin

Ce mariage de saveurs appelle un vin du Val de Loire. Goûtez par exemple un vouvray blanc de quelques années, à base de chenin blanc.

Galettes de pommes de terre du boulevard Raspail

Chaque fois que je suis à Paris pendant le week-end, j'attends avec impatience le dimanche matin en me demandant quelles merveilles je vais trouver au marché bio qui se tient boulevard Raspail. Juste à l'entrée il y a toujours un stand de galettes de pommes de terre rissolées qui embaume littéralement. Le vendeur qui les fait cuire a confié à mon ami Steven Rothfeld (un véritable accro de la pomme de terre) qu'il peut en vendre jusqu'à huit cents par jour ! Sur le marché, les gens les dégustent dans une serviette en papier. Chez moi, je les sers avec une bonne salade verte.

Pour 8 galettes de 13 cm de diamètre
Matériel : un cuit-vapeur ; une râpe ; une poêle à crêpes anti-adhésive ; une plaque à pâtisserie.

* 500 g de pommes de terre à chair ferme
* ½ cuillerée à café de sel de mer
* 3 cuillerées à soupe d'huile d'olive vierge extra

1. Pelez les pommes de terre, mais ne les lavez pas. Versez 1 litre d'eau dans la partie basse d'un cuit-vapeur et portez à ébullition. Posez les pommes de terre sur la grille et mettez celle-ci en place au-dessus de l'eau frémissante. Faites-les cuire pendant 12 à 15 minutes jusqu'à ce qu'elles soient à demi cuites seulement. Coupez une pomme de terre en deux : si elle est encore crue à cœur, poursuivez la cuisson pendant 2 à 3 minutes supplémentaires. Laissez-les refroidir à découvert. Elles doivent être complètement froides avant que vous ne puissiez les râper. (Vous pouvez les faire cuire à l'avance, la veille par exemple, et les garder dans le réfrigérateur enveloppées dans du film alimentaire.)
2. Préchauffez le four à 130 °C.
3. En utilisant la râpe côté gros trous, râpez les pommes de terre sur une grande assiette, mélangez-les avec le sel et réservez.
4. Faites chauffer une cuillerée à soupe d'huile dans une poêle à crêpes antiadhésive sur feu modéré. Quand elle est bien chaude, avant qu'elle ne commence à fumer, déposez un huitième des pommes de terre râpées dans la poêle et appuyez dessus avec une spatule pour en faire une galette. Faites-la dorer en continuant à l'aplatir avec la spatule pendant 4 à 5 minutes jusqu'à ce qu'elle soit bien dorée et croustillante dessous. Retournez la galette et faites-la dorer de l'autre côté pendant encore 2 à 3 minutes. Déposez délicatement la galette sur une plaque à pâtisserie et tenez-la au chaud. Répétez la même opération avec le reste des pommes de terre râpées. (Une fois que la poêle est chaude, il suffit d'une petite pro-

portion d'huile pour continuer à faire dorer les autres galettes.)

**78 calories par personne ❧ 5 g de lipides ❧
1 g de protéines ❧ 8 g de glucides**

Pommes de terre au four au citron et au laurier

Délicieusement fondantes et parfumées, ces pommes de terre au four unissent la petite pointe acidulée du citron frais, la richesse de l'huile de noix et l'arôme pénétrant du laurier et de l'origan. Servez-les par exemple avec les cailles poêlées à la moutarde (p. 118).

Pour 8 personnes
Matériel : un grand plat à four.

- 1 kilo de petites pommes de terre à chair ferme
- 2 feuilles de laurier, fraîches de préférence
- 2 citrons, de préférence non traités, lavés et coupés dans la longueur en 8 tranches
- 3 cuillerées à soupe de jus de citron fraîchement pressé
- 2 cuillerées à soupe d'huile de noix ou d'huile d'olive vierge extra
- 1 cuillerée à café de gros sel de mer
- 1 cuillerée à café d'origan séché

1. Préchauffez le four à 220 °C.
2. Brossez les pommes de terre sous le robinet d'eau froide, mais ne les pelez pas. Mettez-les dans un saladier, ajoutez les feuilles de laurier, les rondelles de citron, le jus de citron, l'huile et le sel. Mélangez intimement pour bien enrober les pommes de terre. Versez le tout dans un plat à rôtir assez grand pour les contenir toutes sur une seule couche. Faites-les rôtir dans le four jusqu'à ce qu'elles

soient tendres et dorées, en les retournant régulièrement, pendant environ 40 minutes. Sortez-les du four, retirez et jetez les feuilles de laurier. Poudrez les pommes de terre d'origan, en frottant celui-ci entre vos mains pour en faire ressortir le parfum.

**103 calories par personne ✻ 4 g de lipides ✻
2 g de protéines ✻ 18 g de glucides**

LES ŒUFS,
LES FROMAGES
ET LEURS AMIS

Mini-toasts au chèvre
et à la truffe

Voilà le tout premier avant-goût que je propose à mes élèves lors de la semaine culinaire que j'organise en janvier sur le thème de la truffe. J'offre à chacun deux de ces petits toasts tout chauds et fondants lorsqu'ils passent le seuil de notre ferme : une lamelle de truffe enfermée entre deux rondelles de chèvre. Tout récemment, ces mini-toasts ont gagné auprès de mes élèves le prix de la Meilleure bouchée de la semaine, parmi une quarantaine de créations à base de truffe.

Pour 10 personnes
Matériel : une mandoline ou un couteau bien aiguisé ; un emporte-pièce rond de 4 cm de diamètre.

- 1 truffe noire fraîche (50 à 60 g)
- 250 g environ de bûche de chèvre mi-affiné (4 cm de diamètre)
- environ 7 tranches de pain complet au levain
- 1 cuillerée à soupe de beurre de truffe (p. 308)
- 1 cuillerée à café d'huile de truffe (p. 306)
- fleur de sel

1. Préchauffez le gril du four.
2. Avec une mandoline ou un couteau bien aiguisé, détaillez la truffe en très fines lamelles : vous devez en obtenir une vingtaine. Avec ce couteau bien aiguisé, détaillez également la bûche de chèvre en rondelles de 5 mm d'épaisseur ; il vous en faut une quarantaine. Confectionnez les mini-sandwichs à la truffe en plaçant une lamelle de truffe entre deux rondelles de chèvre. Réservez-les sur une grande assiette.
3. Avec un emporte-pièce rond de 4 cm de diamètre, découpez les tranches de pain en rondelles, de manière à en obtenir une vingtaine. Rangez ces rondelles de pain côte à côte sur une plaque à pâtisserie. Beurrez-les légèrement

avec le beurre de truffe. Passez-les sous le gril pour les toaster légèrement. Sortez la plaque du four et déposez un sandwich de chèvre à la truffe sur chaque toast.

4. Remettez la plaque dans le four et laissez griller pendant 1 à 2 minutes, juste pour rendre le fromage bien tendre et fondant. Sortez les toasts du four, arrosez-les de quelques gouttes d'huile de truffe et ajoutez une pincée de fleur de sel. Servez aussitôt.

106 calories par personne (deux toasts) ❋ 8 g de lipides ❋ 6 g de protéines ❋ 6 g de glucides

Ramequins de parmesan aux pignons de pin et à la truffe

J'aime bien servir ces délicieux petits gratins à la fin du repas, à la place du plateau de fromage, avec une bonne **salade de roquette**. Si vous ne disposez pas de truffe, supprimez-la dans la recette ou remplacez-la par des champignons rapidement sautés dans un peu d'huile d'olive. Le mariage du parmesan et des pignons de pin est l'un des plus réussis que je connaisse.

Pour 4 personnes
Matériel : une mandoline ou un couteau bien aiguisé ; un petit bocal avec un couvercle ; une petite poêle ; quatre ramequins individuels (6 à 7 cl de contenance) ; une plaque à pâtisserie.

- 1 truffe noire fraîche (50 à 60 g)
- 2 cuillerées à café d'huile d'olive vierge extra
- 50 g de pignons de pin
- 100 g de parmesan fraîchement râpé

1. À l'aide d'une mandoline ou d'un couteau bien aiguisé, détaillez la truffe en très fines lamelles. Mettez-les dans un petit bocal, recouvrez-les d'huile d'olive et fermez le bocal.

Laissez mariner à température ambiante pendant au moins 15 minutes.

2. Préchauffez le gril du four.

3. Faites griller les pignons de pin : mettez-les dans une petite poêle sans ajouter de matière grasse, posez sur feu modéré et faites-les griller en secouant la poêle régulièrement jusqu'à ce qu'ils dégagent leur parfum et soient bien dorés, pendant 2 minutes environ. Surveillez attentivement la cuisson, car ils brûlent facilement. Versez-les ensuite dans une assiette et laissez refroidir.

4. Rangez quatre ramequins sur une plaque à pâtisserie, répartissez la moitié du fromage râpé dans les ramequins, ajoutez les pignons de pin, puis les lamelles de truffe et recouvrez le tout avec le reste de fromage.

5. Glissez la plaque sous le gril et laissez-la pendant une minute jusqu'à ce que le fromage soit bien doré et grésillant. Servez aussitôt avec une bonne salade verte.

140 calories par personne ❧ **10 g de lipides** ❧
7 g de protéines ❧ **5 g de glucides**

Suggestion de vin

La dernière fois que j'ai préparé ces ramequins, nous avons dégusté un délicieux côtes-du-rhône blanc, Les Genêts du Château de Roquefort, un vin élégant mais sans trop de sophistication, issu d'un assemblage de clairette et de rolle, qui donne un vin ensoleillé, avec une délicate acidité et un beau bouquet de fruits mûrs.

Jamais vous ne saurez ce que veut dire assez, avant de savoir ce qui est plus qu'assez.

*William Blake, poète et peintre britannique
(1757-1827).*

Un festin à la gloire de la truffe

Mini-toasts au chèvre et à la truffe (p. 231)

Ramequins de parmesan au pignons de pin et à la truffe (p. 232)

Crème de polenta à l'œuf poché (p. 237)

Chaource à la truffe (p. 234)

Chaource à la truffe

Chaque année au mois de janvier, j'organise un atelier de création culinaire sur le thème de la truffe. Pendant quatre jours, j'entraîne mes élèves à la poursuite du diamant noir, nous visitons des conserveries, nous dînons dans les restaurants qui proposent d'incroyables menus aux truffes et, bien sûr, nous essayons nous-mêmes d'intégrer la truffe dans tous les plats possibles et imaginables, de la soupe à la salade sans oublier le sorbet. L'une de mes créations préférées a longtemps été le sandwich de saint-marcellin à la truffe : un fromage au lait de vache en forme de petit palet, coupé en deux dans l'épaisseur, garni de lamelles de truffe et reconstitué, puis passé au four jusqu'à ce que le fromage commence à fondre. Il y a quelques années, c'est Walter qui a eu l'idée de cette ultime création, en utilisant du chaource, un fromage au lait de vache originaire de Champagne. La pâte du fromage absorbe pour ainsi dire l'intense parfum du tubercule, tandis que la matière grasse qu'il contient fixe et retient sa saveur. Le chaource est un fromage double-crème légèrement plus riche en matière grasse (50 %) que la plupart des autres fromages (45 %). Il se présente sous la forme d'un beau cylindre, dont la croûte tendre recouvre une pâte délicatement crémeuse, avec un arôme pénétrant de champignon et de noix fraîche.

Pour 12 personnes
Matériel : un couteau bien aiguisé.

- 1 chaource entier, bien froid
- 1 truffe noire fraîche (50 à 60 g), taillée en fines lamelles

1. À l'aide d'un couteau bien aiguisé, coupez le fromage dans l'épaisseur en trois disques de même taille. Disposez la moitié des lamelles de truffe sur le disque du dessous, placez le disque de fromage intermédiaire par-dessus, ajoutez le reste des lamelles de truffe, puis posez le disque du dessus, de manière à reconstituer le fromage. Enveloppez-le soigneusement de film étirable et mettez-le dans le réfrigérateur pendant 24 à 48 heures pour que le fromage absorbe tout le parfum de la truffe.
2. Pour servir, sortez le chaource du réfrigérateur et laissez-le revenir à température ambiante. Déballez-le et posez-le sur un plateau à fromage, puis découpez-le en portions régulières.

64 calories par personne ❧ 42 g de lipides ❧ 4 g de protéines ❧ 2 g de glucides.

Suggestion de vin

Le meilleur châteauneuf-du-pape que vous puissiez trouver ! Parmi mes préférés, j'en citerai trois : Château de Beaucastel, Château La Nerthe et Domaine de la Janasse.

Omelette de pommes de terre à la ciboulette

Cette plantureuse omelette dorée dans le four s'invite facilement à toutes les tables, quel que soit le jour de l'année. Elle se confectionne en un tour de main et constitue un dîner de week-end idéal avec une salade verte bien assaisonnée.

Pour 8 personnes
Matériel : un cuit-vapeur ; une grande poêle à omelette pouvant aller dans le four.

- 500 g de pommes de terre à chair ferme, pelées
- 5 œufs extra-frais
- sel de mer fin
- 6 cuillerées à soupe de ciboulette ciselée
- 2 cuillerées à soupe d'huile d'olive vierge extra
- poivre noir au moulin

1. Versez 1 litre d'eau dans la partie basse d'un cuit vapeur et portez à ébullition. Posez les pommes de terre sur la grille de cuisson et mettez celle-ci en place au-dessus de l'eau frémissante. Faites-les cuire pendant 12 à 15 minutes jusqu'à ce qu'elles soient à moitié cuites. Coupez en une en deux, si elle est encore crue à cœur, poursuivez la cuisson pendant encore 2 à 3 minutes. Laissez refroidir à découvert avant de couper les pommes de terre en rondelles. (Vous pouvez les faire cuire jusqu'à 6 heures à l'avance et les conserver dans le réfrigérateur, emballées dans du film étirable.)
2. Préchauffez le gril du four.
3. Cassez les œufs dans une jatte, salez et ajoutez les ¾ de la ciboulette. Fouettez pour bien mélanger.
4. Versez l'huile dans une poêle et faites basculer celle-ci d'avant en arrière pour bien huiler tout le fond de la poêle. Coupez les pommes de terre en rondelles de 3 mm d'épaisseur et disposez-les en rosace dans la poêle en les faisant se chevaucher, salez légèrement. Posez la poêle sur feu moyen et faites cuire pendant 4 minutes. Baissez le feu et versez les œufs. Laissez cuire encore 3 minutes. Avec une spatule, décollez l'omelette sur le pourtour de la poêle pour l'empêcher d'attacher ultérieurement.
5. Glissez la poêle sous le gril du four, à environ 15 cm de la source de chaleur, et laissez cuire pendant 2 minutes jusqu'à ce que l'omelette soit dorée, légèrement gonflée et bien prise. (Surveillez attentivement la cuisson : une seule minute de trop peut faire la différence entre une omelette bien dorée et une omelette trop cuite.) Sortez la poêle du

four et laissez reposer pendant 2 minutes. Posez un grand plat à l'envers en couvercle sur la poêle et retournez le tout. Poivrez généreusement et ajoutez le reste de ciboulette. Servez chaud ou à température ambiante.

111 calories par personne ❧ 7 g de lipides ❧ 5 g de protéines ❧ 8 g de glucides

Crème de polenta à l'œuf poché

Cette polenta dorée et bien crémeuse est l'un de nos plats préférés en hiver. Elle est facile et rapide à réaliser, mais elle demande néanmoins un minimum de coordination car la polenta et les œufs pochés cuisent vite, mais doivent être dégustés sans attendre. Pour ma part, je prépare d'abord la polenta et je la répartis dans des assiettes creuses que je tiens au chaud dans le four pendant le pochage des œufs.

Pour 4 personnes
Matériel : une grande casserole ; une mandoline ou un couteau bien aiguisé ; 4 assiettes creuses bien chaudes ; une grande sauteuse avec un couvercle ; 4 ramequins.

- 1 litre de lait écrémé
- 1 cuillerée à café de sel de mer fin
- ½ cuillerée à café de noix de muscade râpée
- 100 g de polenta instantanée
- 100 g de parmesan fraîchement râpé
- 1 cuillerée à soupe de vinaigre d'alcool
- 4 œufs extra-frais
- fleur de sel

1. Préchauffez le four à 130 °C.
2. Versez le lait dans une grande casserole, salez, muscadez et portez à ébullition sur feu vif, en surveillant de près pour

éviter tout débordement. Versez la farine de maïs en pluie et faites cuire en remuant constamment pendant 3 minutes environ avec une cuiller en bois jusqu'à ce que le mélange commence à épaissir.

3. Retirez la casserole du feu et incorporez le fromage. Mélangez intimement. La polenta doit être très crémeuse, presque fluide. Répartissez-la dans les assiettes creuses et placez celles-ci dans le four pour les tenir au chaud.

4. Versez 2 litres d'eau dans une grande sauteuse et portez à ébullition. Baissez le feu pour entretenir des frémissements réguliers et ajoutez le vinaigre. Cassez les œufs dans les ramequins et faites-les glisser délicatement dans l'eau frémissante en penchant à chaque fois le ramequin à un centimètre au-dessus de l'eau. Laissez les œufs se répandre et couvrez aussitôt la sauteuse. Laissez pocher les œufs jusqu'à ce que le blanc soit bien pris et le jaune encore coulant, recouvert d'une fine pellicule translucide : 3 minutes environ pour des jaunes mi-pris et 5 minutes pour des jaunes bien pris.

Retirez délicatement les œufs pochés de l'eau avec une écumoire, égouttez-les et déposez-les sur la polenta. Ajoutez une pincée de fleur de sel et servez aussitôt.

379 calories par personne ❀ 15 g de lipides ❀ 25 g de protéines ❀ 35 g de glucides

Suggestion de vin

C'est le moment de sortir votre meilleur châteauneuf-du-pape blanc. Mon préféré est le blanc Vieilles Vignes du Château de Beaucastel, 100 % roussanne. Il est vraiment étonnant, singulier et en parfaite harmonie avec les œufs et la polenta.

Les mots du vin :

Ne jugez pas un vin : sachez l'apprécier et découvrir ce qu'il a à vous offrir.
Fabrice Langlois, sommelier au Château de Beaucastel, Châteauneuf-du-Pape.

Compote de poires et de pruneaux au safran

Depuis des années, cette compote figure en tête de liste des recettes les plus appréciées de mon école de cuisine. Nous avons du fromage à la fin de presque tous nos repas, et j'aime bien proposer en même temps un accompagnement fruité ou noiseté. Avec ses saveurs aigres-douces que souligne le parfum du safran, le mélange de poires et de pruneaux est rehaussé de miel.

Pour 16 personnes
Matériel : une grande casserole.

- 1 pincée de safran en filaments
- 12 cl de vinaigre de xérès
- 25 cl de miel liquide
- 20 pruneaux dénoyautés
- 3 poires à chair ferme, pelées, épépinées et taillées chacune dans la longueur en 16 lamelles

1. Mettez le safran dans un petit bol, ajoutez 1 cuillerée à soupe d'eau très chaude et laissez reposer.
2. Versez le vinaigre dans une grande casserole et ajoutez le miel. Couvrez et faites cuire sur feu très doux pendant 3 minutes jusqu'à ce que le miel soit complètement fondu. Ajoutez les pruneaux et les poires. Laissez mijoter pendant

15 minutes jusqu'à ce que les fruits soient bien tendres. Incorporez le safran et son liquide de trempage. Retirez du feu, laissez refroidir et couvrez. Servez bien frais avec le plateau de fromage. Ce condiment aigre-doux se conserve à couvert dans le réfrigérateur pendant 6 semaines.

113 calories par personne ✻ traces de lipides ✻ traces de protéines ✻ 30 g de glucides

Boudins de figues aux graines de fenouil

Mes convives adorent littéralement ces fines rondelles de figues au fenouil, à servir en particulier avec un plateau de fromages persillés, qui réunirait par exemple la fourme d'Ambert et le bleu des Causses, tous deux au lait de vache, sans oublier le roquefort au lait de brebis, à l'arôme plus marqué.

Pour 3 boudins (12 rondelles par boudin)
Matériel : un robot ménager ou un mixeur.

- 24 figues sèches
- 2 cuillerées à soupe de vin doux naturel rouge
- 1 cuillerées à soupe de graines de fenouil

Réunissez dans le bol mélangeur d'un robot ou d'un mixeur les figues et le vin ; mixez jusqu'à ce que le mélange donne une purée grossière en forme de boule molle. Versez le tout sur le plan de travail et incorporez les graines de fenouil en pétrissant la pâte. Façonnez avec cette pâte trois boudins de 10 cm de long et de 2,5 cm d'épaisseur. Enveloppez-les chacun soigneusement dans le papier d'aluminium sans trop serrer et laissez reposer dans un endroit frais et sec pendant 3 à 4 jours pour qu'ils sèchent légèrement. Une fois qu'ils sont secs, enveloppez-les bien serrés dans du papier d'aluminium et conservez-les dans le réfrigérateur (jusqu'à 2 semaines).

Pour servir, détaillez les boudins en fines rondelles, servez-les avec un fromage bleu et du pain aux noix grillé.

30 calories par rondelle ❧ **traces de lipides** ❧
traces de protéines ❧ **8 g de glucides**

Suggestion de vin

Je propose ces petites gourmandises avec un verre de vin doux naturel. Il s'agit d'un vin viné dans lequel l'alcool est ajouté en cours de fermentation (de l'eau-de-vie de vin, d'où le qualificatif de naturel). L'un de mes préférés est le rasteau, qui doit son nom au village dont il est originaire, dans le Vaucluse. André et Frédéric Romero, du Domaine La Soumade, produisent un rasteau rouge tout à fait étonnant, avec des arômes de terre et de fumée, idéal pour un petit casse-croûte en hiver devant la cheminée avec un bon livre.

Brochettes de figues
au romarin

La figue se marie magnifiquement avec le romarin, dont l'arôme pénétrant et boisé se fond délicieusement dans le fruité de la figue, surtout lorsque les deux ingrédients sont chauffés. Servez ces brochettes avec le plateau de fromage, mais aussi avec une salade verte ou de fines tranches de jambon espagnol serrano. (Si vous n'avez pas de romarin en longues branches fines, prenez des brochettes en bois, que vous ferez tremper dans de l'eau froide pendant 30 minutes avant de les utiliser.)

Pour 8 personnes
Matériel : un pinceau à pâtisserie.

- 8 tiges de romarin frais bien fermes, assez épaisses, de 17 cm de long environ
- 8 belles figues mûres, coupées dans la longueur, sans le pédoncule
- 12 cl de miel
- 2 cuillerées à soupe de jus de citron fraîchement pressé
- poivre noir au moulin

1. Préparez un feu de braises dans un barbecue ou préchauffez le gril du four ; les braises doivent être modérément chaudes et la grille placée à 12 cm environ de la source de chaleur.
2. Dépouillez les tiges de romarin de leurs feuilles, sauf dans la partie supérieure. Réservez environ 1 cuillerée à soupe des feuilles et hachez-les finement. Mettez les tiges dans un plat creux, couvrez-les d'eau froide et laissez-les tremper pendant 30 minutes. Égouttez-les et épongez-les.
3. Enfilez deux demi-figues sur chaque tige de romarin. Déposez les brochettes, face coupée des figues dessus, dans une assiette. Mélangez dans un bol le miel et le jus de citron, puis badigeonnez les demi-figues avec ce mélange.
4. Faites griller les figues pendant 1 à 2 minutes de chaque côté jusqu'à ce qu'elles soient légèrement brunies. Parsemez-les de romarin haché et assaisonnez-les de poivre. Servez-les sur les brochettes encore chaudes.

113 calories par personne ✳ traces de lipides ✳ traces de protéines ✳ 30 g de glucides

Folklore : ajoutez du romarin dans vos plats et vous augmenterez la capacité de votre mémoire…

LES PAINS

Pain aux dattes et aux noix

Sous une forme allégée et modernisée, ce pain évoque pour moi des souvenirs d'enfance. Dans le répertoire de recettes de ma mère, il y avait souvent des dattes et des noix, et j'ai toujours adoré le fondant des premières et le croquant des secondes. Les noix figurent parmi les ingrédients les plus précieux en cuisine, car on peut les utiliser partout, aussi bien dans les plats sucrés que salés. Ce pain bien dense figure immanquablement sur ma table quand il y a du fromage. C'est un pain qu'il vaut mieux préparer à l'avance car il se conserve très bien.

Pour un pain de 24 tranches
Matériel : un moule à pain antiadhésif rectangulaire de 1 litre de contenance.

- 1 cuillerée à café d'huile de noix
- 18 dattes (300 g environ), dénoyautées et coupées en petits morceaux
- 100 g de cerneaux de noix grossièrement hachés
- ½ cuillerée à café de levure chimique
- ½ cuillerée à café de sel de mer fin
- 12 cl de miel
- 18 cl environ d'eau très chaude
- 2 gros œufs, légèrement battus
- 1 cuillerée à café d'extrait de vanille
- 220 g de farine blanche ordinaire

1. Préchauffez le four à 190 °C. Badigeonnez l'intérieur du moule avec l'huile de noix. Réservez.
2. Réunissez dans une terrine les dattes, les noix, la levure, le sel et le miel. Mélangez intimement et versez l'eau bouillante. Mélangez à nouveau, puis incorporez les œufs et l'extrait de vanille. Mélangez intimement jusqu'à consistance homogène. Ajoutez la farine petit à petit en remuant au fur et à mesure. La pâte obtenue doit être assez épaisse.
3. Versez la pâte dans le moule et lissez le dessus avec le dos d'une cuiller. Placez le moule dans le four à mi-hauteur et

faites cuire pendant 40 à 50 minutes : une pique en bois enfoncée au milieu doit ressortir propre.

4. Sortez le moule du four. Retournez-le pour démouler le pain et laissez-le refroidir sur une grille. Attendez au moins 1 heure avant de le découper en tranches, car il continue de cuire à cœur pendant son refroidissement. Vous pouvez conserver ce pain bien emballé dans du film alimentaire pendant 3 jours. Coupez-le en tranches très fines.

123 calories par tranche �֎ 5 g de lipides ✷
3 g de protéines ✷ 18 g de glucides

Ça ne mange pas de pain : ça ne revient pas cher.

Pain aux noix

Ce pain est confectionné avec de la levure active, mais la recette est rapide : vous n'avez pas besoin de pétrir la pâte, ni de la faire lever très longtemps. En revanche, vous obtenez un pain dense et parfumé, à découper en tranches fines pour les servir avec le plateau de fromage. Si en plus vous toastez légèrement les tranches, vous obtiendrez une saveur décuplée.

Pour 2 pains de 18 tranches chacun
Matériel : deux moules à pain antiadhésifs de 1 litre de contenance ; une grande poêle.

- 2 cuillerées à café d'huile de noix
- 250 g de cerneaux de noix
- 1 ½ cuillerée à soupe de levure de boulanger en granulés
- 100 g de sucre roux

- 37 cl de lait écrémé, chaud
- 2 gros œufs légèrement battus
- 350 g de farine de boulanger
- 2 cuillerées à café de sel de mer fin

1. Préchauffez le four à 220 °C. Badigeonnez chaque moule à pain avec une cuillerée à café d'huile de noix. Réservez.
2. Versez les noix dans une poêle sans ajouter de matière grasse et faites-les griller sur feu modéré en les remuant souvent jusqu'à ce qu'elles soient dorées et parfumées, pendant 5 minutes environ. Mettez-les dans une assiette et laissez-les refroidir.
3. Mélangez intimement dans une grande terrine la levure, le sucre roux et le lait chaud. Couvrez et laissez reposer pendant 15 minutes jusqu'à ce que le mélange soit mousseux. Incorporez ensuite les œufs, la farine et le sel. Mélangez jusqu'à ce que toute la farine soit bien absorbée. Ajoutez les noix en vous assurant qu'elles sont bien réparties dans toute la pâte.
4. Répartissez équitablement la pâte dans les deux moules. Couvrez-les d'un torchon et laissez lever pendant 1 heure.
5. Placez les moules dans le four à mi-hauteur et laissez cuire pendant 1 heure jusqu'à ce que le dessus soit ferme et bien doré ; une pique en bois enfoncée au milieu du pain doit ressortir propre.
6. Sortez les pains du four et laissez-les refroidir pendant 10 minutes. Démoulez-les et faites-les refroidir complètement sur une grille. Vous pouvez les conserver 3 jours bien emballés dans du film alimentaire. Découpez-les en tranches très fines et servez-les avec du fromage.

**96 calories par tranche ⚘ 4 g de lipides ⚘
4 g de protéines ⚘ 11 g de glucides**

Cake au potiron
et ses graines grillées

Mes deux carrés de potiron donnent bien plus de citrouilles que je ne peux en consommer dans une saison et je vais y cueillir pratiquement tous les jours des fleurs à farcir ou pour garnir mes plats de légumes. Lorsque j'ai un peu de temps devant moi, je prépare de la purée de potiron que je fais congeler dans des petits récipients, de sorte que j'en ai toujours sous la main en réserve. Ce pain possède une saveur presque exotique, à cause des graines de potiron qui truffent la pâte. Si vous trouvez une très bonne huile de pistache, utilisez-la à la place de l'huile d'olive. Ce pain est particulièrement délicieux en tranches grillées servies bien chaudes.

Pour 2 pains de 12 tranches chacune
Matériel : un robot électrique doté d'un crochet à pâte ; une raclette à pâte ; 2 moules à pain antiadhésifs de 1 litre de contenance ; une lame de rasoir ; un thermomètre à lecture instantanée.

- 1 cuillerée à café de levure de boulanger en granulés
- 1 cuillerée à café de sucre
- 35 cl d'eau tiède
- 1 cuillerée à soupe d'huile d'olive vierge extra ou d'huile de pistache
- 2 cuillerées à café de sel de mer fin
- 100 g de purée de potiron (p. 65)
- 100 g de graines de potiron grillées (p. 19)
- 650 g environ de farine de boulanger

1. Réunissez la levure, le sucre et l'eau tiède dans la cuve d'un robot électrique équipé d'un crochet à pâte. Mélangez, puis laissez reposer pendant 5 minutes jusqu'à consistance mousseuse. Incorporez l'huile et le sel.
2. Ajoutez ensuite la purée de potiron, les graines grillées, puis presque toute la farine, petit à petit, en mélangeant

à vitesse moyenne-basse jusqu'à ce que la farine ait été absorbée et que la pâte forme une boule. Continuez à mélanger à vitesse moyenne-basse pendant 4 à 5 minutes jusqu'à consistance lisse et satinée, mais encore ferme, en rajoutant un peu de farine pour empêcher la pâte de coller.

3. Couvrez hermétiquement la cuve avec du film étirable et mettez-la dans le réfrigérateur. Laissez lever pendant 8 à 12 heures jusqu'à ce que la pâte ait doublé, voire triplé de volume.

4. Sortez la pâte du réfrigérateur. Enfoncez-la avec le poing, couvrez-la à nouveau et laissez lever pendant encore 1 heure. Enfoncez-la une deuxième fois et laissez encore lever pendant 1 heure. À chaque fois, la pâte doit doubler de volume.

5. Enfoncez la pâte avec le poing une dernière fois, partagez-la en deux portions et façonnez-les chacune en forme de pain oblong. Placez-les dans les deux moules, couvrez d'un torchon et laissez lever pendant 1 heure jusqu'à ce que la pâte ait doublé de volume à nouveau.

6. Préchauffez le four à 220 °C.

7. Avec la lame d'un rasoir, faites quelques incisions en biais sur le dessus de la pâte pour qu'elle puisse gonfler réguliè-rement pendant la cuisson. Placez les deux moules sur la sole du four. Une fois que les pains sont légèrement dorés et bien gonflés (15 minutes environ), baissez la chaleur à 190 °C. Faites pivoter les pains pour qu'ils se colorent régulièrement. Poursuivez la cuisson pendant 40 minutes jusqu'à ce que la croûte soit ferme et doré foncé (le pain doit sonner creux quand on le tapote par en dessous). Le temps de cuisson total est de 55 minutes environ. Un thermomètre de cuisson à lecture instantanée doit indi-quer 93 °C. Sortez les pains du four. Démoulez-les sur une grille pour les faire refroidir. Attendez 1 heure avant de les découper en tranches (la pâte continue de finir de cuire à cœur pendant le refroidissement). Vous pouvez les conserver, bien emballés dans du film alimentaire, pendant 3 jours. Servez-les en très fines tranches.

**107 calories par tranche ✳ 1 g de lipides ✳
3 g de protéines ✳ 20 g de glucides**

Pain de quinoa à la tomate

Délicieux en été avec sa texture délicate, ce pain offre une appétissante couleur orangée qui convient bien à la belle saison. Les grains de quinoa ajoutent à la mie un croquant particulier et au pain lui-même des atouts diététiques. Difficile de faire plus savoureux que ces tranches de pain garnies de mayonnaise et de quelques lardons croustillants avec des rondelles de tomates bien fraîches. Lorsque je prépare un buffet végétarien, ce pain est toujours à la première place, coupé en fines tranches.

Pour un pain de 12 tranches
Matériel : un robot électrique avec un crochet à pâte ; une raclette à pâte ; un moule à pain antiadhésif rectangulaire de 1 litre de contenance ; une lame de rasoir ; un thermomètre de cuisson à lecture instantanée.

- 1 cuillerée à café de levure de boulanger en granulés
- 1 cuillerée à café de sucre
- 8 cl d'eau tiède
- 1 cuillerée à soupe d'huile d'olive vierge extra
- 2 cuillerées à café de sel de mer fin
- 25 cl de jus de légumes à la tomate
- 80 g de quinoa en grains
- 500 g de farine de boulanger

1. Réunissez dans la cuve d'un robot électrique équipé d'un crochet à pâte la levure, le sucre et l'eau tiède. Mélangez intimement et laissez reposer pendant 5 minutes jusqu'à ce que le mélange devienne mousseux. Ajoutez l'huile, le sel, le jus de légumes et les grains de quinoa ; mélangez.
2. Incorporez ensuite la farine petit à petit en actionnant l'appareil sur vitesse moyenne-basse jusqu'à ce que la farine soit absorbée et que la pâte forme une boule.

Continuez à mélanger sur la même vitesse pendant 4 à 5 minutes jusqu'à ce que la pâte soit lisse et satinée, en ajoutant encore un peu de farine pour l'empêcher de coller.

3. Couvrez hermétiquement la cuve du robot avec du film étirable et mettez-la dans le réfrigérateur. Laissez la pâte lever pendant 8 à 12 heures jusqu'à ce qu'elle ait doublé, voire triplé de volume. (Vous pouvez conserver la pâte dans cet état pendant 2 jours dans le réfrigérateur, mais n'oubliez pas de l'enfoncer avec le poing chaque fois qu'elle a doublé de volume.)

4. Au moins 40 minutes avant la cuisson du pain, préchauffez le four à 230 °C.

5. Sortez la pâte du réfrigérateur, enfoncez-la avec le poing et laissez-la former une boule à nouveau. Couvrez hermétiquement et laissez lever à nouveau pendant 1 heure pour qu'elle double encore de volume.

6. Enfoncez à nouveau la pâte. Façonnez-la en rectangle compact et mettez-la dans un moule à pain antiadhésif et rectangulaire de 1 litre de contenance. Couvrez d'un torchon et laissez lever pendant 1 heure pour qu'elle double une dernière fois de volume.

7. Avec la lame d'un rasoir ou d'un couteau bien aiguisé, faites quelques incisions sur le dessus de la pâte pour qu'elle puisse gonfler régulièrement pendant la cuisson. Placez la grille à mi-hauteur dans le four et posez le moule dessus, au centre de la grille. Laissez cuire pendant 45 minutes jusqu'à ce que la croûte soit bien ferme et dorée. (Le pain doit sonner creux quand on le tapote par en dessous.) Un thermomètre de cuisson à lecture instantanée doit indiquer 93 °C. Sortez le moule du four. Retournez-le pour démouler le pain et laissez refroidir sur une grille. Attendez 1 heure avant de couper le pain en tranches, car la pâte continue de cuire à cœur pendant le refroidissement. Vous pouvez conserver ce pain pendant 3 jours, bien emballé dans du film alimentaire. Découpez-le en tranches très fines

179 calories par tranche ⋇ **2 g de lipides** ⋇
6 g de protéines ⋇ **34 g de glucides**

> *Folklore* : tracez une croix sur votre pain avant de le couper en tranches, pour chasser les mauvais esprits.

Pain à la polenta épicée

Tout doré et croustillant, ce pain ne laisse personne indifférent. Je dois avouer que je suis accro au piment jalapeño (j'en mange tous les matins au petit déjeuner avec des crackers et du fromage frais), qui fait merveille dans la pâte. Ce pain accompagne tout ce que vous voulez. En été, j'adore le servir avec des poivrons rouges et tomates au piment d'Espelette (p. 197) ou tout simplement du coulis de tomates.

Pour 12 personnes
Matériel : un plat à four rond de 25 cm de diamètre.

- 1 cuillerée à café d'huile d'olive vierge extra
- 180 g de farine de maïs pour polenta précuite
- ½ cuillerée à café de levure chimique
- ¾ de cuillerée à café de sel de mer fin
- 1 gros œuf légèrement battu
- 25 cl de lait fermenté bien mélangé
- 50 g de piment jalapeño en boîte, bien égoutté et émincé
- 100 g de parmesan fraîchement râpé

1. Préchauffez le four à 220 °C. Huilez le plat à four et réservez.
2. Versez la farine de maïs dans une terrine, ajoutez la levure et le sel, mélangez intimement. Dans une autre terrine, mélangez l'œuf, le lait fermenté et le piment. Fouettez légè-

rement jusqu'à consistance homogène. Réunissez les deux mélanges et remuez pour obtenir une pâte bien lisse.

3. Versez cette pâte dans le plat huilé et poudrez uniformément le dessus de parmesan. Mettez le plat dans le four à mi-hauteur et laissez cuire pendant 15 minutes jusqu'à ce que la galette soit bien ferme. Une pique en bois enfoncée au milieu doit ressortir propre. Découpez cette galette en portions et servez-les chaudes ou à température ambiante.

87 calories par personne ⚜ 2 g de lipides ⚜ 4 g de protéines ⚜ 13 g de glucides

Pizza de blé complet aux artichauts, câpres et tomates

À la maison, la pizza figure régulièrement au menu. Comme beaucoup de gens, je n'imagine pas devoir m'en passer. J'adore cette pâte au blé complet nourrissante et prête en un tour de main. En fait, j'ai toujours dans mon placard des kits à pizza : des sachets qui contiennent la bonne proportion de farine, de sel et de sucre. Lorsque vient le moment de dîner, il suffit d'ajouter la levure, l'eau et l'huile. Le temps que chauffe le four, la pizza est prête. Pour la garniture, je préfère qu'elle soit relativement limitée pour que l'on puisse savourer chaque ingrédient en particulier : parmi mes préférés, voici la sauce tomate maison, la mozzarella, les câpres, les cœurs d'artichauts et les tomates fraîches.

Pour 2 pizzas de 30 cm, à découper chacune en 8 portions
Matériel : un robot ménager ; un rouleau à pâtisserie ; une tôle à pâtisserie sans rebords ; une grande spatule en métal.

- 110 g de farine complète
- 110 g de farine blanche ordinaire
- 1 sachet de levure rapide
- ¾ de cuillerée à café de sel de mer fin

- ¼ de cuillerée à café de sucre
- 18 cl d'eau tiède
- 2 cuillerées à café d'huile d'olive vierge extra
- farine de maïs pour la tôle de cuisson
- 35 cl de sauce aux tomates du jardin (p. 297)
- 10 cœurs d'artichauts en boîte, égouttés et émincés
- 4 cuillerées à soupe de câpres au vinaigre, bien égouttées
- 250 à 300 g de mozzarella coupée en petits morceaux
- 4 tomates fraîches, épépinées et taillées en petits dés
- miettes de piment séché

1. Préchauffez le four à 250 °C.
2. Réunissez dans le bol mélangeur d'un robot la farine complète, la farine blanche, la levure, le sel et le sucre. Mélangez. Dans un verre mesureur, versez l'eau tiède et l'huile. Mettez le robot en marche et versez petit à petit suffisamment de ce liquide pour obtenir une boule de pâte. Elle doit être souple. Si elle est trop sèche, rajoutez 1 à 2 cuillerées à soupe d'eau et actionnez à nouveau l'appareil. Si elle est trop collante, rajoutez au contraire 1 ou 2 cuillerées à soupe de farine et actionnez l'appareil jusqu'à la consistance désirée. Versez la pâte sur le plan de travail et pétrissez-la à la main pendant une minute. Recouvrez-la d'un torchon et laissez reposer pendant 10 minutes avant de l'étaler. (Vous pouvez conserver la pâte préparée dans un récipient hermétique dans le réfrigérateur pendant 2 ou 3 jours ; enfoncez-la avec le poing lorsqu'elle double de volume.) Partagez la pâte en deux. Façonnez chaque portion en boule, puis, sur le plan de travail bien fariné, étalez-les l'une après l'autre en formant un disque de 30 cm de diamètre.
3. Poudrez de farine de maïs une tôle à pâtisserie sans rebords et déposez un disque de pâte dessus. En travaillant rapidement pour que la pâte ne devienne pas collante, assemblez la garniture : étalez sur la pâte la moitié de la sauce, puis ajoutez la moitié des artichauts, des câpres, des petits dés de mozzarella et de tomates. Ajoutez une pincée de miettes de piment.
4. Placez la tôle sur la grille du four, dans le bas, et faites cuire pendant 10 minutes environ jusqu'à ce que la pâte soit

croustillante et dorée, et le dessus grésillant. Sortez la pizza et décollez-la de la tôle avec une spatule. Faites-la glisser sur une planche à découper et partagez-la en 8 portions. Servez aussitôt. Assemblez et faites cuire la seconde pizza de la même façon, avec le reste des ingrédients.

144 calories par personne ❧ 5 g de lipides ❧ 8 g de protéines ❧ 19 g de glucides

Suggestion de vin

Avec la pizza, j'aime bien un vin du sud de la France qui sent bon le soleil. Pourquoi pas un rouge de Provence, charpenté et racé? L'un de mes préférés est le côtes-de-provence Les Mûres du Château Roquefort, un assemblage équilibré de grenache, de syrah, de cinsault et de carignan, dont les arômes épicés peuvent tenir tête à l'assaisonnement énergique de la pizza.

Long comme un jour sans pain : long, interminable et morose.

Pain arabe aux parfums d'agrumes

Coloré et croustillant, avec une petite pointe acidulée, ce savoureux pain plat trouve de très nombreux emplois. Il est délicieux en amuse-gueule, avec un assortiment de purées ou de sauces, mais il accompagne aussi très bien tous les plats. Avec du fromage, il fait un repas à lui tout seul.

Pour 8 personnes
Matériel : un robot ménager ou un mixeur.

- 1 bouquet de persil plat
- 1 bouquet de menthe fraîche
- le zeste râpé de 2 citrons, de préférence non traités
- le zeste râpé de 2 oranges, de préférence non traitées
- 3 cuillerées à soupe d'huile d'olive vierge extra
- 4 pains pita de 90 g chacun, à la farine complète
- fleur de sel

1. Préchauffez le four à 230 °C.
2. Hachez au mixeur les feuillles de persil et de menthe.
3. Réunissez dans une jatte le persil, la menthe, les zestes d'orange et de citron, ajoutez 2 cuillerées à soupe d'huile. Mélangez intimement. Étalez ce mélange sur les pains plats en allant jusqu'aux bords. Enfournez à mi-hauteur et faites cuire pendant 10 minutes jusqu'à ce qu'ils soient dorés et bien fermes. Sortez-les du four, arrosez avec le reste d'huile et poudrez de fleur de sel. Recoupez chaque pita en deux pour servir.

**103 calories par personne ❋ 1g de lipides ❋
4 g de protéines ❋ 21g de glucides**

Variante : pour faire un plat complet avec ce pain plat, ajoutez sur le dessus des petits cubes de feta ou de fromage de chèvre (80 g environ) et passez au four. Vous obtenez un déjeuner rapide à accompagner d'une bonne salade verte.

Fougasse au citron
et au romarin

Voici réunis pour un pain plat original la touche acide du citron et l'arôme rustique du romarin aux senteurs de résine. La première fois que j'ai fait cuire cette fougasse, mon mari Walter s'est exclamé : « Ajoute juste un peu de sucre et c'est un vrai dessert ! » Une fois qu'elle est cuite, j'aime bien la recouper en lamelles extra-fines et les repasser dans le four pour obtenir des petits toasts légers et croustillants à servir avec toutes sortes de tartinades. Le terme de fougasse est provençal et correspond à l'italien *focaccia* qui désigne également une variété de pain plat.

Pour un pain de 24 tranches fines

Matériel : un robot électrique équipé d'un crochet à pâte ; une raclette à pâte ; un rouleau à pâtisserie ; une tôle à pâtisserie.

Pour la pâte
- 1 cuillerée à café de levure de boulanger en granulés
- 1 cuillerée à café de sucre
- 33 cl d'eau tiède
- 1 cuillerée à soupe d'huile d'olive vierge extra
- 2 cuillerées à café de sel fin de mer
- le zeste d'un citron de préférence non traité
- 4 cuillerées à soupe de romarin frais finement haché
- 500 g environ de farine de boulanger

Pour la garniture
- 1 cuillerée à soupe d'huile d'olive vierge extra
- environ 2 cuillerées à café de gros sel de mer
- 4 cuillerées à soupe de romarin grossièrement haché

1. Dans la cuve d'un robot équipé d'un crochet à pâte, réunissez la levure, le sucre et l'eau tiède, mélangez intimement et laissez reposer pendant 5 minutes jusqu'à ce que le mélange soit mousseux. Incorporez ensuite l'huile d'olive et le sel.
2. Ajoutez le zeste de citron et le romarin, puis la farine petit à petit, en actionnant l'appareil sur vitesse moyenne-basse jusqu'à ce que la farine soit presque entièrement absorbée et que la pâte forme une boule. Continuez à mélanger à la même vitesse pendant 4 à 5 minutes jusqu'à ce que la pâte soit lisse et satinée, mais encore ferme, en rajoutant un peu de farine pour l'empêcher de coller.
3. Couvrez la cuve hermétiquement avec du film étirable et placez-la dans le réfrigérateur. Laissez la pâte lever pendant

8 à 12 heures jusqu'à ce qu'elle ait doublé ou triplé de volume. (Vous pouvez la conserver dans le réfrigérateur pendant 2 ou 3 jours, à condition de l'enfoncer avec le poing quand elle double de volume.)

4. Au moins 40 minutes avant d'enfourner, préchauffez le four à 250 °C.

5. Enfoncez la pâte avec le poing. Sur le plan de travail légèrement fariné, étalez la pâte en formant un rectangle de 25 × 30 cm. Déposez-la délicatement sur la plaque à pâtisserie. Piquez-la sur toute la surface avec les dents d'une fourchette. Arrosez-la d'huile d'olive, puis poudrez-la de gros sel et de romarin.

6. Placez la plaque à pâtisserie dans le four et faites cuire pendant 20 à 25 minutes jusqu'à ce que la fougasse soit ferme et bien dorée. Sortez-la du four et laissez reposer 10 minutes avant de servir. Ce pain se mange chaud ou à température ambiante.

76 calories par tranche ❧ 1 g de glucides ❧ 3 g de protéines ❧ 15 g de glucides

Pain arabe à la feta et à la menthe

Le jeudi et le samedi, à Paris, j'adore aller arpenter rituellement le marché de l'avenue de Breteuil, à l'ombre de la tour Eiffel. Je commence toujours par le même bout, où sont regroupés les marchands de légumes, je passe devant l'étal du volailler, puis devant la petite dame qui me vend des pommes, puis je reviens par les côtés, tout en anticipant déjà la friandise qui m'attend à l'autre bout du marché, un pain plat libanais garni de feta relevée d'une bonne dose de menthe fraîche. Voici la version que j'en ai réalisée, avec une pâte à pizza traditionnelle, que je sers souvent en petites portions, en amuse-gueule chaud.

Pour 18 personnes en amuse-gueule
Matériel : un robot électrique équipé d'un crochet à pâte ; un mixeur ; un rouleau à pâtisserie ; une plaque à pâtisserie anti-adhésive.

Pour la pâte
- ½ cuillerée à café de levure de boulanger en granulés
- 12,5 cl d'eau tiède
- ½ cuillerée à café de sel de mer fin
- 300 g environ de farine de boulanger

Pour la garniture
- 200 g de feta
- 100 g de fromage blanc allégé
- 20 feuilles de menthe fraîche ciselées

- farine de maïs pour la plaque à pâtisserie

1. Dans la cuve du robot équipé d'un crochet à pâte, réunissez la levure et l'eau tiède. Mélangez et laissez reposer pendant 5 minutes jusqu'à ce que le mélange soit mousseux. Ajoutez le sel.
2. Versez ensuite toute la farine d'un seul coup et actionnez l'appareil à vitesse moyenne jusqu'à ce qu'elle soit presque entièrement absorbée et forme une boule de pâte. Continuez à mixer pendant 2 à 3 minutes jusqu'à consistance lisse et satinée, en rajoutant éventuellement un peu de farine pour empêcher la pâte de coller. Versez la pâte sur le plan de travail et pétrissez-la à la main pendant 1 minute. Elle doit être bien lisse et légèrement élastique sous le doigt.
3. Mettez la pâte dans une terrine et recouvrez hermétiquement d'un film étirable. Mettez la terrine dans le réfrigérateur et laissez la pâte lever pendant 8 à 12 heures jusqu'à ce qu'elle ait doublé ou triplé de volume. (Vous pouvez conserver la pâte 2 ou 3 jours dans le réfrigérateur, sans oublier de l'enfoncer avec le poing quand elle double de volume.)
4. Au moment de la faire cuire, préchauffez le four à 250 °C.

5. Passez au mixeur la feta, le fromage blanc et la menthe jusqu'à consistance de crème lisse. Réservez.

6. Partagez la pâte en trois portions égales. Roulez-les chacune en boule et laissez reposer pendant 15 minutes, puis étalez chaque boule de pâte en un disque de 15 cm de diamètre. La pâte doit être assez fine.

7. Déposez les ronds de pâte sur la plaque à pâtisserie poudrée de farine de maïs. Avec une spatule, étalez le mélange à la feta et à la menthe sur ces ronds en allant jusqu'aux bords. Enfournez la plaque à pâtisserie et laissez cuire pendant 5 minutes jusqu'à ce que la pâte soit dorée et croustillante. Sortez les galettes du four et découpez-les chacune en six portions. Dégustez chaud.

129 calories par personne ❈ 3 g de lipides ❈
9 g de protéines ❈ 16 g de glucides

Faire passer à quelqu'un le goût du pain : lui donner une bonne leçon, qu'il n'est pas près d'oublier.

LES DESSERTS

Tarte fine aux pommes, airelles et romarin

Avec sa pâte légère à la farine complète et sa garniture de lamelles de pomme, cette tarte ultrafine ne vous laissera pas indifférent! Le mélange final de romarin, d'airelles séchées, de sucre et de cannelle lui apporte une jolie touche d'originalité.

Pour 12 personnes
Matériel : un vide-pomme ; une mandoline ou un couteau bien aiguisé ; un pinceau à pâtisserie.

- 2 cuillerées à soupe de romarin haché
- 1 cuillerée à café de cannelle en poudre
- 1 cuillerée à café de sucre
- 100 g d'airelles séchées
- 1 grosse pomme à cuire
- 2 cuillerées à soupe de marmelade d'abricots fondue
- un fond de pâte brisée légère rectangulaire non cuit de 10 x 32 cm (p. 264), posé sur une plaque à pâtisserie

1. Préchauffez le four à 220 °C.
2. Réunissez dans un bol une cuillerée à soupe de romarin, la cannelle, le sucre et les airelles. Mélangez intimement et réservez.
3. Coupez une très fine tranche sur le dessus et le dessous de la pomme en éliminant le pédoncule. (Cette opération permet ensuite de la peler plus facilement et d'obtenir des tranches plus régulières.) Pelez la pomme et évidez-la. Avec une mandoline ou un couteau bien aiguisé, détaillez-la en lamelles ultrafines.
4. Disposez les lamelles de pomme sur la pâte, en commençant par les placer le long d'un des deux côtés longs du rectangle ; rangez-les en les faisant se chevaucher légèrement d'un bout à l'autre du rectangle, puis recommencez la même opération deux fois pour recouvrir entièrement la pâte. Parsemez le tout avec le mélange d'airelles au romarin.

5. Placez la plaque à pâtisserie au centre du four et faites cuire pendant 35 à 40 minutes jusqu'à ce que la croûte soit gonflée et dorée ; les pommes doivent être caramélisées. Sortez la plaque du four et badigeonnez le dessus de la tarte avec la marmelade d'abricots. Ajoutez le reste de romarin. Cette tarte est meilleure servie chaude. Découpez-la en 12 portions et servez-la éventuellement avec une boule de sorbet.

**58 calories par personne ❧ 3 g de lipides ❧
1 g de protéines ❧ 9 g de glucides**

Pâte brisée légère

Malgré la faible proportion de beurre qu'elle contient, cette pâte brisée à la farine complète reste tendre et friable. Utilisez-la comme fond pour toutes vos tartes aux fruits, ce que je fais notamment pour la tarte fine aux pommes (p. 263).

Pour deux fonds de tarte sans rebords, de 12 portions par tarte
Matériel : un robot ménager ; un rouleau à pâtisserie ; une tôle à pâtisserie.

- 80 g de farine blanche ordinaire
- 80 g de farine complète
- ¼ de cuillerée à café de sel de mer fin
- 5 cuillerées à soupe de beurre bien froid, coupé en petits dés
- 4 cuillerées à soupe d'eau glacée

1. Réunissez les deux farines dans le bol mélangeur d'un robot et mélangez. Ajoutez le beurre et le sel et actionnez l'appareil pendant encore 10 secondes jusqu'à consistance homogène. Tout en continuant à faire marcher l'appareil, versez l'eau et mixez pendant 10 secondes, jusqu'à ce que la pâte ressemble à une grosse chapelure et commence à former une boule.

2. Versez cette boule de pâte sur le plan de travail et, avec la paume de la main, écrasez-la plusieurs fois petit à petit pour bien amalgamer tous les ingrédients. (Cette opération s'appelle le fraisage : tous les ingrédients doivent finir par former une boule de pâte où l'on ne distingue plus ni l'eau ni la farine.) Partagez la pâte en deux portions égales et aplatissez-les en deux galettes rondes. Emballez-les dans du film alimentaire et laissez-les dans le réfrigérateur pendant au moins 1 heure et jusqu'à 48 heures.

3. Sur le plan de travail légèrement fariné, étalez chaque portion de pâte en un rond de 23 cm de diamètre ou un rectangle de 10 × 32 cm. Posez-les sur une plaque à pâtisserie et réservez au réfrigérateur jusqu'au moment de l'emploi.

**39 calories par portion de pâte ❋ 3 g de lipides ❋
1 g de protéines ❋ 4 g de glucides**

Petits pots de crème au chocolat au piment d'Espelette

Pendant des années, le chef Guy Jullien du restaurant *La Beaugravière*, à Mondragon, nous a servi ces petits délices en prédessert, pour clore son menu de dégustation. J'ai toujours été gourmande de ces petits pots de crème onctueuse et parfumée. Un jour, au cours de notre folle semaine consacrée à la truffe, je lui ai demandé s'il voulait bien me donner la recette. Quelques secondes plus tard, il est ressorti de sa cuisine avec la recette griffonnée au dos d'un menu. Il m'est arrivé de goûter avec plaisir des chocolats du Pays basque aromatisés avec une touche de piment d'Espelette et c'est pourquoi j'ai décidé d'en ajouter ici. Le parfum est assez mystérieux et quiconque le goûte aura du mal à déceler cet arôme épicé, à la fois original et délicieux.

Pour 8 personnes
Matériel : une casserole à bain-marie ; 8 petits verres à vodka ou autre de 6 à 7 cl.

- 150 g de chocolat noir (de préférence le Valrhona Manjari à 64 % de cacao)
- 20 cl environ de crème fleurette
- 2 cuillerées à soupe de beurre
- ¼ de cuillerée à café de piment d'Espelette en poudre
- fleur de sel

1. Cassez le chocolat en petits morceaux. Réservez.
2. Dans la partie supérieure d'une casserole à bain-marie remplie d'eau frémissante (sans contact direct avec l'eau), faites chauffer la crème en lui ajoutant 6 cl d'eau. Quand elle est bien chaude, ajoutez le chocolat et remuez pour bien mélanger. Lorsque le chocolat est fondu, ajoutez le beurre et mélangez intimement, puis incorporez le piment d'Espelette. Répartissez le mélange dans les petits verres et mettez-les dans le réfrigérateur jusqu'à ce que la crème soit bien ferme, 20 minutes environ. Au moment de servir, ajoutez sur le dessus une petite pincée de piment et de fleur de sel.

**147 calories par personne ❧ 15 g de lipides ❧
3 g de protéines ❧ 6 g de glucides**

Chloé Doutre-Roussel est une grande dame du chocolat. Elle parcourt le monde à la recherche des meilleurs chocolats. Jeune, mince et blonde, elle consomme pas moins de 500 g de chocolat par jour ! Chaque fois que j'en ai l'occasion, je l'invite, lors de mes cours de cuisine à Paris, pour une séance de dégustation de différents chocolats qu'elle a sélectionnés. C'est lors d'un de ces tests qu'elle m'a incitée à choisir le Manjari de chez Valrhona, préparé avec les meilleures fèves de Madagascar, pour réaliser ce dessert : c'est un chocolat noir fruité, avec des notes de baies rouges, bien typé et légèrement acide.

Gâteau aux poires
et aux amandes

Tout doré et parfumé, ce gâteau d'automne et d'hiver est une recette facile, rapide et savoureuse. Sa garniture au sucre lui donne un aspect glacé, tandis que les amandes lui apportent un agréable croquant. Il s'agit en fait d'une variante d'un de mes gâteaux aux pommes et aux poires que je fais depuis des années. N'hésitez pas à le servir avec une boule de sorbet amande au lait fermenté (p. 276), lui aussi agrémenté d'une garniture croquante au sucre et aux amandes. Ne vous étonnez pas de la faible proportion de pâte : il y a en effet plus de fruits que de gâteau, car la pâte ne sert en fait qu'à faire tenir les poires ensemble.

Pour 12 personnes
Matériel : un moule à bordure démontable de 24 cm de diamètre ; une petite poêle ; un robot ou un mixeur.

Pour la pâte
- beurre et farine pour le moule
- 80 g de farine
- 70 g de sucre
- 1 cuillerée à soupe de levure chimique
- une pincée de sel fin
- ½ cuillerée à café d'extrait d'amande
- 2 gros œufs légèrement battus
- 1 cuillerée à soupe d'huile d'arachide
- 8 cl de yaourt allégé
- 1 cuillerée à soupe d'eau-de-vie de poire
- le zeste râpé d'un citron, de préférence non traité
- 4 grosses poires (1 kilo environ)

Pour la garniture
- 120 g de sucre
- 1 gros œuf légèrement battu
- 1 cuillerée à soupe d'eau-de-vie de poire
- ½ cuillerée à café d'extrait d'amande

- le zeste râpé d'un citron, de préférence non traité
- 80 g d'amandes mondées

1. Préchauffez le four à 220 °C.
2. Beurrez et farinez le moule, réservez.
3. Pour la pâte, mélangez dans une grande terrine la farine, le sucre, la levure et le sel. Dans une autre terrine, mélangez l'extrait d'amande, les œufs, l'huile, le yaourt, l'eau-de-vie et le zeste de citron. Remuez jusqu'à consistance homogène. Incorporez à ce mélange celui à base de farine et remuez encore jusqu'à consistance homogène. Pelez les poires, coupez-les en deux et retirez le cœur et les pépins. Émincez chaque poire dans la longueur en 16 fines lamelles, en les ajoutant dans la pâte au fur et à mesure. Mélangez délicatement pour bien enrober les fruits avec la pâte.
4. Versez cette pâte aux fruits dans le moule, placez celui-ci dans le four à mi-hauteur et faites cuire pendant 40 minutes jusqu'à ce que le gâteau soit assez ferme et doré.
5. Pendant ce temps, préparez la garniture : mélangez intimement dans un bol 70 g de sucre, l'œuf battu, l'eau-de-vie, l'extrait d'amande et le zeste râpé du citron. Réservez.
6. Par ailleurs, versez les amandes mondées dans une petite poêle sans ajouter de matière grasse et faites-les chauffer sur feu modéré en secouant la poêle pendant 2 minutes jusqu'à ce qu'elles soient bien dorées et parfumées. Surveillez-les attentivement car elles peuvent brûler rapidement. Mettez-les dans une assiette pour les faire refroidir. Quand elles sont froides, mélangez-les avec 50 g de sucre dans un mixeur et réduisez le tout en poudre. Réservez.
7. Lorsque le gâteau est cuit, ferme et doré, sortez-le du four (laissez le four allumé) et versez dessus le mélange à l'œuf et au sucre en l'étalant régulièrement avec une spatule. Ajoutez ensuite la garniture aux amandes broyées. Remettez le gâteau dans le four et poursuivez la cuisson pendant 10 minutes jusqu'à ce que le dessus soit doré foncé ; le gâteau doit résister à la pression quand on appuie dessus avec le doigt.
8. Posez le gâteau dans son moule sur une grille pour le laisser refroidir. Au bout de 10 minutes, passez un couteau

le long des bords, ouvrez la fermeture du moule démontable sur les côtés et laissez le gâteau sur le fond du moule. Servez le gâteau à température ambiante, coupé en fines tranches. Il doit être dégusté le jour où il est cuit.

**183 calories par personne ✳ 6 g de lipides ✳
4 g de protéines ✳ 30 g de glucides**

Suggestion de vin
Le mariage sera parfait avec un petit verre d'eau-de-vie de poire.

Folklore : gardez toujours sur vous une amande ou une feuille d'amandier pour vous protéger de la foudre.

Gâteau aux noisettes et au miel de bruyère

Dès que les noisettes fraîches arrivent sur le marché au début de l'automne, je prépare aussitôt ce gâteau pour le mettre dans le four. Le miel de bruyère possède une saveur caractéristique très marquée qui se marie très bien avec l'arôme raffiné de la noisette. Si vous ne trouvez pas de miel de bruyère, prenez un autre miel d'un parfum aussi intense, comme le miel de sarrasin par exemple.

Pour 12 personnes
Matériel : un moule à bordure démontable de 24 cm de diamètre ; une petite casserole ; un robot ou un mixeur.

- beurre et farine pour le moule
- 5 cuillerées à soupe de beurre
- 3 cuillerées à soupe de miel de bruyère ou de sarrasin
- 150 g de noisettes
- 50 g de sucre
- 80 g de farine
- ½ cuillerée à café de sel de mer fin
- 3 gros œufs légèrement battus
- quelques cuillerées à soupe de crème fraîche

1. Beurrez et farinez le moule ; réservez. Préchauffez le four à 160 °C.
2. Dans une petite casserole, versez le beurre et le miel. Faites fondre en remuant sur feu doux, puis retirez du feu et laissez refroidir.
3. Dans un robot ou à l'aide d'un mixeur, mélangez les noisettes et le sucre, en actionnant l'appareil jusqu'à ce que les noisettes soient concassées comme des lentilles.
4. Versez la farine dans une terrine, ajoutez le sel et mélangez. Ajoutez les œufs et mélangez. Ajoutez ensuite le mélange de beurre et de miel et mélangez jusqu'à consistance parfaitement homogène. Incorporez enfin le mélange de noisettes et de sucre en remuant à nouveau jusqu'à consistance homogène.
5. Versez cette pâte dans le moule beurré et fariné, lissez le dessus avec une spatule et placez le moule dans le four à mi-hauteur. Faites-le cuire pendant 25 à 30 minutes jusqu'à ce qu'il soit bien doré ; une pique en bois enfoncée au milieu doit ressortir propre.
6. Sortez le gâteau du four et posez-le sur une grille pendant une dizaine de minutes. Passez alors une lame de couteau le long des bords et ouvrez la fermeture du moule sur les côtés. Laissez le gâteau sur le fond du moule et servez-le refroidi, à température ambiante, en fines tranches, avec un peu de crème fraîche. Ce gâteau doit être dégusté le jour où il est cuit.

**230 calories par personne ⁊ 17 g de lipides ⁊
5 g de protéines ⁊ 16 g de glucides**

Suggestion de vin

Choisissez un vin blanc du Jura, comme l'arbois ou le côtes-du-jura, dont les arômes de noisette et de miel se marient parfaitement avec ce gâteau.

Folklore : jadis, à la sortie de l'église, on lançait des noisettes sur les jeunes mariés, car la coutume voulait que les noisettes soient un signe de fertilité.

Gâteau pistache et cerises

Nous possédons plusieurs vieux cerisiers chez nous en Provence, mais la saison de la cueillette, au mois de mai, ne dure que trois semaines. Durant cette période, je suis comme un derviche tourneur dans ma cuisine, à faire des gelées et des confitures, à préparer les fruits pour les congeler, à cuisiner des desserts et des sorbets. Ce gâteau est l'un de mes préférés, qui marie la riche saveur des pistaches et la douceur des cerises fraîchement cueillies. Servez-le éventuellement avec une boule de sorbet aux cerises (p. 273).

Pour 12 personnes
Matériel : un moule à bordure démontable de 24 cm de diamètre ; un dénoyauteur ; un robot électrique équipé d'un fouet, avec deux bols.

- 1 cuillerée à café d'huile d'amande pour le moule
- 4 gros œufs, jaunes et blancs séparés
- 8 cuillerées à soupe de sucre
- 6 cuillerées à soupe de farine blanche ordinaire
- 1 cuillerée à café d'extrait de vanille
- 1 cuillerée à café d'extrait d'amande
- 1 cuillerée à café de kirsch
- 70 g environ de pistaches salées, grillées et concassées
- 500 g de cerises lavées, équeutées et dénoyautées

1. Préchauffez le four à 180 °C.
2. Badigeonnez le moule avec l'huile d'amande. Réservez.
3. Préparez la pâte. Réunissez les jaunes d'œufs et 6 cuillerées à soupe de sucre dans le bol mélangeur du robot
   équipé d'un fouet ; fouettez à vitesse maximum pendant
   2 à 3 minutes jusqu'à consistance jaune pâle et mousseuse.
   Ajoutez la farine, l'extrait de vanille, l'extrait d'amande, le
   kirsch et les pistaches. Mélangez intimement avec une
   cuiller en bois. Réservez.
4. Lavez et séchez le fouet. Placez les blancs d'œufs dans un
   autre bol mélangeur et fouettez à vitesse lente jusqu'à ce
   qu'ils deviennent mousseux. Augmentez la vitesse petit à
   petit, puis, à vitesse rapide, incorporez 2 cuillerées à soupe
   de sucre et continuez à fouetter jusqu'à consistance de
   neige bien ferme.
5. Ajoutez un tiers des blancs en neige dans la pâte et mélangez jusqu'à consistance homogène (ce qui permet d'allé-
   ger la pâte et de faciliter l'incorporation du reste des blancs
   d'œufs). Avec une grande spatule en caoutchouc, incorporez délicatement le reste des blancs, en procédant lentement. Ne mélangez pas trop, mais assurez-vous qu'il ne
   reste plus de trace blanche dans la pâte.
6. Versez les deux tiers de la pâte dans le moule. Disposez délicatement les cerises par-dessus et recouvrez-les
   avec le reste de la pâte. Enfournez à mi-hauteur et faites
   cuire pendant 40 minutes jusqu'à ce que le gâteau soit
   doré ; une pique en bois enfoncée au milieu doit ressortir
   propre.

7. Sortez le gâteau du four et laissez refroidir sur une grille. Au bout de 10 minutes, faites passer la lame d'un couteau le long des bords et ouvrez la fermeture pour retirer la bordure du moule en laissant le gâteau sur le fond. Servez à température ambiante, en tranches, avec une boule de sorbet aux cerises (ci-dessous). Ce gâteau doit être dégusté le jour de sa cuisson.

141 calories par personne ❊ 6 g de lipides ❊ 5 g de protéines ❊ 18 g de glucides

Note : vous pouvez remplacer les cerises par des framboises ou des abricots dénoyautés coupés en quatre.

Suggestion de vin
Un petit verre de kirsch. Mais si vous préparez ce gâteau avec d'autres fruits, proposez par exemple un muscat de Beaumes-de-Venise.

Sorbet aux cerises

Le parfum de ce sorbet est d'une telle intensité que l'on a réellement l'impression de déguster des cerises fraîches bien parfumées.

Pour 12 personnes
Matériel : un dénoyauteur ; une grande casserole ; une passoire fine ; un robot ou un mixeur ; un tamis ; une sorbetière.

- 750 g de cerises fraîches
- 37 cl de vin blanc sec
- 200 g de sucre en poudre

- 2 cuillerées à soupe de kirsch
- 2 cuillerées à soupe de jus de citron fraîchement pressé

1. Lavez les cerises, épongez-les, équeutez-les et dénoyautez-les ; mettez les noyaux de côté.
2. Versez le vin dans une grande casserole, ajoutez le sucre et les noyaux de cerises. Posez la casserole sur feu vif et faites bouillir à découvert en remuant souvent pendant 4 minutes jusqu'à consistance sirupeuse. Passez le liquide à travers une passoire fine et jetez les noyaux. Versez à nouveau le liquide dans la casserole, ajoutez les cerises et faites bouillir à nouveau. Baissez le feu et laissez mijoter à découvert sur feu moyen pendant 15 minutes en remuant de temps en temps jusqu'à ce que les cerises soient bien tendres.
3. Retirez la casserole du feu, incorporez le kirsch et le jus de citron.
4. Réduisez le contenu de la casserole en purée au mixeur ou dans un robot. Passez la purée au tamis pour éliminer le moindre débris de noyau qui pourrait subsister. Couvrez et mettez dans le réfrigérateur jusqu'à ce que le mélange soit bien froid.
5. Versez le tout dans une sorbetière et faites prendre en suivant le mode d'emploi du fabricant. Ce sorbet doit être dégusté dès qu'il est prêt.

**118 calories par personne ❧ traces de lipides ❧
1 g de protéines ❧ 26 g de glucides**

Macarons aux amandes

Légers, délicats et tout dorés, ces macarons font partie de nos biscuits préférés, surtout si je les sers avec une boule de sorbet amande au lait fermenté (p. 276). Pour réussir la recette, n'oubliez pas que la bonne proportion de blancs d'œufs est essentielle.

Pour 30 personnes
Matériel : une grande poêle ; un robot ou un mixeur ; 2 plaques à pâtisserie tapissées de papier sulfurisé.

- 150 g d'amandes entières non blanchies
- 150 g de sucre en poudre
- les blancs de 2 gros œufs (8 cl)
- ½ cuillerée à café d'extrait d'amande
- ¼ de cuillerée à café d'extrait de vanille
- 1 pincée de sel de mer fin

1. Préchauffez le four à 190 °C.
2. Faites griller les amandes. Versez-les dans une grande poêle sur feu modéré sans ajouter de matière grasse. En secouant la poêle régulièrement, faites-les dorer pendant 2 minutes jusqu'à ce qu'elles soient bien parfumées. Surveillez-les bien, car elles peuvent brûler facilement. Versez-les dans une grande assiette et laissez-les refroidir.
3. Réunissez les amandes refroidies et le sucre dans le bol mélangeur d'un robot et réduisez le tout en poudre assez fine, sans excès. Incorporez les blancs d'œufs, l'extrait d'amande et l'extrait de vanille, ainsi qu'une pincée de sel, actionnez brièvement l'appareil pour mélanger. La pâte obtenue doit être épaisse et collante ; vous devez pouvoir la façonner entre vos doigts.
4. Avec une cuiller à café, déposez la pâte sur les plaques à pâtisserie tapissées de papier sulfurisé en laissant un intervalle suffisant entre chaque petit tas de pâte pour qu'elle puisse s'étaler pendant la cuisson. Les biscuits une fois cuits sont fins et plats. Vous devez avoir une quinzaine de biscuits sur chaque plaque. Enfournez à mi-hauteur et faites cuire pendant 12 à 15 minutes jusqu'à ce qu'ils soient assez fermes et légèrement dorés. Sortez les plaques du four et laissez les biscuits refroidir complètement et devenir bien fermes, pendant au moins 5 minutes. Avec une spatule métallique, décollez délicatement les biscuits et déposez-les sur une grille ou un plat. Vous pouvez les conserver dans une boîte hermétique pendant une semaine à température ambiante.

49 calories par macaron ❧ **2,5 g de lipides** ❧
1 g de protéines ❧ **6 g de glucides**

Sorbet amande
au lait fermenté

Ce dessert glacé et crémeux remporte toujours un vif succès et l'on me demande immanquablement la recette. Proposez ce sorbet par exemple avec les macarons aux amandes (p. 274).

Pour 12 personnes
Matériel : une casserole de taille moyenne ; une petite poêle ; un robot ou un mixeur ; une sorbetière.

- 8 cl de jus de citron fraîchement pressé
- 250 g de sucre
- 6 cl de sirop de maïs
- 50 cl de lait fermenté
- ½ cuillerée à café d'extrait d'amande
- 75 g d'amandes non blanchies

1. Versez dans une casserole le jus de citron, 200 g de sucre et le sirop. Mélangez et faites chauffer sur feu modéré jusqu'à ce que le sucre soit bien dissous. Retirez du feu et laissez refroidir à température ambiante.
2. Faites griller les amandes. Versez-les dans une petite poêle sans ajouter de matière grasse et faites-les dorer sur feu moyen pendant 2 minutes environ en remuant régulièrement la poêle jusqu'à ce qu'elles soient bien parfumées. Surveillez-les attentivement car elles brûlent facilement. Versez-les dans une assiette et laissez-les refroidir.
3. Réunissez les amandes et 50 g de sucre dans le bol mélangeur d'un robot et mixez pour réduire le mélange en poudre. Réservez.
4. Mélangez le sirop au citron, le lait fermenté et l'extrait d'amande. Faites refroidir dans le réfrigérateur, puis versez

le tout dans une sorbetière et faites prendre en suivant le mode d'emploi du fabricant. Servez ce sorbet dans des verres en ajoutant la poudre d'amande au sucre sur le dessus. Il doit être servi et dégusté dès qu'il est prêt.

**153 calories par personne ❋ 4 g de lipides ❋
3 g de protéines ❋ 30 g de glucides**

Tradition : en France, on déguste les amandes fraîches en juin, avant que la coque ne durcisse ; le fruit est tendre, soyeux et délicat.

Gâteau de carottes
aux amandes

Ce gâteau bien moelleux mérite d'être essayé ne serait-ce que pour apprécier l'arôme noiseté qui envahit la cuisine pendant sa cuisson. Il ne demande que quelques minutes de préparation et c'est l'une de mes recettes préférées en hiver. J'aime bien en déguster une tranche dans l'après-midi avec une tasse de thé. Si vous le servez en dessert, proposez-le avec une boule de sorbet thym-citron (p. 279).

Pour 16 personnes
Matériel : un moule à bordure démontable de 24 cm de diamètre ; une petite poêle ; un robot ou un mixeur ; une petite casserole.

- 1 cuillerée à café d'huile d'amande
- 200 g environ d'amandes non blanchies
- 150 g de sucre en poudre
- 70 g de farine blanche ordinaire
- 1 cuillerée à café de levure chimique

- une pincée de sel de mer fin
- 3 gros œufs légèrement battus
- 4 carottes de 250 g chacune environ, râpées

Pour la sauce au citron
- 8 cl de jus de citron
- 3 cuillerées à soupe de sucre

1. Préchauffez le four à 220 °C.
2. Versez l'huile d'amande dans le moule et, avec du papier de cuisine, étalez-le sur le fond et les parois intérieures. Réservez.
3. Faites griller les amandes : versez-les dans une petite poêle sans ajouter de matière grasse et faites chauffer sur feu modéré pendant environ 2 minutes en secouant la poêle régulièrement jusqu'à ce qu'elles soient bien parfumées. Surveillez-les attentivement, car elles brûlent facilement. Versez-les dans une assiette et laissez-les refroidir. Réservez.
4. Réunissez les amandes grillées et le sucre dans le bol mélangeur d'un robot et mixez jusqu'à consistance assez grossière. Ajoutez la farine, la levure et le sel. Mélangez et versez le tout dans une terrine. Incorporez les œufs et mélangez, puis ajoutez les carottes râpées et mélangez à nouveau. La pâte doit être assez épaisse, mais elle ne doit pas être sèche.
5. Versez la pâte dans le moule et lissez le dessus avec le dos d'une cuiller. Enfournez à mi-hauteur et faites cuire pendant 40 à 45 minutes jusqu'à ce que le gâteau soit bien doré et ferme au toucher ; une pique en bois enfoncée au centre doit ressortir sèche.
6. Posez le gâteau dans son moule sur une grille pour le laisser refroidir. Au bout de 10 minutes, passez la lame d'un couteau le long des bords et ouvrez la fermeture du moule pour dégager le gâteau ; laissez-le sur le fond.
7. Pendant que le gâteau refroidit, préparez la sauce. Mélangez le jus de citron et le sucre dans une petite casserole et faites chauffer doucement sur le feu en remuant pendant 2 à 3 minutes jusqu'à ce que le sucre soit bien fondu.

8. Servez le gâteau à température ambiante. Découpez-le en tranches et arrosez celles-ci de sauce au citron ; ajoutez une boule de sorbet thym-citron. Ce gâteau doit être servi et dégusté le jour où il est préparé.

**141 calories par personne ❋ 7 g de lipides ❋
4 g de protéines ❋ 17 g de glucides**

Histoire : les amandes font en réalité partie de la même famille que les cerises, les prunes et les pêches, même si on a l'habitude de les classer avec les noix et les noisettes.

Sorbet thym-citron

Dans mon jardin en Provence, le thym pousse à foison. J'aime bien l'utiliser dans des desserts comme ce sorbet.

Pour 12 personnes
Matériel : une grande casserole avec un couvercle ; une passoire fine ; une sorbetière.

- 200 g de sucre
- 4 cuillerées à soupe de feuilles de thym fraîches
- le jus et le zeste de 2 citrons, de préférence non traités

1. Versez 50 cl d'eau dans une grande casserole, ajoutez le sucre et le thym. Portez à ébullition sur feu vif. Retirez du feu, couvrez et laissez infuser pendant 1 heure.
2. Filtrez le contenu de la casserole dans une passoire fine et jetez les feuilles de thym. Ajoutez le jus et le zeste de citron. Couvrez et mettez au réfrigérateur jusqu'à ce que le mélange soit bien froid. Versez-le dans une sorbetière et

faites prendre en suivant le mode d'emploi du fabricant. Le sorbet doit être dégusté dès qu'il est prêt.

70 calories par personne ❧ traces de lipides ❧ traces de protéines ❧ 18 g de glucides

Flan de potimarron, sauce citron

Chaque été, mon jardinier plante deux carrés de citrouilles dans mon jardin : il mélange plusieurs variétés de potirons et de potimarrons, plus petits de taille, tous reconnaissables à leur chair dense et orange vif. Ce flan léger comme un soufflé est particulièrement savoureux, tout plein de l'arôme presque épicé du potimarron frais, que vous pouvez remplacer par une autre variété de citrouille.

Pour 12 personnes
Matériel : un moule à bordure démontable de 24 cm de diamètre ; un robot ou un mixeur ; une petite casserole.

- beurre et farine pour le moule
- 1,5 kilo de potiron réduit en purée (p. 65)
- 20 cl de lait écrémé
- 70 g de sucre
- 50 g de farine blanche ordinaire
- le zeste râpé d'un citron, de préférence non traité
- ¼ de cuillerée à café de sel fin
- ¼ de cuillerée à café d'extrait de vanille
- 3 gros œufs légèrement battus

Pour la sauce au citron
- le zeste râpé d'un citron, de préférence non traité
- 3 cuillerées à soupe de sucre
- 8 cl de jus de citron fraîchement pressé

1. Préchauffez le four à 220 °C. Beurrez et farinez le moule. Réservez.
2. Réunissez dans le bol mélangeur d'un robot la purée de potiron, le lait, le sucre, la farine, le zeste de citron, le sel, la vanille et les œufs. Mixez jusqu'à consistance homogène.
3. Versez cette préparation dans le moule. Enfournez-le à mi-hauteur et faites cuire pendant 35 à 45 minutes jusqu'à ce que le gâteau soit ferme et bien doré; une pique en bois enfoncée au milieu doit ressortir propre.
4. Placez le gâteau dans son moule sur une grille et laissez refroidir. Au bout de 10 minutes, passez la lame d'un couteau le long des bords et ouvrez la fermeture pour dégager le gâteau; laissez-le sur le fond du moule.
5. Pendant le refroidissement du gâteau, préparez la sauce. Mélangez le zeste de citron, le sucre et le jus de citron dans une petite casserole et faites chauffer sur feu doux pendant 2 à 3 minutes jusqu'à ce que le sucre soit fondu.
6. Servez le flan encore tiède ou à température ambiante. Découpez-le en minces portions et arrosez-les de sauce au citron.

**69 calories par personne ❦ 1 g de lipides ❦
2 g de protéines ❦ 12 g de glucides**

Bon à savoir : il n'est pas toujours facile et pratique de fariner correctement un moule à gâteau. La tâche est plus aisée si vous versez de la farine ultrafine dans une poudreuse à sucre. Il ne vous reste plus qu'à l'utiliser chaque fois que la recette vous demande de fariner un moule, le rouleau à pâtisserie ou encore la pâte à pizza.

Compote de rhubarbe
aux fruits rouges

J'aime beaucoup la saveur acidulée de la rhubarbe, qui est ici mise en contraste avec le goût sucré de la grenadine, qui par ailleurs renforce la couleur rubis de la compote. Elle se marie parfaitement avec la texture des framboises fraîches, que vous pouvez remplacer par des fraises.

Pour 6 personnes
Matériel : une grande casserole.

- 25 cl de grenadine
- 500 g de côtes de rhubarbe, lavées et coupées en tronçons de 6 cm (pelées si elles sont très épaisses)
- 500 g de framboises, nettoyées, ou de fraises, lavées, équeutées et coupées en quatre

Versez la grenadine dans une grande casserole et ajoutez les tronçons de rhubarbe. Faites cuire pendant 2 à 3 minutes jusqu'à ce que la rhubarbe soit tendre. Retirez du feu et réservez. Au moment de servir, ajoutez les framboises ou les fraises et mélangez délicatement. Servez dans des verres ou des coupelles.

150 calories par personne ⚹ traces de lipides ⚹
1 g de protéines ⚹ 38 g de glucides

Variante : lorsque c'est la saison des figues fraîches, je remplace les framboises ou les fraises par des figues en les ajoutant à la rhubarbe dès que celle-ci est cuite, ce qui permet aux saveurs des fruits d'entrer parfaitement en osmose.

Fruits d'été au four
à la verveine odorante

La verveine odorante est un vrai cadeau du ciel dans un jardin. La saveur citronnée, acidulée et légèrement piquante de cette herbe vivace permet de rehausser pratiquement n'importe quel plat. Pour cette recette, je choisis des fruits de saison que je fais rôtir dans mon four à pain chauffé au bois et je les garnis de verveine au tout dernier moment. Proposez en même temps un sorbet au yaourt de brebis (p. 284).

Pour 6 personnes
Matériel : une petite casserole ; un plat à four en porcelaine à feu de 25 cm de diamètre.

- 12 cl de miel de lavande fondu
- 2 cuillerées à soupe de jus de citron fraîchement pressé
- 24 figues mûres, lavées, équeutées et coupées en deux dans la longueur
- 200 g de framboises
- feuilles de verveine fraîche pour garnir

1. Préchauffez le four à 190 °C.
2. Mélangez dans une petite casserole le miel et le jus de citron ; faites chauffer sur feu doux en remuant jusqu'à ce que le miel soit complètement dissous dans le jus de citron. Réservez.
3. Disposez les fruits dans le plat à four. Arrosez-les avec le mélange précédent et mettez le plat dans le four. Faites cuire pendant une dizaine de minutes, puis sortez le plat du four. Répartissez les fruits dans des coupelles et garnissez de verveine, puis ajoutez une boule de sorbet au yaourt de brebis.

254 calories ❋ 1 g de lipides ❋ 2 g de protéines ❋ 66 g de glucides

Suggestion de vin
Un petit verre de muscat de Beaumes-de-Venise.

Sorbet au yaourt de brebis

Je mange du yaourt tous les jours, sous une forme ou une autre. Voici une manière très savoureuse d'absorber un peu de calcium sous la forme d'un sorbet léger et crémeux. Servez ce sorbet avec des fruits rôtis au four à la verveine odorante (p. 282).

Pour 12 personnes
Matériel : un robot électrique équipé d'un fouet ; une sorbetière.

- 50 cl de yaourt au lait de brebis allégé
- 3 gros blancs d'œufs
- 130 g de sucre

1. Versez le yaourt dans une terrine et fouettez-le à la fourchette pour l'homogénéiser. Réservez.
2. Versez les blancs d'œufs dans un robot équipé d'un fouet et fouettez à vitesse lente jusqu'à ce qu'ils deviennent mousseux. Augmentez petit à petit la vitesse, puis, à la vitesse la plus forte, ajoutez lentement le sucre en continuant à fouetter jusqu'à ce que les œufs en neige soient bien fermes. Incorporez petit à petit le yaourt aux œufs en neige, puis versez le tout dans la sorbetière et faites prendre en suivant le mode d'emploi du fabricant. Le sorbet doit être servi et dégusté dès qu'il est prêt.

**75 calories par personne ❀ 1 g de lipides ❀
1 g de protéines ❀ 13 g de glucides**

Bon à savoir : n'oubliez pas qu'il est plus facile de séparer les blancs des jaunes lorsque les œufs sont froids, mais que les blancs sont plus faciles à monter en neige s'ils sont à température ambiante. Lorsque vous préparez ce sorbet, faites en sorte de programmer l'opération en fonction de ce conseil.

LES SAUCES
ET LES CONDIMENTS

Bouillon de volaille maison

Rien ne me donne un sentiment de plus grande satisfaction que de humer l'odeur d'un bouillon de volaille en train de cuire qui s'échappe de ma cuisine. Il me donne aussi un sentiment de pouvoir, car je sais du même coup que, quelles que soient les ressources de mes placards, je peux toujours réaliser un plat en un clin d'œil grâce à ce bouillon haut en saveurs et en couleur. Dans cette recette, je prends un poulet entier et je le fais cuire pendant une heure ; la volaille est ensuite retirée de la marmite, entièrement désossée, puis la carcasse et la peau retournent dans la marmite pour mijoter encore un bon moment. Ce qui donne au final un bouillon très savoureux et parfumé, mais aussi une viande bien tendre à utiliser dans une salade par exemple.

Pour 3 litres
Matériel : une marmite à pâtes de 10 litres, avec sa passoire ; une passoire fine ; une mousseline mouillée.

- 2 gros oignons, coupés en deux, non pelés
- 4 clous de girofle
- 1 poulet fermier de 2,5 kilos
- une pincée de sel
- 4 carottes, grattées mais non pelées, coupées en tronçons de 2,5 cm
- 1 tête d'ail, coupée en deux, non pelée
- 4 côtes de céleri
- 1 blanc de poireau fendu en deux, lavé et coupé en tronçons de 2,5 cm
- 25 g de gingembre frais pelé
- 12 grains de poivre blanc
- un bouquet garni (feuilles de laurier, feuilles de céleri, brins de thym et persil enfermés dans une boule à thé ou à riz)

1. Piquez les demi-oignons au bout d'une fourchette à deux dents à long manche et tenez-les directement au-dessus de la flamme du gaz jusqu'à ce qu'ils soient bien saisis. Enfon-

cez un clou de girofle dans chaque demi-oignon. (Cette opération donne une saveur plus intense au bouillon. La pelure d'oignon sert également à lui donner une couleur plus marquée.)

2. Placez le poulet dans la marmite et versez 5 litres d'eau par-dessus. Ajoutez les autres ingrédients, y compris les oignons. Portez à la limite de l'ébullition à découvert sur feu moyen. Écumez les impuretés qui montent à la surface. Rajoutez de l'eau froide pour remplacer celle qui a été retirée et continuez à écumer jusqu'à ce que le bouillon soit clair.

3. Au bout de 1 heure de cuisson, sortez le poulet de la marmite. Retirez la peau et désossez entièrement la volaille. Remettez la peau et la carcasse, ainsi que les os dans la marmite. Poursuivez la cuisson à petits frémissements pendant encore 2 h 30.

4. Tapissez une grande passoire avec une double épaisseur de mousseline mouillée et placez cette passoire au-dessus d'une grande marmite. Versez le bouillon à l'aide d'une louche (ne le versez pas directement) dans la passoire, pour filtrer la graisse et les impuretés superflues. Jetez les ingrédients solides. Mesurez le liquide. Si vous en obtenez plus de 3 litres, remettez-le à chauffer sur feu moyen pour le faire réduire. Répartissez-le ensuite dans des récipients adaptés.

5. Mettez le bouillon dans le réfrigérateur pour éliminer ensuite la graisse qui se fige à la surface. Le bouillon se conserve ensuite dans le réfrigérateur pendant 3 jours et jusqu'à 3 mois si vous le congelez.

22 calories pour 25 cl ⁂ 1 g de lipides ⁂ 1 g de protéines ⁂ 1 g de glucides

Variante : vous pouvez remplacer un poulet entier par deux carcasses, même si le bouillon obtenu n'aura pas la même saveur. Autre solution : prendre deux kilos d'abattis, moins onéreux qu'une volaille entière.

Les bons conseils

Pour avoir un bouillon bien clair, commencez la cuisson à l'eau froide et portez-la lentement à la limite de l'ébullition. Ne le laissez jamais bouillir, sinon il sera trouble, car la matière grasse se transforme en émulsion. L'eau froide permet également une meilleure extraction des saveurs. Écumez régulièrement le bouillon pendant la première demi-heure de cuisson. Choisissez une marmite haute, qui limite l'évaporation. La marmite à pâtes équipée d'une passoire est parfaite pour cet usage, car elle permet de retirer facilement les ingrédients du bouillon et de commencer à filtrer le liquide.

Quelle différence existe-t-il entre bouillon, fond et consommé? Le mot le plus courant pour ces préparations de base est le bouillon (de volaille, de bœuf ou de légumes, voire court-bouillon pour les poissons), mais le terme culinaire technique est le fond, qui selon sa définition doit cuire plusieurs heures. Le consommé est un bouillon qui a été clarifié (en général avec du blanc d'œuf) pour être servi en entrée chaude.

En réalité, le bouillon est la base de toutes les cuisines. Sans lui, on ne peut rien faire.

Auguste Escoffier, cuisinier français (1846-1935).

Vinaigrette classique

Cette sauce traditionnelle aura toujours sa place dans votre cuisine. Choisissez deux vinaigres différents et une huile d'olive de grande qualité pour une saveur plus riche et plus intense.

Pour 32 cl environ
Matériel : un petit bocal avec un couvercle.

- 2 cuillerées à soupe de vinaigre de xérès
- 2 cuillerées à soupe de vinaigre de vin rouge
- sel de mer fin
- 25 cl d'huile d'olive vierge extra

Versez les deux vinaigres et le sel dans un petit bocal. Couvrez et secouez pour dissoudre le sel. Ajoutez l'huile et secouez à nouveau pour bien mélanger. Goûtez et rectifiez l'assaisonnement. Vous pouvez conserver cette vinaigrette à température ambiante ou dans le réfrigérateur pendant plusieurs semaines. Secouez à nouveau au moment de l'emploi pour obtenir une émulsion bien liée.

128 calories par cuillerée à soupe ❧ 14 g de lipides ❧ traces de protéines ❧ traces de glucides

> *Histoire :* les salades sont connues depuis l'Antiquité, mais en général on les mangeait très salées et avec une sauce chaude. C'est à partir du xve siècle seulement que la vinaigrette devint l'assaisonnement traditionnel.

Sauce basilic au citron

Cette sauce, à la fraîcheur aromatique, convient particulièrement à l'assaisonnement des salades estivales.

Matériel : un petit bocal avec un couvercle.

- 4 cuillerées à soupe d'huile de basilic (p. 305)
- 1 cuillerée à soupe de jus de citron fraîchement pressé
- sel de mer fin

Réunissez dans un petit bocal l'huile de basilic et le jus de citron. Couvrez et secouez, puis goûtez et rectifiez l'assaisonnement. Utilisez cette sauce aussitôt ou conservez-la à couvert dans le réfrigérateur pendant 1 semaine au maximum. Secouez-la à nouveau au moment de servir pour obtenir une émulsion bien liée.

65 calories par cuillerées à soupe ⚹ 7 g de lipides ⚹ traces de protéines ⚹ traces de glucides

Sauce crème au citron et à la ciboulette

Légère et acidulée, cette sauce est idéale pour de nombreux assaisonnements. Je l'aime aussi bien avec une simple salade verte ou un mélange de tomates du jardin.

Pour 32 cl environ
Matériel : un petit bocal avec un couvercle.

• 2 cuillerées à soupe de jus de citron fraîchement pressé
• ½ cuillerée à café de sel de mer fin
• 25 cl de crème fleurette
• 5 cuillerées à soupe de ciboulette fraîchement ciselée

Réunissez le jus de citron et le sel dans un petit bocal. Couvrez et secouez pour dissoudre le sel. Ajoutez la crème fleurette et la ciboulette, secouez à nouveau. Goûtez et rectifiez l'assaisonnement. Couvrez et gardez dans le réfrigérateur pendant 1 semaine au maximum. Secouez au moment de servir pour bien mélanger les ingrédients.

16 calories par cuillerée à soupe ⚹ 2 g de lipides ⚹ traces de protéines ⚹ traces de glucides

Vinaigrette à l'échalote

La douce saveur de l'échalote lui donne une place à part dans la famille des oignons. Grâce à elle, cette vinaigrette accompagne particulièrement bien toutes les salades délicates.

Pour 16 cl environ
Matériel : un petit bocal avec un couvercle.

- 2 belles échalotes pelées et finement émincées
- 2 cuillerées à soupe de vinaigre de xérès
- 2 cuillerées à soupe de jus de citron fraîchement pressé
- le zeste finement râpé d'un citron, de préférence non traité
- sel de mer fin
- 8 cl environ d'huile d'olive vierge extra

Réunissez les échalotes, le vinaigre de xérès, le jus de citron, le zeste de citron et le sel dans un petit bocal. Couvrez et secouez pour dissoudre le sel. Ajoutez l'huile et secouez à nouveau pour mélanger. Goûtez et rectifiez l'assaisonnement. Cette vinaigrette peut se préparer 1 ou 2 jours à l'avance et se conserver à couvert dans le réfrigérateur. Secouez-la à nouveau au moment de l'emploi pour obtenir une émulsion bien liée.

54 calories par cuillerée à soupe ✳ 6 g de lipides ✳ traces de protéines ✳ 1 g de glucides

Sauce basilic légère

Voici une version légère et relevée du traditionnel pesto, que je prépare avec une bonne dose de basilic frais bien parfumé et une huile d'olive vierge extra de première qualité.

Pour 12 cl environ
Matériel : un mortier et un pilon ; ou un robot ménager avec un petit bol mélangeur ou un mixeur.

- 4 belles gousses d'ail pelées, coupées en deux, dégermées et émincées
- 1 pincée de sel
- 1 beau bouquet de basilic frais avec les fleurs
- 6 cuillerées à soupe d'huile d'olive vierge extra

1. À la main : réunissez les gousses d'ail et le sel dans un mortier, puis réduisez-les en purée avec le mortier. Travaillez lentement et régulièrement, avec patience. Incorporez ensuite les feuilles de basilic, petit à petit, en imprimant au pilon un mouvement de rotation pour former une pâte homogène. Versez l'huile en filet, tout en continuant à piler le mélange en tournant, jusqu'à ce que toute l'huile soit absorbée. La sauce ne doit pas former une émulsion, comme une mayonnaise ; au contraire, les feuilles de basilic pilées doivent rester en suspension dans l'huile. Goûtez et rectifiez l'assaisonnement. Remuez encore une fois avant de servir.
   Avec un robot ou un mixeur : réunissez l'ail, le sel et le basilic dans le bol mélangeur et actionnez l'appareil pour réduire le tout en purée. Tout en continuant à faire marcher l'appareil, versez l'huile et actionnez l'appareil jusqu'à consistance homogène. Goûtez et rectifiez l'assaisonnement. Remuez encore une fois avant de servir.
2. Cette sauce se conserve à couvert dans le réfrigérateur jusqu'à 3 jours ; jusqu'à 6 mois dans le congélateur. Laissez-la revenir à température ambiante et remuez encore avant emploi.

63 calories par cuillerée à soupe ❧ 7 g de lipides ❧ traces de protéines ❧ 1 g de glucides

Tout ce qui porte un nom dans les livres antiques, depuis David, ce roi qui faisait des cantiques, jusqu'à Napoléon, empereur du Midi, tout a dévoré l'ail, cette plante magique.

Joseph Méry, *Ode à l'ail.*

Sauce à la coriandre

Rapide et facile, idéale pour de nombreux emplois, cette sauce est parfaite pour tirer le meilleur parti d'un beau bouquet de fines herbes. Avec la coriandre, elle est délicieuse en condiment dans un petit bol avec mon couscous aux pois chiches et aux courgettes (p. 129). J'utilise la même technique avec de l'aneth (qui donne une sauce exquise pour accompagner des petits bouquets de chou-fleur à la vapeur) ou encore avec du cerfeuil (magnifique avec des crudités, carottes ou bâtonnets de céleri).

Pour 12 cl environ
Matériel : une grande casserole ; une passoire fine ; un robot ou un mixeur ; un petit bocal avec un couvercle.

- 3 cuillerées à soupe de gros sel de mer
- 2 beaux bouquets de coriandre fraîche
- 4 cuillerées à soupe d'huile d'olive vierge extra
- ½ cuillerée à café de sel de mer fin

1. Préparez une grande terrine d'eau glacée.
2. Versez 1 litre d'eau dans une grande casserole et portez à ébullition sur feu vif. Ajoutez le sel et les feuilles de coriandre. Laissez blanchir pendant 15 secondes. Versez les feuilles de coriandre dans une passoire fine et plongez celle-ci dans la terrine d'eau glacée pour les rafraîchir, stopper la cuisson et garder les feuilles bien vertes. Versez ensuite la coriandre sur un torchon épais, roulez-le et pressez pour bien éponger les feuilles.
3. Réunissez dans le bol mélangeur d'un robot les feuilles de coriandre blanchies, l'huile et le sel fin. Mixez jusqu'à consistance de purée lisse, bien homogène, mais assez épaisse. Versez-la dans un petit bocal hermétique et gardez-le dans le réfrigérateur, jusqu'à une dizaine de jours. Sortez la sauce un peu à l'avance du réfrigérateur avant emploi. Secouez et remuez-la encore une fois avant de l'utiliser.

**61 calories par cuillerée à soupe ❧ 7 g de lipides ❧
traces de protéines ❧ traces de glucides**

Pesto au cresson

La première fois que j'ai goûté ce pesto au cresson, tout
vibrant de saveur et de couleur, c'était au *Pré Catelan*, le restaurant que dirige comme chef Frédéric Anton. Il accompagnait un
turbot poché garni de pennes au beurre. C'est une excellente
idée pour changer du traditionnel pesto au basilic, vert vif lui
aussi et tout aussi parfumé. Il permet d'ailleurs de pleinement
savourer le goût distinct de chaque ingrédient qui le compose.
C'est une sauce parfaite pour le poisson et la volaille, mais aussi
avec les pâtes.

Pour 50 cl environ
Matériel : un robot ménager ou un mixeur.

- 2 bottes de cresson, lavé et séché (avec les tiges)
- 100 g de parmesan fraîchement râpé
- 2 cuillerées à soupe d'huile d'olive vierge extra
- 2 belles gousses d'ail pelées, coupées en deux et dégermées
- ½ cuillerée à café de sel fin

Réunissez tous les ingrédients dans le bol mélangeur d'un
robot et mixez jusqu'à consistance de purée bien lisse. Goûtez
et rectifiez l'assaisonnement. Conservez ce pesto dans un
récipient hermétique dans le réfrigérateur, jusqu'à 2 jours au
maximum.

**12 calories par cuillerée à soupe ❧ 1 g de lipides ❧
1 g de protéines ❧ traces de glucides**

Aïoli

Impossible pour moi d'imaginer un été sans goûter au moins une fois cette mayonnaise à l'ail typiquement provençale qui porte le nom d'aïoli. Dans cette version, je lui ai rajouté une petite touche de piquant supplémentaire avec le piment d'Espelette.

Pour 32 cl environ
Matériel : un mortier et un pilon ; ou un robot ménager avec un petit bol ou un mixeur.

- 6 belles gousses d'ail pelées, coupées en deux, dégermées et émincées
- ½ cuillerée à café de sel de mer fin
- 2 gros jaunes d'œufs à température ambiante
- 25 cl d'huile d'olive vierge extra
- 1 cuillerée à café de piment d'Espelette

1. À la main : versez de l'eau chaude dans un grand mortier pour le réchauffer, puis jetez l'eau et séchez le mortier. Mettez dedans les gousses d'ail et le sel, puis écrasez-les avec le pilon pour les réduire en une pâte aussi fine et lisse que possible. (Plus l'ail est frais, plus il est facile à écraser.) Ajoutez les jaunes d'œufs. Mélangez en les écrasant avec le pilon, doucement et régulièrement, toujours dans le même sens, pour obtenir une préparation homogène. Tout en continuant à remuer, versez quelques gouttes d'huile et fouettez jusqu'à ce qu'elle soit absorbée. Ne versez pas trop d'huile au début, sinon l'émulsion ne va pas prendre. Dès que l'émulsion commence à épaissir, versez le reste d'huile en un filet continu, sans cesser de fouetter. Ajoutez le piment d'Espelette, goûtez et rectifiez l'assaisonnement. Avec un robot ou un mixeur, réunissez dans le bol mélangeur l'ail, le sel et les jaunes d'œufs. Mixez jusqu'à consistance homogène. Tout en continuant à faire marcher l'appareil, à vitesse réduite, versez quelques cuillerées d'huile et mixez jusqu'à ce que le mélange épaississe. Versez doucement le

reste d'huile en filet continu sans arrêter l'appareil. Ajoutez le piment et goûtez pour rectifier l'assaisonnement.

2. Versez l'aïoli dans un bol, couvrez et gardez dans le réfrigérateur pendant au moins une heure pour permettre aux saveurs de bien se mélanger. Vous pouvez le conserver à couvert dans le réfrigérateur jusqu'à 3 jours au maximum.

171 calories par cuillerée à soupe ❧ 19 g de lipides ❧
1 g de protéines ❧ 1 g de glucides

Sauce aux tomates du jardin

Cette sauce tomate rustique ne demande que quelques minutes de préparation et pourtant, quand on la déguste, elle donne l'impression d'avoir été cuisinée pendant des heures ! Seul impératif : choisir les tomates les plus mûres et les plus parfumées que vous pouvez trouver.

Pour 1,2 litre de sauce
Matériel : une grande casserole à fond épais ; un moulin à légumes avec une grille à gros trous.

- 1 cuillerée à soupe d'huile d'olive vierge extra
- 1,5 kilo de tomates fraîches, lavées, coupées en quartiers (non pelées)
- 1 cuillerée à soupe de gros sel de mer
- quelques feuilles de céleri
- quelques feuilles de laurier fraîches ou sèches
- les gousses non pelées d'une tête d'ail frais
- miettes de piment séchées (facultatif)

1. Réunissez tous les ingrédients dans une grande casserole à fond épais. Faites chauffer à découvert sur feu modéré pendant 15 minutes en remuant régulièrement, jusqu'à ce que les tomates aient réduit de volume et soient cuites dans leur propre jus. Goûtez et rectifiez l'assaisonnement. Retirez et jetez les feuilles de céleri et les feuilles de laurier.

2. Placez le moulin à légumes au-dessus d'une grande terrine. Avec une louche, prélevez la sauce petit à petit et faites-la passer dans le moulin. Cette sauce se conserve dans le réfrigérateur, à couvert, pendant 1 semaine et jusqu'à 6 mois dans le congélateur.

**89 calories pour 25 cl ❧ 4 g de lipides ❧
3 g de protéines ❧ 14 g de glucides**

Bon à savoir : cette sauce de consistance assez rustique conserve les pépins des tomates ; si vous préférez une sauce plus raffinée, utilisez une grille à petits trous pour le moulin à légumes.

Sauce aux tomates cuites au four

Lorsque c'est la pleine saison des tomates et qu'elles sont abondantes tant dans le jardin que sur le marché, je prépare des litres de cette sauce bonne à tout faire, pour les pâtes et les gratins, mais aussi diluée pour une soupe froide ou chaude, ou encore pour agrémenter une purée d'aubergines.

Pour 6 personnes
Matériel : une plaque à pâtisserie ; un robot ménager ou un mixeur.

- 1,5 kilo de tomates fraîches et mûres, lavées et coupées en deux dans l'épaisseur (non pelées)
- sel de mer fin
- 2 cuillerées à café environ d'origan séché

1. Préchauffez le four à 220 °C.
2. Rangez les demi-tomates, face coupée dessus, côte à côte sur une plaque à pâtisserie. Poudrez-les légèrement de sel. Frottez l'origan séché entre vos mains au-dessus des tomates pour les aromatiser.

3. Enfournez la plaque à mi-hauteur et faites cuire les tomates pendant 40 minutes environ jusqu'à ce qu'elles soient très tendres.
4. Passez les tomates avec le jus qu'elles ont rendu au mixeur ou dans le robot pour les réduire en purée bien lisse.

**43 calories par personne ❧ 1 g de lipides ❧
2 g de protéines ❧ 10 g de glucides**

Gelée de piment d'Espelette

Le piment d'Espelette est une variété de piment assez doux que l'on cultive dans le Pays basque, où il intervient quotidiennement dans la cuisine. Cette gelée colorée et parfumée est bien relevée, mais sans excès de piquant. Elle fournit un condiment subtil pour accompagner aussi bien un fromage frais qu'un magret de canard grillé.

Pour 3 pots de 200 g chacun environ
Matériel : un robot ou un mixeur ; une bassine à confiture ou une grande casserole ; 3 pots de 200 g chacun, stérilisés, avec un couvercle.

- 3 poivrons rouges équeutés, épépinés et coupés en quartiers
- 800 g de sucre
- 25 cl de vinaigre de cidre
- 1 cuillerée à soupe de piment d'Espelette en poudre
- 2 cuillerées à soupe de miettes de piment séché réduites en poudre
- 4 cuillerées à soupe de pectine liquide

Réduisez les poivrons en purée fine à l'aide d'un robot ou d'un mixeur. Versez cette purée dans une bassine à confiture ou une grande casserole. Ajoutez le sucre, le vinaigre, le piment d'Espelette et le piment. Portez à ébullition sur feu modéré en remuant sans arrêt jusqu'à ce que le mélange commence à épaissir, pendant 6 à 8 minutes. Retirez du feu et incorporez la pectine. Remettez sur le feu et mélangez sans arrêt pendant 1 minute. Répartissez le mélange dans les pots stérilisés sans les remplir complètement. Essuyez soigneusement le rebord des pots. Couvrez et fermez hermétiquement. Mettez les pots à l'envers pendant 5 minutes, puis remettez-les à l'endroit. Laissez à température ambiante pendant 24 heures. Conservez ces pots fermés dans un endroit frais et sec (jusqu'à 1 an). Le pot une fois ouvert se conserve pendant 3 semaines dans le réfrigérateur.

67 calories par cuillerée à soupe ❄ 0 g de lipides ❄ traces de protéines ❄ 17 g de glucides

Bon à savoir : dans cette recette, j'aime bien que la gelée soit assez molle, presque liquide ; c'est une consistance agréable, pas trop prise. Si vous préférez une gelée plus ferme, doublez la proportion de pectine. Vous pouvez remplacer le piment d'Espelette par le piment de votre choix, séché et réduit en poudre, et même utiliser à la place des poivrons une petite proportion de piment frais.

Poudre de curry

Nettement plus aromatique et savoureux que le curry acheté tout prêt, ce curry en poudre se prépare en l'espace de quelques minutes.

Pour 70 g environ
Matériel : une petite poêle ; un moulin à épices ou à café.

- 2 petits piments rouges séchés
- 2 cuillerées à soupe de graines de coriandre
- 1 cuillerée à soupe de graines de cumin
- ½ cuillerée à café de graines de moutarde noire
- 1 cuillerée à café de grains de poivre noir
- 1 cuillerée à café de graines de fenugrec

- ½ cuillerée à café de gingembre en poudre
- ½ cuillerée à café de curcuma

Réunissez dans une petite poêle, sans ajouter de matière grasse, les piments, la coriandre, le cumin, la moutarde et les grains de poivre. Faites chauffer sur feu modéré pendant 2 à 3 minutes en remuant pour éviter que les graines ne brûlent. Retirez du feu, versez le tout dans un bol et laissez refroidir à température ambiante. Ajoutez les graines de fenugrec, mélangez et réduisez le tout en poudre fine dans un moulin à épices ou à café. Versez la poudre dans un récipient, ajoutez le gingembre et le curcuma, mélangez et conservez dans un petit bocal hermétique dans un endroit frais (à utiliser dans les 3 mois).

**40 calories par cuillerée à soupe ❧ 1 g de lipides ❧
2 g de protéines ❧ 8 g de glucides**

Pâte de curry thaïe

Comme la poudre de curry, la pâte de curry maison possède une saveur plus authentique que celle achetée dans le commerce. J'aime bien ce condiment avec le mélange de légumes thaï (p. 209).

Pour 12 cl environ
Matériel : une petite poêle ; un moulin à épices ou à café ; un robot ou un mixeur.

- 2 cuillerées à soupe de graines de coriandre
- 1 cuillerée à café de graines de cumin
- 1 cuillerée à café de graines de fenouil
- 1 cuillerée à café de grains de poivre noir
- 4 cuillerées à soupe de feuilles de coriandre
- 2 lamelles de gingembre frais, pelé, de 5 mm d'épaisseur
- 1 tige de citronnelle (la partie basse seulement), hachée
- 1 cuillerée à soupe de piment rouge séché en poudre fine
- 2 échalotes pelées et hachées

- 4 gousses d'ail pelées, coupées en deux et dégermées
- le zeste râpé d'un citron vert, de préférence non traité
- 1 cuillerée à café de pâte de crevettes (facultatif)
- 1 ½ cuillerée à café de sel de mer fin
- 1 cuillerée à café de noix de muscade râpée
- 8 cl d'huile de colza

1. Réunissez dans une petite poêle sans ajouter de matière grasse les graines de coriandre, le cumin, le fenouil et le poivre ; faites chauffer en remuant pendant 2 à 3 minutes en évitant de laisser brûler les graines. Retirez du feu et laissez refroidir à température ambiante. Réduisez le tout en poudre fine dans un moulin à épices ou à café. Versez le mélange dans un bol.
2. Hachez très finement dans un robot ou un mixeur la coriandre, le gingembre, la citronnelle, le piment, les échalotes, l'ail, le zeste de citron, la pâte de crevettes (si vous l'utilisez), le sel et la noix de muscade. Ajoutez les épices grillées et, tout en laissant fonctionner l'appareil, versez lentement l'huile. Couvrez et gardez dans le réfrigérateur jusqu'au moment de l'emploi. Cette pâte se conserve dans un récipient hermétique au réfrigérateur pendant 1 semaine.

**95 calories par cuillerée à soupe ❋ 9 g de lipides ❋
1 g de protéines ❋ 3 g de glucides**

Sel au zeste de citron

Ce mélange de zeste de citron et de fleur de sel est une association parfaite, qui peut vous servir de condiment relevé pour tous les plats que vous cuisinez.

Pour 50 g
Matériel : un petit bocal avec un couvercle.

- le zeste râpé d'un citron, de préférence non traité
- 50 g environ de fleur de sel

Réunissez la fleur de sel et le zeste de citron dans un petit bocal. Fermez et secouez pour bien mélanger. Gardez le mélange dans le bocal fermé si vous ne l'utilisez pas, car il restera ainsi plus frais plus longtemps. Utilisez-le en l'espace de 1 mois ; au-delà, le parfum du citron disparaît.

La fleur de sel, le caviar de l'Océan

Le sel de mer est un ingrédient essentiel pour l'alimentation et les Romains en faisaient déjà grand usage. Mais comment se fait-il que ce condiment, né de l'évaporation de l'eau de mer sous l'action du soleil et du vent, soit devenu l'un des trésors de la gastronomie moderne ?

L'histoire de la fleur de sel commence en réalité dans les marais de la presqu'île de Guérande, en Bretagne. Depuis le Moyen Âge, sur ces terres basses qui s'avancent dans l'océan Atlantique, l'homme a commencé à capturer les eaux salines dans un dédale de canaux et de petits bassins qui, par décantations et évaporations successives, finissent par fournir l'un des ingrédients les plus précieux au monde, le sel marin.

Le commerce du sel a toujours été important en France au cours des siècles, mais cette pratique avait fini par péricliter en Bretagne au point d'être sur le point de disparaître. La compétition accrue des marais salants de Méditerranée, dont la rentabilité commerciale était plus élevée, mais aussi l'état de plus en plus mauvais des salins de Bretagne, avaient eu de très néfastes conséquences. Cependant, à la fin des années 1970, un petit nombre de paludiers se réunirent dans l'espoir de sauver leur outil de travail et leurs traditions. Aujourd'hui, on compte environ 200 artisans qui produisent environ 10 000 tonnes de sel de mer par an en Bretagne.

Les paludiers et les paludières qui récoltent le sel, chaque jour entre la mi-juin et la mi-septembre, portent également le surnom de jardiniers de l'Océan. L'eau de mer est retenue à marée haute et conservée dans de gigantesques réservoirs pendant un ou deux mois. Elle est ensuite acheminée dans un labyrinthe de bassins de plus en plus petits, que l'on appelle des œillets, où la concentration en sel s'accroît petit à petit. Le sel qui se cristallise à la surface de l'eau est soigneusement râtissé et entassé pour former d'impressionnants tas de sel, que l'on qualifie communément de sel gris ou de gros sel de mer. Les bons jours, un paludier qui travaille sur soixante à quatre-vingts œillets peut arriver à récolter 50 kilos de sel. Ce produit hautement naturel, totalement pur et non raffiné est une excellente source de sodium, de potassium, de calcium, de magnésium, de cuivre et de zinc.

À certaines périodes de l'année, à la bonne température, un vent sec souffle de l'est et une très fine pellicule de cristaux de sel se dépose dans les angles des œillets. Il s'agit là du caviar de l'Océan, la fameuse fleur de sel, traditionnellement récoltée par des femmes, veuves de paludiers, dont le travail délicat consiste à ramasser uniquement cette fleur de sel, sans prélever le gros sel qui risque de se mélanger avec. Cette opération est non seulement délicate, mais elle dépend aussi des caprices de la nature, car la récolte d'une journée entière peut être brusquement détruite par un changement de temps soudain. Avec un arôme d'iode délicat, que certains qualifient de parfum de violette, cette précieuse denrée ne représente que 5 % de la production totale de sel en Bretagne, ce qui explique pourquoi elle coûte quatre fois plus cher que le traditionnel sel de mer. On appelle aussi la fleur de sel la fille du vent et du soleil, car ces minuscules cristaux délicats et brillants sont mis à sécher au soleil dans des paniers en osier.

La fleur de sel est le condiment privilégié des chefs et des boulangers, mais aussi de tous ceux qui font la cuisine chez eux. Le célèbre cuisinier Joël Robuchon assaisonne ses frites à la fois avec du gros sel et de la fleur de sel, car ils leur apportent l'un et l'autre un goût spécial et une texture particulière. Il existe néanmoins une règle impérative à propos du sel de mer : la fleur de sel ne convient pas pour la cuisson, elle sert d'assaisonnement au dernier moment, qu'il s'agisse d'une salade verte ou d'un gigot qui sort du four.

La fleur de sel de la presqu'île de Guérande est sans doute la plus connue en France, mais il existe d'autres productions tout aussi réputées, notamment celles de l'île de Noirmoutier, de l'île de Ré, sur la côte atlantique, ainsi que celle de la Camargue, dans la Méditerranée. Aujourd'hui, des conditionnements ingénieux (certains sont même signés et datés de la main des paludiers) ont propulsé la fleur de sel dans le royaume des vrais trésors de la gastronomie française.

Le gros sel et le sel fin de mer sont tous deux indispensables dans une cuisine. À mon avis, le sel de mer assaisonne réellement les aliments, les rehausse et les met en valeur, tandis que le sel de table (raffiné et enrichi d'additifs, notamment pour l'empêcher de coller s'il fait humide) leur donne simplement un goût de sel.

Huile de basilic

Une fois que vous aurez essayé cette huile, vous ne pourrez plus jamais vous en passer. Elle vous servira, comme à moi, des milliers de fois. Je l'utilise notamment pour assaisonner des tomates du jardin, pour arroser un poisson poché, pour préparer une sauce vinaigrette en lui ajoutant une touche de jus de citron. Son appétissante couleur verte fait merveille sur les assiettes et sa saveur relevée vous fait immanquablement penser au soleil et à l'été.

Pour 37 cl environ

Matériel : une marmite à pâtes de 5 litres avec sa passoire ; une passoire fine ; un robot ou un mixeur ; un bocal à fermeture hermétique.

- 3 cuillerées à soupe de gros sel de mer
- 200 g de feuilles de basilic
- 25 cl d'huile d'olive vierge extra
- ½ cuillerée à café de sel de mer fin

1. Préparez une grande terrine pleine d'eau glacée.
2. Versez 3 litres d'eau dans une marmite et faites bouillir sur feu vif. Ajoutez le gros sel et les feuilles de basilic ; faites-les blanchir pendant 15 secondes. Versez-les ensuite dans une passoire fine et plongez celle-ci dans l'eau glacée pour stopper la cuisson et garder les feuilles bien vertes. Déposez-les sur un torchon épais, roulez-le en le tordant pour bien les éponger.
3. Réunissez dans le bol mélangeur d'un robot les feuilles de basilic, l'huile d'olive et le sel fin ; mixez pour réduire en purée fine. L'huile doit être fortement colorée en vert, avec des petites particules de feuilles qui flottent dedans. Versez le tout dans un bocal avec un couvercle. Conservez-le dans le réfrigérateur jusqu'à 10 jours au maximum. Sortez-le du réfrigérateur au moins 10 minutes avant de l'utiliser, car l'huile aura figé. Secouez vivement l'huile avant emploi.

80 calories par cuillerée à soupe ❦ 9 g de lipides ❦
traces de protéines ❦ traces de glucides

Variante : vous pouvez réaliser d'autres huiles parfumées en remplaçant le basilic par de la menthe ou de l'estragon.

Huile de truffe

Voici une délicieuse recette pour utiliser les pelures de truffe, exquise en mince filet sur de la volaille ou un poisson.

Pour 25 cl
Matériel : une petite casserole avec un couvercle.

- 1 cuillerée à soupe de pelures de truffe émincées
- 25 cl d'huile de pépins de raisin

Réunissez l'huile et les pelures dans une petite casserole. Faites chauffer sur feu doux pendant 1 à 2 minutes jusqu'à ce que l'huile dégage un parfum de truffe. Couvrez hermétiquement et laissez reposer à température ambiante pendant 3 jours au maximum. Vérifiez de temps en temps en goûtant pour voir si la truffe a bien infusé son parfum. Au bout de 3 jours, filtrez l'huile et réservez les pelures pour un autre usage. Conservez cette huile parfumée dans le réfrigérateur (3 jours) ; vous pouvez aussi la congeler (à utiliser dans le mois qui suit).

**126 calories par cuillerée à soupe ❧ 14 g de lipides ❧
pas de protéines ❧ 1 g de glucides**

Crème de truffe

Pendant la saison des truffes, j'ai toujours sous la main un peu de cette crème à la truffe que j'utilise pour parfumer d'un arôme puissant aussi bien une soupe qu'un dessert ou n'importe quel autre plat.

Pour 50 cl
Matériel : un petit bocal avec un couvercle.

- 5 cuillerées à soupe de truffe noire finement émincée
- 50 cl de crème fleurette

Mélangez la crème et la truffe émincée dans un bocal. Couvrez hermétiquement et secouez pour bien mélanger. Conservez dans le réfrigérateur pendant au moins 24 heures avant emploi. (Le mélange se conserve au frais pendant 1 semaine.)

32 calories par cuillerée à soupe ❧ 3 g de lipides ❧ traces de protéines ❧ 1 g de glucides

Beurre de truffe

J'aime bien utiliser du gros sel dans ce beurre de truffe : le croquant de la truffe et celui des cristaux de sel en font un condiment absolument inoubliable, aussi bien sur des tartines grillées que sur des pâtes, dans un risotto ou une omelette, dans un plat de lentilles, avec du poisson ou une volaille.

Pour 6 cuillerées à soupe
Matériel : un ramequin.

- 4 cuillerées à soupe de beurre non salé, à température ambiante
- 2 cuillerées à soupe de pelures de truffe finement hachées
- ½ cuillerée à café de gros sel de mer

Sur une assiette, écrasez le beurre ramolli avec une fourchette. Ajoutez les pelures de truffe et le gros sel en le répartissant aussi régulièrement que possible. Versez ce beurre dans un ramequin et couvrez de film étirable. Conservez-le dans le réfrigérateur pendant 3 jours au maximum (vous pouvez le congeler jusqu'à 1 mois). Servez à température ambiante.

82 calories par cuillerée à soupe ❧ 8 g de lipides ❧ traces de protéines ❧ 2 g de glucides

Table

LES AMUSE-BOUCHES, LES HORS-D'ŒUVRE ET LES ENTRÉES

. Graines de potiron grillées 19
. Saumon fumé, sauce moutarde à l'aneth 20
. Sorbet au chèvre frais et aux herbes aromatiques 21
. Biscuits de polenta au poivre de Cayenne 22
. Chorizo au thym et au vinaigre de xérès 24
. Gaspacho à la fraise 25
. Caviar d'aubergine au cumin 26
. Tartare de betterave aux câpres,
   moutarde et échalotes 27
. Tartinade de pois chiches au basilic 28
. Purée d'artichauts et de haricots blancs 30

LES SALADES

. La salade de cresson du *Bistrot Paul Bert* 33
. Salade de laitue et radis, accompagnée
   de canapés aux radis 35
. La salade de concombre au chèvre frais
   du *Cinq-Mars* 36
. La salade de tomates de Frédéric Anton 38
. Salade de petits oignons nouveaux,
   concombre et basilic 39
. Salade de ciboules, tomates cerises, avocat et basilic 40
. Salade de jeunes pousses d'épinards, radis et menthe 41
. Salade de chou, carottes et céleri râpés 42
. Méli-mélo d'herbes et de légumes 43
. Salade de fenouil au fromage de brebis 44
. Salade de betterave : le rouge et l'or 45
. Salade tricolore 46
. La salade aux légumes d'hiver de *L'Angle du Faubourg* ... 48

LES SOUPES ET LES POTAGES

. Soupe d'artichaut au parmesan 53
. Crème de tomate froide 54
. Bouillon de tomate à l'estragon 55
. Crème froide de concombre à l'aneth et à la menthe 56
. Soupe de maïs à la coriandre et au paprika espagnol 57
. Gaspacho 59
. Le potage de tomate aux asperges et à la menthe
   de Guy Savoy 60
. Gaspacho de betterave 62
. Soupe de courge musquée au curry 63
. Soupe de pois chiches, lentilles et bettes 65
. Velouté de haricots blancs et morilles à la crème 67
. Crème de poivrons orange 69
. Crème de topinambours à l'huile de noisette 71
. Soupe d'automne au céleri-rave, céleri, marrons
   et parmesan 72
. Pistou aux légumes d'hiver 74

LES POISSONS, LES COQUILLAGES ET LES FRUITS DE MER

. Cabillaud à la vapeur de romarin 79
. Rémoulade de céleri-rave au crabe 81
. Moules au chorizo et à la coriandre 82
. Moules aux bettes en crème safranée 84
. Huîtres chaudes aux épinards, sauce épicée 86
. Saumon en chemise d'épinards, sauce aux olives 89
. Sardines marinées aux échalotes sur toasts de pain
   de seigle 91
. Sardines en papillote aux tomates et à l'oignon 92
. Coquilles Saint-Jacques à la fondue de poireaux 94
. L'aile de raie de *La Cagouille*, sauce gribiche 96
. Supions à l'ail et au persil 99
. Salade de petits calmars à la provençale 101
. Lanières de thon au piment d'Espelette 103
. Confit de thon aux tomates, câpres et vin blanc 104

Table   311

. Le tartare de thon à la ciboulette Le Kaiku 106
. Les queues de lotte au chou vert et au bellota
    de Susan 108

LES VOLAILLES ET LES VIANDES

. Poulet en crapaudine à la vinaigrette d'échalote 113
. Magrets de canard à la gelée de piment d'Espelette 115
. Cailles poêlées à la moutarde 118
. Lapin au vin rouge et aux olives noires 119
. Lapin aux artichauts et au pistou 122
. Bœuf braisé aux carottes 124
. Gigot d'agneau en chemise de menthe au miel 126
. Couscous d'agneau aux courgettes
    et aux pois chiches 129
. Gigot de sept heures à l'ail 131
. Cervelas pistaché, vinaigrette au vin rouge 133
. Paupiettes de chou farcies au parmesan 136
. Sauté de veau à l'estragon 138

LES PÂTES, LES RIZ, LES LÉGUMES SECS ET LES CÉRÉALES

. Les cannellonis au chèvre et aux artichauts
    de l'hôtel Lancaster 143
. Pennes aux fèves 145
. Spaghettis aux olives vertes et à la menthe 147
. Risotto aux petits pois et à la menthe 148
. Risotto au potiron et à la sauge 151
. Pois chiches, champignons, tomates et artichauts
    au four 153
. Polenta poêlée 155
. Taboulé aux épinards 156
. Pois chiches et aubergines au cumin, sauce tomate 158
. Méli-mélo de graines et céréales 159

LES LÉGUMES

. Artichauts grillés à l'aïoli 163
. Asperges vertes au jambon fumé 164
. Asperges braisées au romarin 165
. Asperges au four, vinaigrette à l'échalote 167
. Haricots verts à la sarriette 168
. Choux de Bruxelles à la crème et aux lardons fumés 171
. Chou à la crème 172
. Maïs à la coriandre 173
. Timbales d'aubergines, tomates et basilic 174
. Daube d'aubergines 176
. Aubergines à la tomate du marché de Velleron 178
. Aubergines à la vapeur de thym 180
. Les aubergines du pique-nique de Johannes 181
. Têtes d'ail au four 183
. Purée de mâche 184
. Poireaux vinaigrette 185
. Morilles à la crème 187
. Ragoût de légumes d'automne aux champignons 188
. Champignons en papillotes à la menthe 191
. Méli-mélo de légumes d'hiver 193
. Petits pois à la menthe et aux oignons nouveaux 195
. Poivrons rouges au four 196
. Poivrons rouges et tomates au piment d'Espelette 197
. Gratin de potiron à la pistache 198
. Frites de patates douces 199
. La purée de feuilles de bettes aux lardons
  de *La Beaugravière* 200
. Le gratin de bettes de Yannick Alléno 202
. Confit de tomates cerises 204
. Tomates au four à la purée de basilic 205
. Tartare de tomates 206
. Sorbet à la tomate 208
. Mélange de légumes thaï 209
. Spaghettis de courgettes 210
. Carpaccio de courgettes et d'avocat 211

. Les courgettes du *Domaine de la Ponche* 212
. Fleurs de courgettes farcies 213

LES POMMES DE TERRE

. Gratin savoyard 217
. Pommes de terre au four 218
. Les crisps de pommes de terre de Jo et George 219
. Pommes de terre au bouillon de menthe 220
. Salade de pommes de terre, sauce printanière 221
. Gaufres de pommes de terre au saumon fumé 223
. Galettes de pommes de terre du boulevard Raspail 224
. Pommes de terre au four au citron et au laurier 226

LES ŒUFS, LES FROMAGES ET LEURS AMIS

. Mini-toasts au chèvre et à la truffe 231
. Ramequins de parmesan aux pignons de pin
  et à la truffe 232
. Chaource à la truffe 234
. Omelette de pommes de terre à la ciboulette 235
. Crème de polenta à l'œuf poché 237
. Compote de poires et de pruneaux au safran 239
. Boudins de figues aux graines de fenouil 240
. Brochettes de figues au romarin 241

LES PAINS

. Pain aux dattes et aux noix 245
. Pain aux noix 246
. Cake au potiron et ses graines grillées 248
. Pain de quinoa à la tomate 250
. Pain à la polenta épicée 252
. Pizza de blé complet aux artichauts,
  câpres et tomates 253

. Pain arabe aux parfums d'agrumes 255
. Fougasse au citron et au romarin 256
. Pain arabe à la feta et à la menthe 258

LES DESSERTS

. Tarte fine aux pommes, airelles et romarin 263
. Pâte brisée légère 264
. Petits pots de crème au chocolat au piment
  d'Espelette 265
. Gâteau aux poires et aux amandes 267
. Gâteau aux noisettes et au miel de bruyère 269
. Gâteau pistache et cerises 271
. Sorbet aux cerises 273
. Macarons aux amandes 274
. Sorbet amande au lait fermenté 276
. Gâteau de carottes aux amandes 277
. Sorbet thym-citron 279
. Flan de potimarron, sauce citron 280
. Compote de rhubarbe aux fruits rouges 281
. Fruits d'été au four à la verveine odorante 282
. Sorbet au yaourt de brebis 284

LES SAUCES ET LES CONDIMENTS

. Bouillon de volaille maison 287
. Vinaigrette classique 289
. Sauce basilic au citron 290
. Sauce crème au citron et à la ciboulette 291
. Vinaigrette à l'échalote 292
. Sauce basilic légère 292
. Sauce à la coriandre 294
. Pesto au cresson 295
. Aïoli 296
. Sauce aux tomates du jardin 297
. Sauce aux tomates cuites au four 298

Table   315

. Gelée de piment d'Espelette 299
. Poudre de curry 300
. Pâte de curry thaïe 301
. Sel au zeste de citron 302
. Huile de basilic 305
. Huile de truffe 306
. Crème de truffe 307
. Beurre de truffe 308

 **www.livredepoche.com**

- le **catalogue** en ligne et les dernières parutions
- des **suggestions de lecture** par des libraires
- une **actualité éditoriale permanente** : interviews d'auteurs, extraits audio et vidéo, dépêches…
- **votre carnet de lecture** personnalisable
- des **espaces professionnels** dédiés aux journalistes, aux enseignants et aux documentalistes

Composition réalisée par Asiatype

Achevé d'imprimer en octobre 2009 en Espagne par
LITOGRAFIA ROSÉS
Gavá (08850)
Dépôt légal 1re publication : novembre 2009
Librairie Générale Française – 31, rue de Fleurus – 75278 Paris Cedex 06

30/1848/8